中国轻工业"十四五"规划教材
湖南省一流本科课程配套教材

幼儿园课程

主　编◎张　娜　李　媛
副主编◎冯哲毓　鲁熙茜
　　　　曹　磊　王　赟

中国轻工业出版社

图书在版编目（CIP）数据

幼儿园课程 / 张娜, 李媛主编. -- 北京：中国轻工业出版社，2025.4. -- ISBN 978-7-5184-4768-8

Ⅰ.G612

中国国家版本馆CIP数据核字第20243LA866号

责任编辑：李寅寅　　责任终审：劳国强　　　设计制作：锋尚设计
策划编辑：崔丽娜　　责任校对：刘小透　晋　洁　　责任监印：张　可

出版发行：中国轻工业出版社（北京鲁谷东街5号，邮编：100040）

印　　刷：艺堂印刷（天津）有限公司

经　　销：各地新华书店

版　　次：2025年4月第1版第1次印刷

开　　本：787×1092　1/16　印张：12.75

字　　数：300千字

书　　号：ISBN 978-7-5184-4768-8　定价：48.00元

邮购电话：010-85119873

发行电话：010-85119832　010-85119912

网　　址：http://www.chlip.com.cn

Email：club@chlip.com.cn

版权所有　侵权必究

如发现图书残缺请与我社邮购联系调换

220999J1X101ZBW

前　言

"幼儿园课程"是学前教育专业的核心课程，在学前教育专业课程设置中起到联结学前教育专业理论与实践的桥梁作用。本门课的课程目标在于帮助学习者领会党和国家在幼儿园课程领域的方针政策，认同幼儿园教师的课程领导者角色，树立科学的幼儿园课程观；理解幼儿园课程的基础知识，掌握幼儿园课程编制的基本原理，熟悉经典幼儿园课程方案；能综合运用幼儿园课程理论设计幼儿园领域活动、单元主题活动、项目活动、区域活动方案；主动关注幼儿园课程改革态势，初步具有幼儿园课程理论与实践的反思意识与研究能力。

本教材是湖南省一流本科课程"幼儿园课程"的配套教材，既希望在大课程观的基础上阐明幼儿园课程的基本原理，贴近幼儿园课程最新实践成果；又希望充分反映当前幼儿园课程改革的前沿理念，引领学习者养成科学课程观，提升课程理论素养。本教材在编写中力求体现以下特色：

一是知识性与前瞻性的统一。本教材聚焦于学习者课程素养的培养，涉及与课程相关的各个领域，在充分吸取国内外幼儿园课程的前沿研究理论和实践研究成果的基础上对课程内容进行整合，注重吸纳学科的最新研究成果的同时，力求反映幼儿园课程改革的时代发展要求与趋势，突出学科领域的前瞻性，满足学习者多样化发展的需求。

二是以学习者为中心，强调自主学习。编写体例上，设置学习目标、知识导图、导入情境、拓展阅读、关键术语、复习思考等栏目，既有助于教师设计"以学为中心"的教学方案，也为学习者提供了自主学习的支架。

三是配套资源丰富，有效提升教学效果。本教材提供配套教学课时安排建议、教学课件、练习题等供任课教师使用，有助于教师创新教学模式。同时，围绕重点、难点知识设置了"课堂思考"和"实践活动"栏目，可以引发学习者探究式、研究性学习。

本教材共包括六个项目：幼儿园课程概述、幼儿园课程理论基础、幼儿园课程编制、幼儿园教育活动设计、经典幼儿园课程方案、课程管理与园本课程开发。项目一至项目三具有宏观性和基础性，侧重"应知"，帮助学习者认识和理解幼儿园课程的性质与特点，熟悉幼儿园课程的理论基础，比较全面系统地掌握编制幼儿园课程的基本原理和流程。项目四具有微观性和实操性，侧重"应会"，结合鲜活案例和问题情境帮助学习者掌握幼儿园各类型教育活动设计与实施的基本步骤与方法，从而培养和提高学习者制定课程目标、选择课程内容、组织与实施及反思评价教育活动的能力。项目五、项目六通过国内外经典幼儿园课程方案、幼儿园课程管理与领导、园本课程开发等介绍，帮助学习者了解当下幼儿园课程的时代要求与发展趋势，明确幼儿园教师在幼儿园课程建设中的领导者角色。

本教材编写分工如下：项目一、项目二由长沙师范学院张娜编写；项目三的任务1至任务3由宁夏师范大学李媛编写，任务4、任务5由长沙师范学院曹磊编写；项目四由长沙师范学院鲁熙茜编写；项目五由长沙师范学院冯哲毓编写；项目六由长沙师范学院张娜、深圳市福田区新沙小学附属幼儿园王赟共同编写。全书整体内容框架由张娜确定，统稿工作由张娜、李媛共同完成。

本教材在编写过程中参考了许多国内外学者的研究成果，在书中一一做了标注，在此一并表示衷心的感谢。由于编者水平有限，书中难免有疏漏或不当之处，敬请广大读者批评指正。

张娜
2024年9月于长沙

目　录

001　项目一　幼儿园课程概述
- 002　任务1　课程的定义与类型
- 010　任务2　幼儿园课程的内涵
- 016　任务3　幼儿园课程与教学、游戏

026　项目二　幼儿园课程理论基础
- 027　任务1　幼儿园课程与心理学
- 036　任务2　幼儿园课程与社会学
- 039　任务3　幼儿园课程与哲学

046　项目三　幼儿园课程编制
- 047　任务1　幼儿园课程编制的常见模式
- 053　任务2　幼儿园课程目标的制定
- 066　任务3　幼儿园课程内容的选择与组织
- 072　任务4　幼儿园课程实施
- 084　任务5　幼儿园课程评价

094　项目四　幼儿园教育活动设计
- 095　任务1　幼儿园领域活动的设计
- 102　任务2　幼儿园单元主题活动的设计
- 117　任务3　幼儿园项目活动的设计
- 130　任务4　幼儿园区域活动的设计

143 | 项目五
经典幼儿园课程方案

| 144 | 任务 1　国外经典幼儿园课程方案
| 166 | 任务 2　国内经典幼儿园课程方案

177 | 项目六
课程管理与园本课程开发

| 178 | 任务 1　幼儿园课程管理与领导
| 186 | 任务 2　园本课程开发

项目一 —— 幼儿园课程概述

项目背景

刚拿到《幼儿园课程》教材的小艺老师有这样的质疑:"幼儿园的小朋友连课本都没有,哪来的什么课程?"很多老师都有同样的疑惑。那么,幼儿园到底有没有课程?究竟什么是幼儿园课程?与中小学等其他学段的课程相比,幼儿园课程具有什么特点?幼儿园课程与教学、游戏的关系又如何?本项目将带领大家揭开幼儿园课程的神秘面纱,走进幼儿园课程理论与实践的大门。

学习目标

❶ 积极参与课程本质的小组讨论活动,初步形成对幼儿园课程进行价值判断的意识和态度。

❷ 了解不同课程本质流派的优点和局限性,理解不同标准划分的课程类型的特征及其作用,熟悉幼儿园课程与教学、游戏的关系。

❸ 能够运用课程观判断幼儿园课程活动的合理性,初步能够解释幼儿园课程实践问题。

知识导图

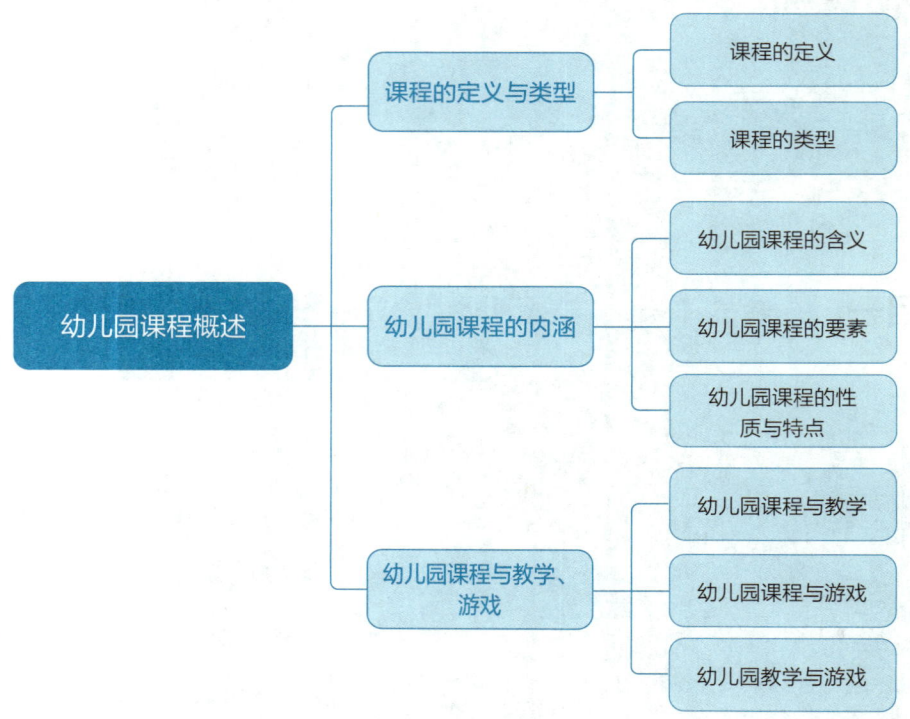

任务 1 课程的定义与类型

导入情境

"课程"是我们生活中经常接触到的概念,但在不同角色、身份的人眼中常常有不同的看法。如教育管理者常常将课程视为计划;课程专家可能把课程看作学习者的经验;学科教师通常把课程视为不同科目的教材。那么,到底什么是"课程"呢?作为一名未来的幼儿园教师,谈及"课程"时,你又会想到什么呢?

参与式学习

课程是伴随着教育出现的,课程的质量决定着学校办学质量的高低。如果说学校是一个生命体,那么课程就是传递生命物质的血液循环系统,是每一所学校运行的轴心和品质基础。

一、课程的定义

课程是一个使用广泛而含义多重的教育学术语。不同的人,在不同的时代、不同的情境中,所使用的课程概念的内涵和外延是不同的。从某种程度上讲,每个人都有对课程的理解与建构,因此,要得出一个较为一致的课程含义,是非常困难的。

（一）课程的词源学分析

课程与教育实践相伴共生，与人类社会、人类的教育活动共生共长。原始社会，老一代向新生代传授采撷、捕鱼、狩猎、歌舞等生存技能和民俗传统等，就属于课程活动内容。从词源上分析课程的概念，不仅有利于把握这个概念的基本含义和来龙去脉，还有利于理解课程的本质。因此，为了更好地理解课程概念，我们首先要考察"课程"的词源。

在课程一词尚未出现以前，我国古籍中就有关于教育内容及其进程安排的记载。例如，《礼记·内则》有："六年，教之数与方名。""九年，教之数日。十年，出就外傅，居宿于外，学书计。""十有三年，学乐，诵诗，舞勺。成童，舞象，学射御。二十而冠，始学礼。"唐代孔颖达在《五经正义》里注疏《诗经·小雅》中的"奕奕寝庙，君子作之"一句时便使用了"教护课程，必君子监之，乃得依法制"，这是"课程"一词的最早出现记录。宋代朱熹使用"课程"一词较多，如"宽着期限，紧着课程"；又如："小立课程，大作工夫"。从古籍记载看"课程"一词的含义，既包括教学科目，又包括这些科目的教学顺序和时间。后来我国就把各级学校的教学科目及其教学顺序、教学时数等规定，称作某级学校的课程，如小学课程等。

在英语国家，"课程"一词对应的英文是"curriculum"，它来源于拉丁文词根"currere"，作名词是指"跑道（racecourse）"，由此课程就是指为不同学习者设计的不同轨道，在教育中过多强调了课程作为静态的、外在于学习者的层面；而"currere"作动词是指"奔跑"，强调跑的过程与经历，这样理解课程的着眼点就会放在个体认识的独特性和经验的自我建构上。该词最早出现在英国哲学家、社会学家、教育思想家斯宾塞（H. Spencer）于1859年发表的《什么知识最有价值》一文中，意思是指教学内容的系统组织。根据这些渊源，西方国家最为常见的课程定义是指学习的进程。

从中英文的词源可以看出，课程包括如下基本含义：课业及其进程。通俗地说，就是从当前至未来的某个时期学习者所需从事的种种课业及从事这种课业的进程安排。

（二）几种常见的课程定义

迄今为止，已有的课程定义各式各样，教育与课程理论工作者从不同的侧面与角度，建构着对课程的不同认识和理解。目前比较常见的几种课程定义如下。

1. 课程即学科或教学科目

把课程等同于教学科目，是使用最为普遍也是最常识化的课程定义。如1985年的《中国大百科全书：教育》中，课程指所有学科（教学科目）的总和，或学生在教师指导下各种活动的总和，这通常被称为广义的课程；狭义的课程则是指一门学科或一类活动[1]。我国古代的"六艺"（礼、乐、射、御、书、数），欧洲中世纪的"七艺"（文法、修辞、辩证法、算术、几何、天文、音乐），都是把课程等同于所教的科目。斯宾塞最初把知识的系统组织定为课程的内涵，实质上是确立了课程即知识或系统化的知识的观点。把有价值的知识系统化，形成一定的科目或学科，将这些学科的知识传授给儿童，以实现教育目标。

这种课程定义着力于解决了"教什么"的问题，其实质是从知识本身出发，强调学校教育中向儿童传授学科的知识体系，突出体现掌握在儿童手中"课程"的规定内容；强调学科知识的系统化及教育进程安排，课程内容的来源主要是人类长期积累的知识，教育的任务就是把经过选择并系统化的知识传递给儿童。但其局限性在于：一是只关注"教什么"，不关注"为什么而教"和"怎样教"；二是把课程内容和课程过程割裂，片面强调内容，而且把课程内容仅限于源自文

---

[1] 中国大百科全书出版社编辑部. 中国大百科全书：教育[M]. 北京：中国大百科全书出版社，1985：207.

化遗产的学科知识，限制了教师视野；三是只关注儿童的认知学习，对儿童的全面发展重视不够。同时，对课程本身的理解因其重视学科知识的逻辑、结构和体系，仅局限于客观外在的间接经验，忽略儿童在学校生活和活动中所获得的各种鲜活的直接经验和主体体验。

2. 课程即预期的学习结果或目标

受企业科学化管理运动的影响，20世纪20年代和20世纪60年代两次掀起的以提高教育效率为中心的课程科学化运动中，产生了"课程即预期的学习结果或目标"的新定义。这种观点认为课程关注的重心应该是希望儿童通过课程而获得的学习结果，即要把重点从手段转向目的，为此，选择和制定一套有结构、有序列、有可操作性的学习目标是课程研究的核心任务。这个目标系统既是选择和组织教学活动的指南，又是监控、评价教育教学过程和结果的标准。因此，整个课程的运行都围绕着目标体系进行。持这种课程观的主要有博比特（F. Bobbitt）、泰勒（R. W. Tyler）、加涅（R. M. Gagne）等人。

"目标说"对预期、控制和效率的强调，的确有利于课程的科学化和标准化，其合理性在于：强调目标、结果在课程设计中的重要性，将课程重心从手段转移到了目标；要求课程事先制定一套有结构、有序列的学习目标，所有教学活动都应为这些目标或结构服务；强调与体现课程所具有的预期性和可控性的特征，有利于课程的科学化和标准化。但其局限性在于：过分强调教育的预先计划性而缺乏灵活性，不易照顾到变化了的教育环境及客观要求；将课程的焦点放在预期的目标或结果上，容易忽略非预期的学习结果。

3. 课程即教育计划或学习计划

课程即教育计划或学习计划，这一课程观中的"计划"包含了教育教学的目标、内容、活动和评价等，甚至把教学方法和教学设计等组合到一起。这种观点是20世纪50年代以来比较流行的，其主要代表人物有麦克唐纳（J. B. Macdonald）、比彻姆（G. A. Beauchamp）、斯坦豪斯（L. Stenhouse）等。我国也有学者持这种观点："课程是指一定学科有目的的、有计划的教学进程。这个进程有量、质方面的要求，它也泛指各级各类学校某级学生所应学习的学科总和及其进程和安排。"课程作为培养人的计划或蓝图，必然包括对培养什么样的人（课程目标）、提供什么样的学习经验和如何组织这些经验才能培养出这样的人（课程内容与组织）、如何检验育人的意图是否达到（课程评价）等一系列问题的思考与决策，涵盖了课程的基本要素，因而比较周全。

这种"课程"定义强调了课程的计划性、目的性，而且也把所有有计划的教学活动组合到一起，力图对课程本身有一个全面的说明。这一定义的提出，可以认为是力图纠正课程"经验说"的失之过宽，"教材说"的失之过窄，"行动说"的失之浅表。但其局限性在于过分强调静态设计、预成课程，忽视动态设计、生成课程的倾向，使它有可能与"教材说"殊途同归，将教育者关注的重点引向外在于儿童的"计划"或"方案"，最终导致"有教无学"。

4. 课程即儿童的经验

针对传统教育中"教材中心"以及由此必然导致的"教师中心""课堂中心"的弊端，20世纪初，受美国进步主义教育思潮的影响，课程的含义从传统的教学科目及学程内容转变为儿童的学习经验或体验，以及儿童自发获得的经验或体验。美国教育家杜威（J. Dewey）将课程视为儿童在教师指导下所获得的经验。由于受杜威的影响，许多人持同样的观点。这一观点把课程看作儿童在教育环境中与教师、材料等相互作用的所有经验。这种"经验"实质上包含了"活动""学习经验""学习活动"等内涵。而"经验"又分为两种情况：一是强调教育者有意识（有目的、有计划）提供的经验；二是泛指儿童习得的教育性经验，如"课程即儿童在学校之经验"等。

这种课程定义的突出特点是把儿童的直接经验置于课程的中心位置，从而消除了课程中"见物不见人"的倾向。经验是儿童在对所从事的学习活动的思考中形成的，是其真正体验到的意义。这种观点强调了儿童的兴趣、爱好、需求和个性，重视儿童与环境的相互作用，重视教育环境的设计与组织，兼顾课程过程与结果、预期的与未预期的经验。其局限性在于：一是有忽略系统知识在儿童发展中的积极意义的倾向；二是学习经验是儿童在学习过程中产生的，具有主观性、个人性和模糊性，从而在实际活动中带来教育过程的随意性、内容的不系统性和评价标准的不确定性。这对于教师来说难以把握，实践上很难实行。因此，这种课程观虽然照顾了儿童的积极主动体验，把教学的出发点放在了儿童身上，实现了课程本质从"物"到"人"的转变，但也把课程变得宽泛而很难把握了。

5. 课程即学校组织的学习活动

与"课程即儿童的经验"同一渊源，"课程即学校组织的学习活动"的观点也产生于进步主义教育对"课程即学科"一说的反思与批判。此种观点强调课程作为实现学校培养目标而规定的所有学科的总和，或指儿童在教师的指导下开展各种活动的总和。活动是儿童与学习环境相互作用的形式，学习是通过儿童的主动行为而发生的，儿童的学习取决于他们自己做了什么。"做中学"是儿童获得经验的重要方式，因此，有人提出可以将课程理解为"在学校教师的指导下出现的学习者学习活动的总体"[①]。经验依赖活动，活动产生经验。然而，这两种定义的角度毕竟有所不同，"经验说"着眼于"结果"——儿童的"所得"；"活动说"着眼于"过程"——儿童的"所做"[②]。

"课程即学校组织的学习活动"定义的合理性在于：儿童的经验是儿童在活动中的各种主动行为而发生的，"做中学"是儿童获得经验的主要方式。而其局限性在于：一是把研究者的注意力引向表层——活动的形式，造成本末倒置，为活动而活动；二是过分强调一切学习都要从活动实践开始，强调从实践中获得的直接经验，也并不完全反映学校经验和儿童学习的本质特征。

综上，要给课程下个特定的、精确的、统一的定义，几乎是不可能也没必要的。每一种代表性的定义都有一定的指向性，都指向当时特定的社会历史条件下课程所出现的问题，有其合理性，同时也存在某种局限性。对于课程工作者来说，重要的是要弄清楚每个定义所指向的内涵，以及隐含在该定义背后的哲学假设、价值取向以及对教育实践的意义，从而形成自己独特的看法，然后根据课程实践的具体要求做出明智选择。

（三）课程的层次

上述每一种课程定义都隐含着学者的哲学假设和价值取向，反映了当时特定社会历史条件下课程所出现的问题，都具有某种合理性，但同时也存在某些局限性。课程的定义反映了课程的丰富多彩，每一种定义从上述观点中我们可以看出课程既是静态的，也是动态的。正是从这个意义出发，美国课程专家古德莱德（J. I. Goodlad）从课程实施的纵向层面提出课程可分为以下五个层次[③]。

1. 理想的课程

理想的课程（ideological curriculum），又称观念层次的课程。理想的课程是指由一些研究机构、学术团体与课程专家倡导的课程构想、建议和计划。课程的设计建立在教育学与心理学等原理基础之上，从理论及实践的角度论证课程存在的必要性，体现了人们对于课程与教学的期望。

2. 正式的课程

正式的课程（formal curriculum），也称官方课程。正式的课程即国家和教育行政部门规定的课程计划、课程标准和教材，也就是许多人所理解的列入学校课程表中的课程。与理想的课程相

---

① 钟启泉. 现代课程论［M］. 上海：上海教育出版社，1989：177.
② 冯晓霞. 幼儿园课程［M］. 北京：北京师范大学出版社，2001：4.
③ Goodlad, J. R. Curriculum Inquiry: The Study of Curriculum Practice［M］. New York: McGraw-Hill, 1979: 60-64.

比，正式的课程只是理想的课程中的那些被官方认可与授权的部分。正式的课程在内容上并没有做多少修改，只是获得了官方的批准、认可与推广实施而已。

3. 领悟的课程

领悟的课程（perceived curriculum），也称理解的课程，即任课教师所领会的课程。由于不同教师对正式的课程有不同的理解和解释方式，教师对课程的领会与正式的课程之间会有一定的差距。而这个差距就会影响课程预期的结果的获得。

4. 运作的课程

运作的课程（operational curriculum），也称操作课程，即教师在课堂上实际实施的课程。由于教学条件的限制和儿童的反馈与设想不同，课堂上实施的课程与教师领悟的课程也会有一定的差距。此差距的产生在很大程度上受到教师的理论认识、理解深度、实践教学能力、学校课堂条件以及儿童的发展水平的影响。

5. 体验的课程

体验的课程（experiential curriculum），即儿童实际体验到的课程。由于儿童有着不同的经验基础，他们自己对事物有特定的理解，不同儿童听同一堂课会有不同的体验或是获得不同的学习经验，并且这些经验才是该课程最终对儿童产生的实际影响，决定了课程对儿童的作用以及效果。

古德莱德的观点可以给我们两点启示：一是从理想的课程到体验的课程，需要一系列的转化。其中，"领悟的课程"和"运作的课程"两个层面的课程是连接"正式的课程"与"体验的课程"之间的桥梁与关键所在。如果正式的课程没有转化成教师领悟的课程，而领悟的课程没有得到有效实施，那么儿童体验的课程与正式的课程之间的落差就会越来越大。因此，教师对课程的理解在一定程度上决定着一种课程的命运。二是检验课程实施成效的唯一标准应该是儿童实际学习到了什么，也就是所谓的体验的课程。

纵观课程定义的变化过程，20世纪70年代以来，课程的内涵产生了一些变化，也体现出同样的发展趋势[①]：从强调学科内容到强调儿童的经验和体验；从强调目标、计划到强调过程本身的价值；从强调教材的单因素到强调教师、儿童、教材、环境四因素的整合；从只强调显性课程到强调显性课程与隐性课程并重；从强调实际课程到强调实际课程和虚无课程并重；从只强调学校课程到强调学校课程与校外课程并重。

> **课堂思考**
>
> 查阅其他书籍中有关课程的定义，进一步思考不同课程定义的关注重点、隐含的教育价值观及其局限性。在此基础上思考：你赞同哪一种课程定义？尝试给"课程"下一个自己的定义。

二、课程的类型

课程类型，是指一个教育系统或教育机构中具有某一相同属性或共同特征的课程所形成的汇集或种类[②]。从一般课程论的意义上说，课程根据不同的分类标准可以区分出不同的课程类型，常见分类如下。

---

① 钟启泉，张华. 课程与教学论［M］. 沈阳：辽宁大学出版社，2007：54-56.
② 黄甫全. 现代课程与教学论学程（下册）［M］. 北京：人民教育出版社，2006：473.

（一）学科课程与活动课程

根据课程知识的不同性质，课程可分为学科课程与活动课程。这是现代课程的两个基本类型。

1. 学科课程

学科课程是以人类对知识经验的科学分类为基础，按照一定的价值标准，分别从各个科学领域中选择适合一定年龄阶段儿童发展水平的知识，根据一定的逻辑体系，将选出的内容分门别类地设置而形成的课程体系。学科课程以有组织的学科内容作为课程组织的基础，是最古老的、运用最广泛的课程类型。我国古代的"六艺"、古希腊的"七艺"均可以说是最早的学科课程。学科课程的优点在于能够保证儿童掌握比较系统的文化知识，更好地形成自己的知识结构，为儿童的身心发展奠定扎实的知识基础。但是这种课程也有较为明显的缺点，主要是课程内容比较抽象和理论化，与儿童的生活和现实社会存在一定的差距，容易忽视儿童的需要，不易引起儿童的学习兴趣和积极性。

2. 活动课程

活动课程有多种含义。如果强调以儿童活动为中心，则称活动课程或儿童中心课程；如果强调以儿童生活为中心，则称生活课程；如果强调以改造儿童经验为目的，则称"经验课程"或"经验本位课程"；如果强调以设计教学为方法，则称"设计课程"；如果强调无固定教材，则称"随机课程"[①]。尽管活动课程有多种含义，但总的来说它是指以儿童的主体性活动经验为中心组织的课程。它以儿童的兴趣、动机、经验为基本内容，儿童通过活动学习，丰富和增长经验，获得解决问题的能力；它强调儿童本位，关注儿童的实践和直接经验的学习，强调儿童的兴趣、动机和需要。这种课程的优点在于它比较符合儿童的兴趣和需要，容易激发儿童的学习动机，发挥儿童学习的积极性和自主性，对儿童技能的学习和个性的发展具有积极作用。但是，这种课程容易忽视儿童思维能力的发展，从而导致儿童难以掌握系统的知识，对儿童进一步向高层次的科学领域的发展带来一定的消极影响。

（二）分科课程与综合课程

根据课程知识的组合方式不同，课程可分为分科课程与综合课程。这也是伴随着现代科学发展的既高度分化又高度综合的趋势而产生的课程类型。

1. 分科课程

分科课程实际上也是学科课程，只是其更强调不同学科间的相对独立性和逻辑体系的完整性，将学科分解到单一的知识系列，以获得教学内容的清晰性和教学的高效性。分科课程的优点是由于比较强调每一学科的逻辑组织，因而容易使儿童获得关于某一学科的系统知识；其不足在于难以照顾不同学科之间的知识联系，因此不能让儿童获得统整的知识，而统整的知识是儿童走向社会之后处理复杂的社会生活和实践问题所必需的。

2. 综合课程

综合课程，又称"广域课程""整合课程"或"合成课程"，是为了克服学科课程分科过细的缺点，将两种或两种以上的分科课程的知识综合设置为一个学科的课程。它"实质上是一种采用各种有机整合的形式，使教育系统中分化了的各要素及其各成分之间形成有机联系的课程形态，是一种新的课程类型。[②]"综合课程一般还可以分为三种基本形式，即学科本位综合课程、社会本位综合课程以及经验本位综合课程。

---

① 全国十二所重点师范大学. 教育学基础 [M]. 北京：教育科学出版社，2002：152.
② 黄甫全. 现代课程与教学论学程（下册）[M]. 北京：人民教育出版社，2006：475.

（1）学科本位综合课程又可称为综合学科课程，是指以文化或知识为课程整合的基点，对不同学科内容进行整合形成的课程，是传统学科课程的变种。根据学科课程综合程度的不同，学科本位综合课程又可以分为"相关课程""融合课程""广域课程"三种形态。相关课程，是指两种或两种以上学科既在一些主题或观点上相联系，又保持学科原来的相对独立。融合课程，是将有关学科融合为一门新的学科，融合之后，学科之间原来的界限不复存在。广域课程，是指能够涵盖整个知识领域的课程整体。广域课程在出发点上与融合课程相似，都是围绕一个所选择的组织核心而将分支学科组织为一个新的课程体系，而且每一个被整合的学科都将失去其独立性。但广域课程在范围上比融合课程要大。融合课程的范围主要限于与学科有关的领域，而广域课程则不仅包括与学科有关的领域，人类所有知识与认知领域都可以被整合。

（2）社会本位综合课程是指以社会生活问题为核心进行整合的课程，旨在使儿童更好地适应社会和改进社会生活。如20世纪七八十年代以来世界上比较流行的"科学-技术-社会课程"（STS课程）、"环境教育课程""国际理解课程"等。

（3）经验本位综合课程是以儿童当下的直接经验、需要、动机、兴趣和心理发展为课程整合的核心，其目的是促进儿童的经验生长和人格发展，即经验课程、活动课程。

（三）显性课程与隐性课程

美国斯坦福大学艾斯纳（E. W. Eisner）教授根据课程知识的呈现方式不同，将理想的课程分为显性课程与隐性课程。这也是从"课程是一种文化"的理念下引申出来的两种课程类型。

1. 显性课程

显性课程是在学校情境中以直接的、明显的方式呈现的课程，指一个教育系统或教育机构中用正式文件颁布，并有计划、有组织地实施的正规课程或"官方课程"。显性课程具有明确的目的性（儿童通过考核后可以获取特定教育学历或资格证书），是为达到一定的培养目标而设计和实施的课程。

2. 隐性课程

隐性课程，又称"潜在课程"，是在教育机构中以间接的、内隐的方式呈现的非正规课程或"非官方课程"，指儿童在显性课程以外的学习环境中所学到的与显性课程相伴随的非计划性、非组织性的知识、技能、价值、规范、情感和态度等。美国教育哲学家高尔顿（D. Gordon）从结果、环境和影响方式三个维度分析了隐性课程的概念，认为它是通过学校物质与社会环境无意传递给学生的非学术性学习结果[①]。学校文化就是最典型的隐性课程。隐性课程最大的特点就是潜隐性和弥散性，潜移默化却无处不在地影响着儿童的发展；它又具有持久性的特点，对人的影响多是通过对情感态度的影响、价值观念的形成等产生的，而这些影响一经确立，就会长久产生作用。

实践活动

观摩幼儿园半日活动，思考幼儿园半日活动中显性课程与隐性课程的具体体现。

（四）预设课程与生成课程

预设课程与生成课程是依据课程目标是在实施过程之外还是在实施过程之内产生来划分的两

---

① 陈时见. 课程与教学理论和课程与教学改革[C]. 桂林：广西师范大学出版社，1999：75-76.

种课程类型。

1. 预设课程

预设课程是由教育者按照一定的目标在课程实施之前经过精心设置的课程。预设课程的目标是先于活动的，教育者事先根据社会的需要、儿童的发展水平和课程的具体内容来确定目标，随后的经验选择和指导、评价都围绕这个预先设定的目标展开。预设课程重视教师要根据一定的原则选择并传递那些相对确定的固定的知识，把课程看作特定知识体系的载体。在师生关系上，预设课程强调教师成为课程的设计者和控制者的角色，教师与儿童的关系是控制和服从的关系，是传递和接受的关系。

2. 生成课程

生成课程是指课程内容未经预先设定，而是在儿童的学习和教师的指导过程中形成的一种课程形态。与预设课程相比，生成课程具有一定的偶发性。生成课程的目标强调的是在活动中形成的目标，强调儿童在与教育情境的交互作用中所产生的自己的目标。在教育内容方面，生成课程注重儿童的兴趣和需要，把儿童的经验看成课程内容的一个重要来源，把教材看成供儿童建构、创造学习经验的媒介、素材或工具。在师生关系方面，生成课程强调教师与儿童共同开发课程，教师是儿童学习积极的支持者、引导者和平等的合作者。

预设课程与生成课程都是课程结构的重要组成部分，两者具有互补性。一般来说，预设课程在课程结构中应处于基础和主干的地位，生成课程处于补充的地位。预设课程可以为生成课程奠定基础和方向，生成课程则可以提高预设课程的针对性、开放性和可变性。当然，预设课程和生成课程都要着眼于儿童的发展。相对于儿童的发展，预设课程与生成课程都只是手段和措施。

根据不同的维度，我们还可以将课程划分为更多的类型。每一对课程类型在同一形式逻辑范畴中都是相互对立的，但在价值范畴中却又是互补的。各类课程间也存在重叠和交叉的关系，也存在诸多不足。不同课程在课程结构中都有不可或缺的地位。

关键术语

课程　学科课程　经验课程　综合课程　分科课程　显性课程　隐性课程　预设课程　生成课程

复习思考

1. 简述课程中几种具有代表性的定义。
2. 简述美国学者古德莱德归纳的五种课程。
3. 试比较学科课程与活动课程的优缺点。
4. 比较显性课程与隐性课程的联系和区别。
5. 经常有人会这样问："你们学校都开设哪些课程呀？"回答："语文、数学、英语、物理……"。还有人会这样问："今天上什么课呀？"回答："第一节是唱歌、第二节是体育……"。这里的"课程"和"课"指的是什么？它反映了一种什么样的课程观？对此你有何看法？

任务 2　幼儿园课程的内涵

导入情境

"一日生活皆课程"源自陶行知先生提出的生活教育理论：生活即教育。在幼儿园里，最直接的体现是一日生活各个环节变得课程化。比如幼儿园教师熟悉的各种入园签到方式：用以培养时间观念的打卡类签到，统计的数字式签到，进行前书写练习的涂鸦版签到……一个小小的签到，通过不同形式提高了幼儿的数学思维、记忆、生活自理等各方面的能力。面对以上把幼儿的一日生活各个环节赋予教育意义的做法，你是如何看待的呢？

参与式学习

幼儿园课程是课程的一个下属概念，人们对课程含义的理解是见仁见智，难以达成共识，那我们该如何理解幼儿园课程呢？

一、幼儿园课程的定义

（一）我国幼儿园课程定义的历史演变

我国在20世纪二三十年代就开始讨论"幼儿园课程"这一概念，到了五六十年代就已被幼教界普遍使用。

张雪门在《幼儿园的课程》一书中指出："课程是什么？课程是经验，是人类的经验用最经济的手段，按有组织的调制，用各种的方法，以引起孩子的反应和活动。幼儿园的课程是什么？就是给三足岁到六足岁的孩子所能够做而且喜欢做的经验的预备。"

张宗麟：幼稚园课程者，由广义的说之，乃幼稚生在幼稚园一切之活动也。

陈鹤琴：幼儿园应该给儿童一种充分的经验，这种经验的来源有二：一是与实物的接触，二是与人的接触。应该把儿童能够学而且应该学的东西有选择地组织成系统，应该以儿童的两个环境——自然环境和社会环境为中心组织幼儿园课程。

20世纪50年代至70年代，受苏联模式的影响，课程由国家统一计划。幼儿园课程的实质是指幼儿园所设科目。

20世纪80年代以来，又有学者对"幼儿园课程"的本质提出了自己的观点。

华东师范大学潘洁教授认为："课程（curriculum）在学前教育中的定义——不只是幼儿园的六科作业，它是指教育期间，按儿童的发展组织起来的一系列教学内容，它规定每学年各阶段所要达到的目标以及达到目标的整个计划和活动方式。"

南京师范大学赵寄石教授认为："幼儿园课程是指反映幼儿园某一门科目的教育、教学规律的结构，或是反映幼儿园整体教育客观规律的总体结构。"

北京师范大学冯晓霞教授认为：幼儿园课程是实现幼儿园教育目的的手段，是帮助幼儿获得有益的学习经验，促进其身心全面和谐发展的各种活动的总和。

（二）幼儿园课程的定义解读

目前，受到学界普遍认可的幼儿园课程定义是：幼儿园课程是实现幼儿园教育目的的手段，是帮助幼儿获得有益的学习经验，促进其身心全面和谐发展的各种活动的总和[①]。这一定义是全国教育科学"九五"规划立项重点课题《中国幼儿园课程政策研究》课题组经反复讨论认定的。我们可以从以下三个层面来理解：

（1）幼儿园课程是"活动"。活动是一种存在方式，包含着必须同时关注的两个方面，即学习主体（幼儿）和学习对象（教学内容）。

幼儿学习的本质具有直接经验性，而活动又具有双重转换性特点——外在的客观对象和活动方式会通过活动内化为幼儿的主观经验，幼儿的主观经验也可以通过活动"外化"为态度、动作方式和技能等。

（2）幼儿园课程是实现幼儿园教育目标的手段。幼儿园课程帮助幼儿获得有益的学习经验，促进其身心全面和谐发展。它进一步明确了活动的指向性、目的性，使过程与结果、形式和实质更加密切地融合为一体。

（3）幼儿园课程是各种活动的总和。幼儿园课程表现形式是多样化的，多途径的。凡是作为实现幼儿园教育目的的手段而运用的、能够帮助幼儿获得有益的学习经验的活动，无论是集体教学活动、游戏活动，还是生活活动……，都是幼儿园课程的组成部分。

综上所述，幼儿园课程是学前教育理念转化为教育实践的中介和桥梁，是关于幼儿园课程目标、内容、方法和评价的一个完整的系统。它是由多要素、多层关系相互作用的整体；对幼儿园课程内涵的认识是一个动态的发展过程。我国关于幼儿园课程本质的转变——从重视学科到重视儿童经验的过程，体现了以人为本的马克思主义科学发展观。教师与幼儿都是幼儿园课程的建设者。学前教育专业学生作为未来的幼儿教师，应做好未来幼儿园课程建设的素养准备。

二、幼儿园课程的要素

（一）幼儿园课程的核心要素——教育理念

幼儿园课程最为核心的方面是该课程所依据的教育哲学以及所反映的教育目的，这是幼儿园课程的价值取向，即教育理念之所在。因此，各种幼儿园课程之间的差异首先也反映在教育理念的差异上。有关幼儿园的教育理念颇多，但最为突出的是以下两种截然不同的教育理念。

1. 教师中心的教育理念

将教师看作教育的中心，是一种较为传统的教育价值取向，它以社会文化知识的传递为主，以学科体系来进行课程的安排。教师中心的教育理念有其自身的优势和不足。其优势在于：一方面，有助于儿童的学业知识和技能的获得。持有教师中心的教育理念的教师，根据课程的要求制定目标、设计教学方案、选择教学方法、组织评价，充分发挥了教师"教"的作用，有利于儿童系统学习学业知识和技能。另一方面，有助于规范儿童的行为，教师中心的教育理念下的教育，教师的角色是权威，儿童一切行为听从教师的指挥，这有助于儿童行为规范的养成。其不足在于：一方面，由于教师控制了整个教育场景，教师的权威使得儿童的创造力得不到发挥。另一方面，因为教师的"教"强调统一标准，因而这种教育理念下培养的人才，具有的知识和能力单一，个性化程度低。

2. 儿童中心的教育理念

将儿童看作教育的中心，教育内容从儿童的兴趣出发，儿童通过自身的活动获得直接经验，注重从环境中获得经验的内容，教师此时的作用就是为儿童提供有准备的环境。儿童中心的教育理念也有其自身的优势和不足。其优势在于：一方面，强调了教育应该促进儿童的个性化发展。

[①] 冯晓霞. 幼儿园课程[M]. 北京：北京师范大学出版社，2000：12.

儿童的发展有其个性差异和自然规律，教师能在教育活动的开展中充分尊重儿童的个性差异和自然发展规律，释放孩子的天性。另一方面，强调了儿童一般能力的获得。教育的目的不仅仅是获得学业知识和技能，更重要的是社会情感、一般的认知能力以及创造力等方面的培养。其不足在于：一定程度上儿童学业知识和技能的掌握得不够好，以及教师权威的丧失，导致儿童行为规范的弱化。

以上两种相互对立的教育理念，反映了教育立场上相互排斥的现象。在教育理念转化为实践的过程中，幼儿园课程是重要的中介。如果运用简化的方法反映幼儿园课程所持有的基本理念，那么，任何幼儿园课程都可以在一个"连续体"上找到一个合适的位置，这个连续体的一个极端是将学前教育完全看成"儿童的自然发展"和"儿童一般能力的获得"；另一个极端是将学前教育完全看成完成"教师预定的教育任务"和"儿童学业知识和技能的获得"。各种幼儿园课程之间的差异主要反映在所持有的教育理念上：是"对儿童自然发展和一般能力的强调"，还是"对教师教学的学业知识和技能的强调"，以及强调的程度如何等方面。

（二）幼儿园课程的其他要素——目标、内容、实施和评价

1. 课程目标

幼儿园的课程目标是幼儿园课程设计者和实施者对课程的教育教学活动应该达到的结果的一种设定。幼儿园的课程目标是多层次的，而且每个层次的目标都会包含若干方面，其自身也应构成一个子系统。在幼儿园课程结构中，目标规定和调整着课程的总体方向，对课程内容的选择、课程实施的方式方法的运用以及课程评价都起着指导作用。

2. 课程内容

幼儿园的课程内容是指在计划性的教育教学活动中，为了实现课程目标，提供和引导幼儿学习的各种具体的材料，它主要解决幼儿"学什么"的问题。在幼儿园课程中，课程内容也不全是对现有文化要素在教育活动中的直接呈现，而多是经过了教育者的选择，并根据幼儿的学习方式进行了改造和重新组织，使其更符合幼儿学习的要求，对幼儿的发展发挥更大的促进作用。如果幼儿园课程强调教师教学的学业知识和技能为主要价值取向，幼儿园课程必然会注重课程标准的制定，注重教科书的编写，注重教师专业技能的训练，并注重按统一的标准评价幼儿园的教育质量。

3. 课程实施

幼儿园课程计划如果要转化为幼儿的活动和身心发展，就需要教师通过各种方式去引导、促进和组织幼儿开展各种形式的学习活动，在活动中感知、理解和体验客观事物，掌握课程内容，实现相应的学习目标，这一过程就是幼儿园课程的实施。在现代教育中，课程实施都是在各种教育观念的指导下进行的，有的教师比较重视实施过程的严密组织，追求幼儿学习和身心变化的结果；有的教师重视幼儿活动的过程，立足于幼儿在活动中的表现。不同的侧重点就形成了幼儿园课程的不同的实施策略。如果幼儿园课程以强调幼儿的发展和一般能力的获得为主要价值取向，那么幼儿园课程必然会注重幼儿本身的活动，注重幼儿园环境的创设，注重教师对幼儿发展和幼儿学习规律的把握，并注重运用以自然评价为主的方式评价幼儿园的教育质量。

4. 课程评价

幼儿园课程评价就是对幼儿园课程方案和实施过程进行观察和分析，对其科学性、合理性进行判断，对其价值进行评判的活动。现代课程非常注重评价活动，试图通过收集课程设计和实施过程中的各种资料，通过及时的评判来寻找依据，对后续的教育活动进行调整，以提高课程的有效性。这就使课程评价成了课程不可或缺的一个组成部分。课程评价自身也是一种复杂的教育活动，不同的评价，其目的、方式方法和侧重点各不相同。评价活动本身也是在教育观念的指导下

进行的，教师应成为评价活动的主体。

课程的理念一旦确定，课程的目标、内容、实施和评价等课程的各种成分就有可能在课程理念的统合之下形成一个协调的整体，并发挥其总体的功能。如果幼儿园课程强调教师教学的学业知识和技能，强调为入小学做好学业准备，那么幼儿园课程通常被看成学科或科目，课程目标以儿童获得预期的行为变化为主要取向，课程内容以学科的逻辑体系加以选择和组织，课程实施以集体的、传递的方式进行，课程评价则以客观的结果为标准；相反，如果幼儿园课程强调儿童的发展，强调儿童一般能力的获得，那么幼儿园课程通常被看成儿童在幼儿园中所获得的全部经验，课程目标会以儿童在活动过程中获得的经验为主要取向，课程内容会围绕儿童的生活经验而展开，课程实施多以个体或者小组的方式进行，课程评价则以教师的自我评价为主而得以实施。各种幼儿园课程都能在反映课程价值取向的连续体中找到适合的位置，并以此作为决定幼儿园课程目标、内容、实施和评价等的依据。

实践活动

搜集幼儿园课程方案，分析其课程理念、目标、内容、实施和评价的特点。

三、幼儿园课程的性质与特点

幼儿身心发展的规律、特点以及学前教育的性质决定了幼儿园课程的性质与特点。明确把握幼儿园课程的性质与特点，有利于我们从本质上把握幼儿园课程。

（一）幼儿园课程的性质

1. 基础性

幼儿园课程的基础性可以从教育体制、人的发展两个角度来理解。

从教育体制的角度看，幼儿园教育是学制的最初环节。《幼儿园工作规程》（2016年）总则第二条明确规定："幼儿园是对3周岁以上学龄前幼儿实施保育和教育的机构。幼儿园教育是基础教育的重要组成部分，是学校教育制度的基础阶段。"这就非常清楚地指明了幼儿园教育在整个学校教育制度中的位置：如果说幼儿园和小学、初级中学均属于学制中的基础阶段，那么，幼儿园教育既是整个学制的基础，也是"基础"的"基础"。

从人的发展的角度看，幼儿园课程的对象是3～6岁幼儿。幼儿正处于人生发展的起始阶段，这个时期，他们的身体迅速发育，心智逐渐萌生，个性开始萌芽。他们的自然生命正在接受人类社会文化的熏陶，进行着社会化的过程。这一阶段所获得的学习经验不仅影响着他们当时的发展，更影响到其青少年期，甚至影响其一生。而为幼儿提供学习经验的幼儿园课程，也因此更具有基础性——为人的一生成长奠定根基。

2. 非义务性

所谓非义务性，指的是幼儿园课程不是适龄儿童必须学习和完成的"任务"，不具有强制性和普遍性。义务教育是指依照法律规定，全体适龄儿童和少年必须接受的，国家、社会、学校和家庭必须予以保证实施的国民教育。幼儿园教育不属于义务教育。因此，这意味着：①幼儿在幼儿园进行的课程学习可以很自由，他们可以不学习幼儿园设置的课程，成人不能强迫幼儿学习；②幼儿园的课程设置具有灵活性。幼儿园要以国家颁布的相关文件为指导，接受地方教育行政部门的规范管理，参考各方面的信息，根据自身的情况，自行设置课程。这便使幼儿园课程在课程思想和理念、课程目标、课程内容、课程组织等方面都具有灵活性。

3. 适宜发展性

所谓适宜发展性，指的是幼儿园课程要适合幼儿身心发展的客观规律与特点。幼儿身心发展的规律和特点是制约幼儿园课程任何一个结构要素的核心因素。发展是幼儿最根本的需要，幼儿园课程要为幼儿一生的发展奠定良好的基础。因此，幼儿园课程必须以幼儿为本，以促进幼儿健康和谐发展为目标，必须适宜于幼儿的身心发展规律与特点，有利于幼儿身心发展。在学前教育阶段，社会因素和人类知识的影响既要以幼儿的发展为参照，也要以对幼儿发展的适宜性为筛选标准。知识和技能在幼儿园课程中更多的是被看作促进幼儿发展的"工具""手段"而非目的本身。当然，适宜发展并不等于适应发展，并不表示要一味迎合、迁就幼儿现在的身心发展水平，而意味着促进发展。

（二）幼儿园课程的特点

关于幼儿园课程的特点，不同学者从不同的角度有不同的概括。如冯晓霞教授认为，幼儿园课程具有启蒙性、生活化、游戏性、活动性和直接经验性、潜在性等特点[①]。区别于其他学段课程，幼儿园课程主要具有以下特点。

1. 课程目标的全面性、启蒙性

学前教育是全面发展的教育，幼儿园课程是实现幼儿全面发展目标的中介。幼儿园课程应该在尊重幼儿身心发展阶段性规律的基础上，以实现幼儿在身体、认知、情感、个性、社会性等方面的全面、和谐发展为目标。因此，幼儿园课程目标必须具有全面性特点，必须以实现幼儿全面、和谐发展为目标。

幼儿阶段是人生发展的开端阶段，是启蒙开智的阶段。幼儿园教师应在了解幼儿学习与发展基本规律和特点的基础上，建立对幼儿发展的合理期望，对幼儿实施科学的保育和教育，使幼儿身心得到初步锻炼和启迪。因此，幼儿园课程目标应具有启蒙性特点，切不可揠苗助长，追求过高的目标。

2. 课程内容的生活性、浅显性

对幼儿来说，最有效的学习就是他们感兴趣的学习，最有效的学习内容就是他们可以感知的、具体形象的内容。这种学习内容主要源自幼儿周围的现实生活。因此，幼儿园课程的内容与现实生活的距离越近，越能引发幼儿的学习兴趣，幼儿的学习也就越有效。幼儿园课程内容的生活性决定了幼儿园课程内容不是系统的、严格的学科知识的再现，而是随着幼儿生活情境的变化而发生变化的。因此，幼儿园课程的内容要来源于幼儿生活，同时应对现实生活进行过滤，以生活的逻辑组织多样化、感性化的、趣味化的活动。

幼儿园的课程要尊重幼儿的直接经验，幼儿的直接经验是有限的。幼儿园课程是为幼儿设计和组织实施的，幼儿处在身心发展的特殊时期，他们的思维是感性的、直观的。因此，幼儿园课程内容应具有浅显性特点。

> 🔍 **课堂思考**

幼儿园课程为什么要生活化？是关注"儿童当下的生活"，还是将其童年生活纳入"准备未来生活"的轨道？

---

① 冯晓霞. 幼儿园课程［M］. 北京：北京师范大学出版社，2001：20-23.

3. 课程结构的整体性、综合性

幼儿的生活是整体的，幼儿认识世界的方式也是"整体的"，幼儿身心发展水平和学习特点决定了幼儿园课程应该是高度整合的。幼儿园课程不应追求将现实生活割裂的或与现实生活不一致的知识体系，而应尽可能使多个发展领域之间建立联系，以促进幼儿的学习迁移。从幼儿的方面看，幼儿多个发展领域之间是相互联系、相互促进的，它们构成了一个有机的发展整体。在现实的课程实施中，幼儿是以"完整人"的形象出现的。因此，幼儿园课程的内容应是综合的，应尽可能使不同的课程内容产生联系，以促进幼儿的学习迁移。

4. 课程实施的活动性、经验性

幼儿园课程实施的特点是由幼儿生理发展特点、心理发展特点、学习的特点和幼儿园课程生活化等特点所决定的。对于幼儿来说，只有在活动中的学习才是有意义的学习，只有以直接经验为基础的学习才是理解性的学习。因此，幼儿园课程实施过程是以真正的对话情境为依托，在教师、幼儿、环境、材料等多种因素的相互作用中动态生长的课程建构与发展过程。幼儿园课程实施的关键在于为幼儿创设丰富的活动情境、创设有利于幼儿自发主动活动的氛围、为幼儿提供各种互动的机会，使幼儿在一日生活活动中"亲身感知、直接体验、动手操作"以获得直接经验。

5. 课程评价的发展性、情境性

幼儿园课程评价是衡量教师行为、幼儿行为、教育质量、办园成效乃至幼儿教育的社会价值的重要工作。正如《美国国家科学课程标准》中所说的那样，"课程和评价是一枚硬币的正反两面"。现代教育评价理念提倡发展性评价，更关注幼儿的学习过程和个体差异。以往的幼儿园课程评价以区分评价对象的优劣程度为目的，重视评价分等鉴定的功能；而发展性评价则是以诊断和改进学前教育、促进教育活动的参与者（尤其是幼儿与教师）能在原有基础上得到发展为目的的，评价的价值定位在发展功能上。

幼儿园课程评价离不开真实、具体、自然的具体情境。离开了具体情境，评价就难以得到真实的信息。认知心理学的相关研究表明，儿童对学习内容的认知和学习，与其所发生的情境有着密切联系。这意味着班级教师在日常生活中对幼儿的自然观察是教师评价幼儿的主要方式。正是从这个意义上说，教师才是课程评价的最重要的主体[①]。因此，幼儿园课程评价应依托于真实的教育情境。

关键术语

课程理念　课程目标　课程内容　课程实施　课程评价

复习思考

1. 在"什么是幼儿园课程"的问题上，我国幼教先驱的理论及主张可以给我们以怎样的启示？
2. 如何理解"幼儿园课程的性质和特点是由幼儿身心发展规律特点以及幼儿教育的性质所决定的"？
3. 有人说，"幼儿园课程是各个领域活动的相加"，这种说法对不对？为什么？
4. 如何理解"幼儿园课程具有突出的隐性课程特点"这一观点？
5. 幼小衔接是一个常议常新的话题。试从幼儿园课程的自身特点出发，谈谈你对幼小衔接问题的认识。

---

① 虞永平. 幼儿园课程［M］. 北京：高等教育出版社，2014：32—34.

任务3　幼儿园课程与教学、游戏

导入情境

李老师准备了几种不同种类的纸，有牛皮纸、白纸、油光纸、彩色皱纹纸等，让幼儿自取后折小船玩。规则是先吃完点心的幼儿优先选取，结果彩色的纸很快被拿完了。后来的幼儿只好选择被剩下的难看的牛皮纸。小船折好了，幼儿要求到水池那里去放小船玩，李老师同意了。各种各样的小船放到了水里，这时幼儿惊奇地发现漂亮的纸船一一沉到水里去了，唯有难看的牛皮纸折成的小船还浮在水面上。李老师不失时机地组织幼儿讨论为什么会发生这种现象，带领幼儿一起研究各种纸的质地以及不同质地的纸的耐水性强弱的原因。

试着从未来幼儿园教师的角度思考：什么是游戏？这些游戏对幼儿有哪些发展价值？游戏在幼儿园课程中发挥什么作用？本任务将聚焦幼儿园课程与教学、游戏的关系，认识游戏在幼儿园课程中的特殊地位，深入理解"游戏是幼儿园的基本活动"的内涵。

参与式学习

一、幼儿园课程与教学

课程与教学的关系问题一直以来是课程与教学理论研究中的一大困惑，两者的关系极为复杂。

（一）幼儿园教学的含义

欲理清课程与教学的关系，有必要对"教学"一词有明确的认识。"教学"一词，在现代英语教育文献中有三种基本的表达，即teach（教）、instruct（教导）和learn（学、学习）。其中，teach和learn是由同一词源派生出来的，只不过learn与所教的内容相互联系，teach与教师行为、教学媒介相联系，而instruct则多与教学情景有关。虽然英联邦国家多用"teach"一词讨论"教学"，北美国家多用"instruction"一词；但在英语教育研究文献中，两个词并没有严格使用界限。

在我国，早在商朝甲骨文中就出现了"教"，即"𤕝"。例如，"丁西卜，其呼以多方小子小臣其教戒"[1]。"教"左上方的"㐅"是八卦里的基本符号，表示占卜活动，是教的内容；左下方的"子"表示一个孩子，是教的对象；右下方表示手，右上方表示木棍，合起来是一只拿着木棍的手，是教的过程和手段，整个字合起来展现的是成人手中拿棍子督促孩子学习的情形。在20世纪之前，人们在论述教育问题时，多数使用"学"，少数使用"教"，如被称为世界第一篇教育著作的《学记》、"四书"之一的《大学》、王安石的"兴学"变法以及张之洞的《劝学篇》等。古代用的"教"和"学"是表示同一种活动，只是从不同的角度来描述这一现象。"教学"二字连用，始见于《尚书·商书·兑命》："学学半。"[2]据此，《礼记·学记》阐述："学然后知不足，教然后知困。知不足，然后能自反也，知困然后能自强也。故曰教学相长也""建国君民，教学为先"。此中"教学"含有教者和学者双方活动的意思。汉末曹魏以后，"教学"一词开始大量出现在文献中，从而流播于世[3]。

---

[1] 孟宪承，等. 中国古代教育史资料[M]. 北京：人民教育出版社，1961：15.
[2] 邵少佩. 幼儿园课程与教学[M]. 北京：北京师范大学出版社，2015：12.
[3] 黄甫全. 现代课程与教学论[M]. 3版. 北京：人民教育出版社，2014：67.

在我国，虽然表达"教学"的词汇没有英美国家那样多，但人们对教学的解释因其所处的时代和解释的视角不同，也存在着多种看法。中国传统意义上的教学通常被看成教师向儿童传授知识的活动，简而言之，教学就是教师讲儿童听的活动。20世纪80年代中期以来，我国学者们突破了以往单一的和线性的思维模式，从现代认识论和现代系统论的思想出发，把教学看成一个由教师的教与儿童的学所组成的双边活动过程。幼儿园的教学活动，主要是一种有目的、有计划地由教师对幼儿施加教育影响的活动。

（二）幼儿园课程与教学的关系

关于课程与教学的关系，简化的说法就是"课程"是指"该教什么"，而"教学"则是"如何去教"。美国学者奥利瓦（Oliva, 2005）认为：课程是教育的方案、计划、内容以及学习经验，而教学则是教育的方法、教学活动以及课程的实践与呈现；课程的决策讲求计划性，教学的决策讲求方法论；课程计划先于教学，在计划制订过程中，既为课程也为教学而做决定；课程是教学的蓝图，教学是课程的实践；课程与教学都包含在学校或教育系统之下，两者的目的都是使学生学习与成长，为了达成教育目的与目标，课程与教学缺一不可，两者之间的关系非常密切。因此，奥利瓦提出二元模式、连锁模式、同心圆模式、循环模式四种模式来说明课程与教学之间的关系。课程与教学在不同的模式背景下产生的具体的教育场景也是不同的。

1. 二元模式

二元模式将课程计划与教学实践区分开来，认为课程是课程计划者所做的事情，而教学则是教师的行为。因此，课程与教学各自独立，互不影响，如图1-1所示。

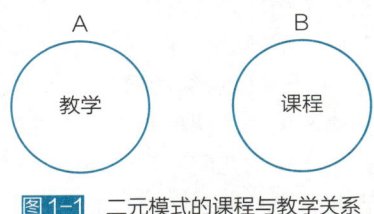

图1-1　二元模式的课程与教学关系

图1-1中，课程与教学分属两个相互独立的A、B模式，两个模式没有交集。例如，出版社设计幼儿园课程、出版幼儿用书（或材料）与配套的教师用书；教师使用配套教学资源进行教学，教师既没有参与课程设计的过程，又不参与课程计划的制订，而教师的教学也不影响出版社的课程设计。这就是课程与教学各自独立的二元模式。

2. 连锁模式

连锁模式将课程与教学视为一个整体，相互联系、彼此不可分离，如图1-2所示。在这种模式中，课程与教学相互影响，课程里有教学，教学里也有课程。例如，全语言课程与教学取向的教室环境，皆布置成具有丰富、自然的语言资源的情境，如在教室中贴出每日菜单的海报，以文字书写，教师则依照海报内容一一介绍餐点；在此情境中，菜单是教材、课程的一部分，同时也是教师教学活动的一部分。

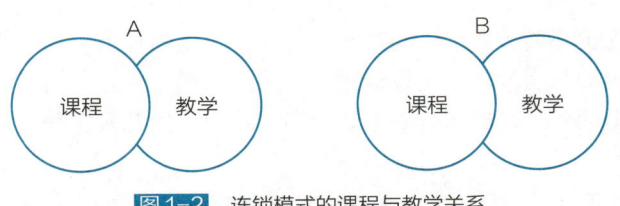

图1-2　连锁模式的课程与教学关系

3. 同心圆模式

同心圆模式中，课程与教学同属教育系统之下的系统，且两者是层级关系，一个包含另外一个，如图1-3所示。A表示课程的层级在教学之上，也就是说教学完全由课程来决定，在此模式中，教师的教学范围均在设计好的课程范畴内；B则表示教学的层级在课程之上，教学是主角，而课程是教学的衍生物，在此模式中，教师是已设计好的课程诠释者，教学内容会因教师的个人经验与专业能力通过举一反三的方式或具有个人特点的方式来诠释，使教学范围大于课程范围。

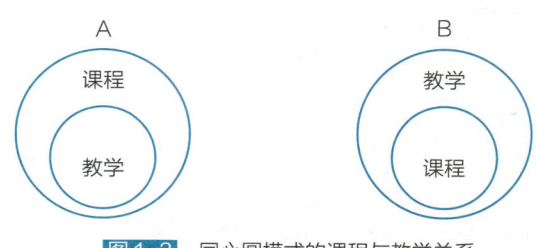

图1-3 同心圆模式的课程与教学关系

实践活动

课堂辩论：幼儿园课程与教学的关系到底是大课程论还是大教学论？

4. 循环模式

循环模式将课程与教学包含在一个循环系统之中，重视课程与教学之间互相反馈的机制，如图1-4所示。课程是教师依照教育目标所做的规划，而后在教学中实践，在教学过程中，学生与教师共同建构新的想法与概念，再用于发展后续的课程。因此，课程与教学两者的实体虽然分开，但是两者之间却有持续不断的循环关系。课程和教学的关系持续循环、互相影响，成为一个整体，都包含在教育系统之下。例如，在幼儿园一日活动中，教师先预设课程内容，又通过与幼儿的互动，不断生成新的教学内容。

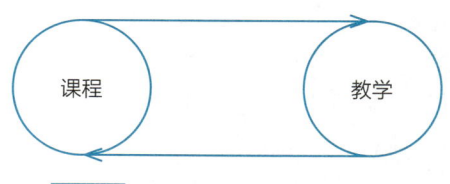

图1-4 循环模式的课程与教学关系

上述模式没有"对"和"错"的分别，而是从不同角度、不同情境对所呈现的课程与教学间的关系进行的分析。我们可以简单把以上四种基本模式概括为以下三种关系[1]：一是课程与教学互相有关联，但却彼此不同；二是课程与教学既互相牵扯，却又互相独立；三是课程与教学可以被分开来研究与分析，但都无法独立地发挥其功能。

对于幼儿园课程与教学的关系，一些学者认为幼儿园课程是一个宏大的系统，包含课程设计、课程实施、课程评价等诸多环节，而教学只是课程实施的环节，幼儿园教学是从属于幼儿园课程的；另有学者认为幼儿园教学是上位概念，幼儿园课程是包含于幼儿园教学之中的，是教学内容的代名词，是教学的一个组成部分。编者倾向于认为，幼儿园课程与幼儿园教学作为一对存

---

[1] 简楚瑛. 幼儿教育课程模式 [M]. 4版. 南京：南京师范大学出版社，2018：6.

在于幼儿园教育中紧密联系、相辅相成的概念，不宜用包含和被包含的逻辑关系来进行规范。重要的是应把两者之间的关系视为一个为促进幼儿身心发展的整体。

二、幼儿园课程与游戏

（一）幼儿游戏的含义

1. 游戏

什么是游戏？至今众说纷纭，莫衷一是，其原因如下：①游戏是抽象和动态的，它不是一个具体的物体、地点或行为；②它具有多重意义。《尔雅》最早对"游"与"戏"分别定义，《尔雅》曰："游，戏也。戏，谑也。""谑"即"戏"。因此，"游"与"戏"相通，同有娱乐嬉戏之意。"游戏"作为一个联合名词最早出现于《史记·老子韩非列传》中。庄子曰："我宁游戏污渎之中自快，无为有国者所羁，终身不仕，以快吾志焉。"可见，汉语中"游戏"一词表达的是一种随心随性、逍遥自在的精神状态。游戏者通过游戏，获得身心的放松与愉快。

英语中"游戏"多解释为"play"或"game"。《牛津高阶英汉双解词典》对"play"一词有着多角度的解释，多指代日常的嬉戏活动。无论是年轻人的休闲娱乐还是老年人的业余爱好，都可以用"play"这个词来表达。而"game"一词，则更多的是指代竞技性质的活动。现代英语中，"game"一词多被解释为小孩子的假装活动，成人的各种体育活动、玩笑幽默等。

综上，由于游戏本身的复杂性，大多数研究者对游戏的内涵都没有统一的认识。但古今中外对于"游戏"的定义却有着极大的相通之处，那就是都与人们的身心活动相关。游戏研究人员和早期教育人士通常会用几个行为和动机的因素来描述游戏的特征，即积极情绪、虚构性、内在动机、过程导向和自由选择[1]。

2. 幼儿游戏

游戏在幼儿发展过程中具有不可替代的独特价值，但如何为"幼儿游戏"下定义，学术界则长期没有统一的说法。关于幼儿游戏的定义，国内比较典型的观点有以下几种。

在教育学家顾明远主编的《教育学大辞典》中，游戏被定义为"适合幼儿年龄特点的一种有目的、有意识的通过模仿和想象，反映周围现实生活的一种独特的社会性活动"[2]。

学者黄人颂等人认为，游戏是"幼儿喜爱的、主动的活动，是幼儿反映现实生活的活动，这种活动具有主动性、社会性、非生产性、愉悦性的特点"[3]。

学者刘焱认为，"游戏是游戏者能动地驾驭活动对象的主体性活动，它现实直观地表现为幼儿的主动性、独立性和创造性活动"[4]。

从以上关于幼儿游戏的定义可以看出，幼儿游戏强调幼儿的主体性、自主性发挥，幼儿游戏隶属于游戏的范畴，因而具备游戏的特征，即自发的、自由的、伴有愉快情绪的规则活动，同时又具有幼儿游戏的特殊性，即幼儿的年龄特征决定了幼儿游戏除了自然条件下的游戏之外，还包含在教师指导下的、含有社会目的的教学游戏。从广义上来讲，幼儿游戏应包括幼儿园游戏，除了幼儿的自主游戏外，还包含在教师指导下进行的教学游戏。相对于幼儿园外游戏，幼儿园游戏具有游戏时间的固定性、游戏环境的教育性、伙伴关系的稳定性、教育者的指导性等特点。

---

[1] 詹姆斯·约翰森，詹姆斯·克里斯蒂，弗朗西斯·华德. 游戏、儿童发展与早期教育[M]. 南京：南京师范大学出版社，2013：12-14.
[2] 教育大辞典编纂委员会. 教育大辞典（第2卷）[M]. 上海：上海教育出版社，1990：218.
[3] 黄人颂. 学前教育学[M]. 北京：人民教育出版社，1988：237.
[4] 刘焱. 幼儿园游戏教学论[M]. 北京：中国社会出版社，1999：143.

（二）幼儿园课程与游戏的关系

1. 课程游戏化

"课程游戏化"，是指把游戏作为课程内容的活动形式与实施工具，以游戏精神贯穿课程实施整个过程，在活动中通过多种感官获得经验，促进幼儿的学习与发展。课程游戏化的逻辑起点是教师事先规划和设计课程，利用游戏创设"学中玩"的情境，达成预设的课程目标[①]。这是因为：首先，游戏是幼儿的学习方式。课程只有遵循适宜幼儿的学习方式，才会达到预期效果。其次，课程存在游戏化的可能。课程是教育者有意识地对幼儿施加影响，实现幼儿园教育目的的手段；游戏是不受外力约束的幼儿自发自选的活动，但课程与游戏有着内在的联系。最后，实践中存在着比较严重的课程与游戏分离的"小学化"现象。为此，教育部于2011年12月出台了《教育部关于规范幼儿园保育教育工作 防止和纠正"小学化"现象的通知》，2018年7月又颁布了《教育部办公厅关于开展幼儿园"小学化"专项治理工作的通知》。

如何实现"课程游戏化"？具体是要将游戏的自主性、趣味性引入课程，以游戏的特点来设计课程与组织教学，使教师主导的课程实施过程变成幼儿主动参与的生动有趣的游戏过程，从而使幼儿获得"学中玩"的游戏心理体验。虞永平教授指出，"课程游戏化"是一个系统工程，涉及课程理念的更新，尤其是以儿童为主体的游戏精神的渗透，课程内容的适宜性选择，课程资源的挖掘，课程组织形式的多样化开发，课程评价立场的转变和方式的变革[②]。"课程游戏化"不是幼儿园课程改革的唯一路径，生活化、经验化、园本化等也是幼儿园课程改革可以选择的路径，但"课程游戏化"更能触及幼儿园课程的本质。"课程游戏化"也不是以游戏代替其他课程实施活动，不是将幼儿园所有活动都变成游戏，而是确保游戏成为幼儿园的基本活动，并将游戏精神渗透到课程实施的各种活动之中。

📖 拓展阅读 1-1

江苏省"课程游戏化"项目的内容[③]

江苏省幼儿园课程游戏化建设提出了被称为"课程游戏化"的六项内容。

1. 明晰课程游戏化理念：领会游戏的内涵和精神，以《3～6岁儿童学习与发展指南》为总体背景，理解生活、游戏、活动、经验在幼儿园课程和幼儿发展中的作用。

2. 改造课程游戏化方案：基于幼儿园现行课程方案，通过观察、记录、反思、研训等方式，开展课程方案的游戏化、生活化、适宜性改造。

3. 创建课程游戏化环境：适时、动态地对幼儿的活动环境进行改造、调整，从室内到室外，从显性环境到隐性环境，创设课程游戏化的物化情境。

4. 构建课程游戏化区域：创建数量适当、种类多样、材料丰富并与幼儿发展相适宜的可选择的游戏区域。活动中，教师注重观察、适当介入、有效指导，为幼儿主动发展提供条件保障。

---

① 黄小莲. "课程游戏化"还是"游戏课程化"：命题背后的价值取向 [J]. 中国教育学刊, 2019 (12): 57.
② 虞永平. 课程游戏化的意义和实施路径 [J]. 早期教育（教师版）, 2015 (3): 4-7.
③ 江苏省教育厅. 江苏省幼儿园课程游戏化项目（2016年立项）视导报告和等级评定结果 [EB/OL]. (2018-06-15) [2019-02-15].

> 5. 建设课程游戏化资源：统筹游戏活动中各类实物资料、社会专家资源、信息资源等，形成内容科学、管理有序、应用有效的幼儿园课程资源库。
> 6. 提高课程游戏化能力：提升课程活动的规划设计能力、组织实施能力、观察分析能力、诊断完善能力等，在实践中逐步提升教师队伍的专业化水平。

课堂思考

根据游戏与课程融合的方式的介绍，你认为当前我国幼儿园实践中游戏与课程是怎样的关系，你如何评价？

2. 游戏课程化

"游戏课程化"，是指从幼儿的游戏出发，及时把握幼儿学习的生长点，通过引导和建构新的游戏，促进幼儿学习与发展的过程。换言之，游戏是幼儿的基本活动和基本成长经验，将幼儿的游戏转化为课程。"游戏课程化"是一个通过游戏的力量促进幼儿学习与发展的游戏链，其出发点是幼儿的游戏，包括幼儿的自主游戏和工具性游戏。所谓生长点，是指围绕着五大领域的教育内容生发出来的教育活动。"游戏课程化"最后又回到游戏中去，这里的游戏同样包括自主游戏和工具性游戏。就发展的总趋势而言，这时的游戏不是初期游戏的简单重复，而是在更高层面上的发展和提升[①]。

如何实现"游戏课程化"？幼儿园课程实践中有许多有价值的探索，比如"安吉游戏课程化"的活动组成部分包括以下五点。

（1）自主游戏及游戏计划。幼儿从自主游戏出发，随着对游戏材料、游戏场地、游戏时间越来越有把握，逐步发展有目的地构思材料的玩法、进行游戏中的分工等。

（2）游戏故事。游戏故事是安吉游戏中幼儿表达对自己、他人和世界认识的重要途径。他们以画、写、说的方式，以不同的表征视角和独特的表征符号自主回顾、整理、反思自己的游戏过程。通过对游戏中获得经验的自我梳理、构建与表达，实现经验的自主发展。

（3）游戏分享。游戏分享是幼儿自由表达自己的游戏过程、倾听他人的游戏经历、反思自己和他人游戏经验的过程。游戏分享可以串联游戏计划、游戏故事或游戏的内容与体验。幼儿在分享自己游戏的过程中，不断调整和重组自己的游戏经验，回忆游戏经验中对其重要的信息。在倾听他人的过程中，不断分辨、整合听到的信息，借鉴他人的经验，促进自我经验的发展。

（4）生成教学。安吉游戏生成教学是建立在教师对幼儿游戏行为的观察、记录和分析的基础上，从幼儿游戏中的想法、需求和经验出发构建教学活动，从幼儿经验出发，教师根据幼儿不同的游戏水平、游戏兴趣生成相应的活动。

（5）游戏精神下的生活环节。一日生活皆学习。在安吉游戏中，幼儿不但有自主游戏的权利，还自主管理自己的生活。

三、幼儿园教学与游戏

（一）幼儿园教育活动都是游戏和教学的不同程度的结合

研究游戏的理论家们对游戏的界定虽然莫衷一是，但是对游戏本质特征的认识还是基本趋同

---

① 王振宇. 论"游戏课程化"[J]. 幼儿教育（教育科学），2018（4）：3-8.

的，即游戏是没有社会功利目的的儿童自发的活动，它能在真正意义上满足儿童自身的需要；在游戏中，儿童将内在已有的知识、技能及情绪、情感通过主体活动表现出来，因而，游戏需要强调的是"表现""过程"和儿童自主的活动。教育机构是不可能没有教学的，幼儿园也不例外。教学是教师有目的、有计划地将人类积累的知识和技能传授给幼儿，使幼儿从不知到知、从不会到会的过程，因而，教学需要强调的是"结果"和教师的指导作用。

儿童是从直接教学还是从自主活动中受益更多，在学前教育领域一直是一个令人争论不休的话题。面对这种争论，美国《发展适宜性教育立场声明》（2020）提出了如图1-5所示的游戏/教学活动连续体。幼儿园教学活动可以看成一个连续体，一头是自主游戏，一头是直接教学，在这个连续体上有很多端点。其中，"游戏化学习"是由自由游戏（或自主游戏，free play or self-directed play）、有指导的游戏（guided play）和结构化的规则游戏（a structured game）构成的学习情景[①]。在游戏化学习情景中，幼儿通过自由游戏、有指导的游戏、结构化的规则游戏来学习课程内容。

图1-5　NAEYC游戏/教学活动连续体

自由游戏、有指导的游戏、结构化的规则游戏三种游戏之间的区别在于：成人参与的程度不同，幼儿自主学习的程度不同以及是否有明确的学习目标（表1-1）。

表1-1　三种游戏的区别

比较维度	自由游戏（自主游戏）	有指导的游戏	结构化的规则游戏
发起者	儿童	成人	成人
定向者	儿童	儿童	儿童
明确的学习目标	无	有	有

（二）游戏与教学的优化结合

游戏与教学是两类有本质区别的活动，虽然不可相互替代，却具有互补性。这两者实现最优化的结合，会使幼儿园教育变得更为完善，会从根本上改变"放羊式"的或者"灌输式"的教育。游戏与教学的结合不是游戏与教学的简单相加，而是有机融合，其实现路径有"游戏教学化"与"教学游戏化"。

1. 游戏教学化

游戏教学化，是指教育者参与儿童的游戏，对游戏施加教育影响，以促进儿童更好发展的一种策略。游戏一旦作为幼儿园教育的活动途径，便不同于儿童自发的纯自然游戏，而是具有教师

[①] 全美幼教协会（NAEYC）. 0—8岁儿童发展适宜性教育[M]. 4版. 刘焱，等，译. 中国轻工业出版社，2024.

施加的教育性。游戏教学化最显著的特点就是游戏因素与教育因素的有机结合。游戏中自然融入教育的因素，在儿童获得游戏体验、享受游戏乐趣的同时，实现预设的教育目标。

游戏教学化并不是简单地把游戏与教学相结合，而是在游戏中导入教学的因素，但仍然要保证游戏的主体地位。游戏一旦进入教学，就不再是一种纯粹的自然活动，它受到教育价值观的规范，被打上教育影响的烙印而成为教育活动。如果仅仅把游戏当作实现教育目标的手段，就容易把教学的功利性和严肃性带入游戏中，游戏原本的精神便会丧失，儿童就不能享受到游戏的自主性和愉悦性。因此，在运用游戏教学化原则时，需注意以下问题。

（1）保证儿童游戏的自主控制权。游戏从本质上说是指一种没有外在目的、由儿童自主控制的、能带来愉悦情绪体验的活动。儿童的自主控制性是游戏最本质性的特征，反映了儿童的自主性地位。如果在游戏中，儿童失去了自主控制权，儿童游戏就会成为游戏儿童，因为自由在何处止步或被限定，游戏便在那里终结。保证儿童的自主性地位，就是要让儿童有自由选择游戏材料、游戏伙伴，自主决定游戏主题与方式的权利。

（2）保证游戏的愉悦性。正是游戏的愉悦性才吸引儿童投入游戏。游戏毕竟不是教学，只有让愉悦性贯穿游戏始终，让儿童渴望游戏，游戏中的教育因素才有实现的可能。

（3）及时捕捉游戏中的教育时机。游戏教学化以尊重儿童的游戏为前提，教师不能在违背儿童意愿的前提下干预儿童的游戏。教师要敏锐地发现和捕捉儿童游戏中所隐含的教育价值，给予恰当的引导，促进儿童的发展。在游戏中，教师应是支持者、合作者和引导者。

2. 教学游戏化

教学游戏化，就是要求在教学的实施过程中，尽可能淡化教育目的，强化游戏的手段，轻结果、重过程。教学游戏化是利用游戏的手段，完成教育目标和任务，使儿童身在教学中却产生在游戏中的体验。通过教学游戏化，严肃的教学氛围会变成轻松愉快的游戏氛围，枯燥的教学活动会变成有趣的活动。教学游戏化克服了传统教学的枯燥无味，儿童在游戏的过程中，主动建构知识，发展能力。

教学游戏化的提出，从儿童身心发展的需要出发，符合儿童认知发展的特点。由于儿童处于具体形象思维阶段，讲授教学不适合儿童，让儿童在游戏中学习才是最佳的学习方式。但教学游戏化并不是教师让儿童无目的地玩，而是通过游戏实现教学的目标。另外，如果只把游戏当作实施课程的工具，那么游戏就成了教学活动的"装饰"，游戏的内在精神实质就会丧失殆尽，尽管使用游戏能有效传授知识，儿童却不能获得充分的"享乐"和"感受"。教学游戏化并不是只在形式上加入游戏元素，而是强调教学应秉持游戏的精神。儿童与教师之间的平等对话，是教学游戏化的基本原则。

3. 幼儿园教学与游戏的优化结合

从幼儿园教育实践的角度考虑教学与游戏的最优化结合，其考察指标主要是这两类活动的优势程度，包括它们的时间和频率的比例。从形式上分，教学与游戏的结合大致可以分为分离式、插入式和整合式3种类型[①]。

（1）分离式。在幼儿园课程编制中，有时游戏和教学可以相对分离，即在幼儿园活动的某段时间内安排游戏活动，而在另一段时间内安排教学活动。分离式的结合方式操作简单，容易被教师掌握，评价直截了当，也容易被管理者运用。

（2）插入式。在教学中插入游戏，或在游戏中插入教学，这种结合方式常被运用。游戏可以是教学活动的先导，儿童在游戏中获得的经验可以通过教学加以理性化；游戏也可以是教学的后继活动，教学中儿童习得的知识和技能可以在游戏中得以运用。在儿童游戏时，教师在观察和理

---

① 朱家雄. 幼儿园课程［M］. 上海：华东师范大学出版社，2003：77.

解儿童的基础上，可以以个别或小组形式插入有益于儿童学习和发展的教学和指导。运用插入式结合方式的原则是既要有益于提高教学的有效性，又要避免干扰儿童自发、自主的游戏活动：在一种活动中插入另一种活动时，应自然而不要生硬。

（3）整合式。整合式是实现游戏与教学优化结合的一种高级形式。它使两种性质不同的活动有机地融合成一体，有时已难以区分什么是游戏、什么是教学了。整合式的结合方式操作难度大，需要教师善于把握儿童的所思和所感，灵活地处理教育过程中所发生的教师计划与儿童兴趣和需要之间的矛盾。

以上这三种方式各有其适用的情况，因此不能简单地认定孰优孰劣，一切取决于幼儿园实践活动的需要。教学和游戏"最优化"的全部含义就在于在一定的场合和情境下最适当地运用某种结合的方式。

实践活动

结合幼儿园见实习经历，分别列举幼儿园教学与游戏的三种结合方式的具体应用案例。

项目要点

1. 课程从词源上分析指课业及其进程。常见的课程定义大致可以归纳为五类：课程即学科或教学科目、课程即预期的学习结果或目标、课程即教育计划或教学计划、课程即儿童的经验、课程即学校组织的学习活动。美国学者古德莱德归纳出五种不同的课程，即理想的课程、正式的课程、领悟的课程、运作的课程和体验的课程。
2. 幼儿园课程的特点有：课程目标的全面性、启蒙性；课程内容的生活性、浅显性；课程结构的整体性、综合性；课程实施的活动性、经验性；课程评价的发展性、情境性。
3. 奥利瓦提出四种模式来说明课程与教学间的关系，即二元模式、连锁模式、同心圆模式、循环模式。综合国内外对课程与教学关系的研究，主要有以下几种观点：包含说、相互独立说、整合统一说。
4. "课程游戏化"，是指把游戏作为课程内容活动形式与实施工具，以游戏精神贯穿课程实施整个过程，在活动中通过多种感官获得经验，促进幼儿的学习与发展。"游戏课程化"，是指从幼儿的游戏出发，及时把握幼儿学习的生长点，通过引导和建构新的游戏，促进幼儿学习与发展的过程。
5. 实现游戏与教学的最优化结合，其前提是充分认识游戏和教学这两类活动各自的性质及其价值，其实现路径包括游戏教学化与教学游戏化。游戏教学化，是指教育者参与儿童的游戏，对游戏施加教育影响，以取得儿童更好发展的一种策略。教学游戏化，就是要求在教学的实施过程中，尽可能淡化教育目的，强化游戏的手段，轻结果、重过程。教学游戏化是利用游戏的手段，完成教育目标和任务，使儿童虽在教学中却产生在游戏中的体验。

关键术语

幼儿园课程　幼儿园教学　幼儿园游戏　幼儿园课程游戏化　幼儿园游戏课程化　幼儿园教学游戏化　幼儿园游戏教学化

复习思考

1. 结合实例，谈谈什么是"幼儿园课程游戏化"。

2. 收集一份幼儿园某班级的一周活动计划表，看看其游戏活动是如何安排的，由此分析该班教师对于幼儿园"以游戏为基本活动"的理解。
3. 观察一所幼儿园的一日活动，分析该园是如何贯彻幼儿园"以游戏为基本活动"的，并提出改善建议。
4. 观察记录一段幼儿园教学活动，分析游戏在其中的运用。
5. 某幼儿园大班一日活动安排如下：

时间	活动形式	活动内容
7：30—8：10	晨间活动	早操及户外活动
8：50—9：20	集体活动	讨论"社区"摄影展
9：30—11：20	分组活动	实践：去邮局寄信
11：20—11：35	集体活动	语言游戏：量词接龙
午餐、午睡		
2：30—3：20	户外活动	—
3：50—4：40	分组活动	写数练习
4：40—5：00	集体活动	谈话：户外写生感受

你认为该幼儿园的一日活动安排是否体现了"游戏是幼儿园基本活动"的思想，为什么？根据你对"游戏是幼儿园基本活动"的认识修改这个一日活动安排，并说明修改的理由。

项目二　幼儿园课程理论基础

项目背景

儿童、社会、知识是课程与教学的核心问题，面对这三个问题，心理学、社会学、哲学的讨论是最深刻的，对教育的启发也是最大的。探究幼儿园课程的理论基础的目的就是要探讨影响幼儿园课程目标、内容、实施、评价等环节的一些基本领域，寻找幼儿园课程与教学思想的基本来源。对于课程的理论基础，存在不同的看法。一般认为，课程的主要基础学科是心理学、社会学、哲学。幼儿园课程与各基础学科的关系同样纵横交错，只有在对基础学科的研究成果及其课程关系有全面了解的基础上，才能做出明智的幼儿园课程决策。本项目我们将一起学习幼儿园课程的心理学、社会学、哲学的理论基础，并探讨不同学科的主要理论流派对幼儿园课程的影响。

学习目标

❶ 萌发利用幼儿园课程的理论基础分析与处理幼儿园课程建设问题的意识。

❷ 理解幼儿园课程的心理学、社会学、哲学基础，及其对幼儿园课程的影响。

❸ 尝试应用幼儿园课程的理论基础解释幼儿园课程的原理、问题与现象。

知识导图

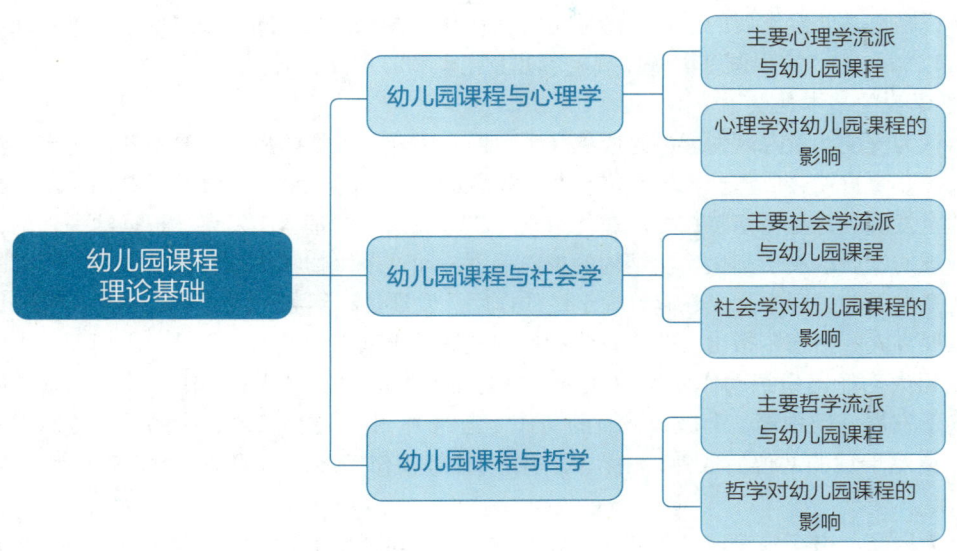

任务1 幼儿园课程与心理学

导入情境

面对新入园幼儿哭闹不止的现象，小一班的李老师认为：等过一段时间，他们自然就不会这样了，主张引导幼儿把注意力放在好玩的游戏及有趣的玩具上。小二班的王老师认为：幼儿需要学习合适的入园行为，可以使用树立榜样、表扬和奖励小红花的方式来影响幼儿的行为表现。小三班的冯老师则认为：幼儿的表现是缺乏安全感的表现，从而致力于创造安全的环境、建立稳固的师生关系，给他们温暖、关怀，对幼儿的需要热情地回应。他们的看法如此不同，你赞同哪一种呢？

心理学（psychology）是一门古老的学问，其英语词根来源于希腊语 psyche，意思是"灵魂"。心理学的研究范围很广，主要涉及人的心理过程（感觉、知觉、记忆、思维等）和个性心理特征。幼儿园中每一个师幼互动场域，可能都包含着不同心理学理论指导下的教育策略。本任务将介绍心理学的主要理论流派及其对幼儿园课程的影响。待学习后，你可以尝试分析案例中李老师、王老师和冯老师分别持哪种心理学理论流派的观点。

参与式学习

自赫尔巴特（J. F. Herbart）提出"教育学作为一种科学，是以实践哲学和心理学为基础的。前者说明教育的目的，后者说明教育的途径、手段"后，心理学作为幼儿园课程的理论基础是毋庸置疑的。杜威在《儿童与课程》中有过形象的描述："心理的考虑也许会遭到忽视或推在一边，但它们不能被排除出去。把它们从门里赶出去，它们又从窗子里爬进来。"[1] 而对于幼儿园课程设计与实施产生过重大影响的心理学流派主要是成熟学说、行为主义、认知心理学、精神分析理论、多元智能理论、人本主义理论等。

---

[1] 杜威. 学校与社会. 明日之学校［M］. 赵祥，等，译. 北京：人民教育出版社，2005：125.

一、主要心理学流派与幼儿园课程

（一）成熟学说与幼儿园课程

成熟学说是有关儿童发展的最古老的理论之一，其代表人物是美国儿科医生、儿童心理学家格塞尔（A. L. Gesell）。它强调基因顺序规定着儿童生理和心理发展的理论。

1. 成熟学说的基本观点

格塞尔认为支配儿童心理发展的是成熟和学习两个因素。人类的特点主要由基因决定，随着年龄的增长，儿童自然会成熟。成熟是推动儿童发展的主要动力，没有足够的成熟，学习本身并不能推动儿童发展。这是格塞尔在处理遗传与学习二者关系时的基本出发点。根据这一理论，儿童生理和心理的发展取决于其生物学结构的成熟程度，而这个生物学结构的成熟取决于基因的时间表。在儿童发展的过程中，成熟起着决定性的作用。发展过程不可能通过环境的改变而改变。

关于发展方向：格塞尔指出，儿童身体动作的发展是由基因预设的，遵循由上而下、由中心向边缘、由粗大动作向精细动作发展的规律。由上而下，指的是儿童的动作由头部运动（如抬头）逐步向下发展，到颈部、上肢、下肢的动作（走路）；由中心向边缘，指的是靠近躯干的部位先成熟，离躯干远的部位后成熟；由粗大动作向精细动作发展，指的是儿童动作的精细度的提高。

关于行为周期：格塞尔发现，儿童在发展的过程中，表现出了极强的自我调节能力。当儿童突然向前进入一个新领域后又会适度退却，以巩固取得的进步，然后再往前发展，即"前进两步，后退一步，再前进两步"。因此在儿童的成长过程中便形成了发展质量较高的阶段与较低的阶段交替出现的现象，格塞尔称之为"行为周期"。

> **拓展阅读 2-1**
>
> **著名的双生子实验**
>
> 1929年，格塞尔对一对同卵双生子（由一个受精卵分裂而成，遗传条件完全一致）进行实验研究，首先他通过观察和分析双生子T和C的行为，认为他们发展水平相当。在他们出生第48周时，对T进行爬楼梯、搭积木、运用词汇和肌肉协调等训练，而对C则不做相应训练。训练持续了6周，期间T比C更早地显示出某些技能。到了第53周，当C达到能够学习爬楼梯的成熟水平时，对他开始集中训练，发现只要少量训练，C就达到了T的熟练水平。在55周时，进一步观察发现T和C的能力没有差别。因此格塞尔断定，儿童的学习取决于生理的成熟。在儿童生理成熟之前的早期训练对最终的结果并没有显著作用。根据这一实验结果和长期的临床观察，格塞尔提出了著名的成熟学说。

2. 成熟学说对幼儿园课程的影响

格塞尔的成熟学说，为我们提供了课程设计观念：一是教师应重视儿童学习的"准备状态"，应耐心等待儿童的成熟，而不要人为地促进儿童的发展。尊重儿童的天性是科学保教的第一要义。教师应理解儿童行为的阶段特征，充分认识到儿童成熟的规律和固有的智慧。耐心等待儿童，不要因期待过高而失望，用粗暴和急躁的行为伤害他们。二是应基于儿童的兴趣和需要设计课程和创设环境。重要的是为儿童提供一种快乐和满足的状态，最终达到更为完善的发展。当然，尊重成熟的客观规律，并不是否认环境的作用，也不是否认教育的价值，更不是对儿童放任自流。

（二）行为主义与幼儿园课程

20世纪上半叶对西方学校课程影响最大的心理学流派，以桑代克（E. L. Thorndike）、华生（J. B. Waston）和斯金纳（B. F. Skinner）等为代表的行为主义心理学认为，心理的本质是行为，是由环境和教育塑造的，心理的发展是量变的过程。学习是刺激与反应的联结，学习的产生由外部刺激引起，学习的保持是强化的结果，学习的过程是循序渐进、积少成多的过程，学习的结果是可观察和可测量的外显行为。

1. 行为主义的基本观点

（1）华生的早期行为主义发展观。心理学家、生理学家巴甫洛夫（I. P. Pεvlov）在实验室发现，经过训练，当喂食的铃声响起时，还没吃到食物的狗狗就开始分泌唾液了。他把这种现象称为条件反射，也就是我们常说的经典条件反射。

华生受经典条件反射实验的影响，他进一步认为人的心理本质就是行为，心理学要研究的是可观察到的行为，而不是看不见的意识或潜意识。一切行为（心理）都是刺激（S）—反应（R）的条件反射过程，是由学习获得的。人的语言、能力、情绪（恐惧、焦虑、害羞等）也是由学习获得的。华生否认遗传的作用，与哲学家洛克（J. Locke）的"白板说"一致，他强调是环境因素决定了人的心理发展。他强调了学习在心理发展中的作用，具有积极的意义。但同时他坚决否认了遗传的作用，也忽视了个人在自身发展中的主观能动性作用，是典型的"教育万能论"的代表。

（2）新行为主义。在行为主义发展的后期，斯金纳等心理学家发展了华生的观点，但是本质上还是坚持行为的心理本质意义。斯金纳提出了操作性条件反射的概念，认为个体主动发起的行为是操作性行为，而紧跟行为之后的强化则是决定行为未来发生频率的决定性因素，因此可以通过强化来塑造儿童行为。而班杜拉（A. Bandura）等新行为主义心理学家则强调了观察学习的价值，强调儿童模仿学习的作用。

📖 **拓展阅读 2-2**

斯金纳箱里的白鼠（或鸽子）和教室里的小红花

斯金纳箱，是新行为主义心理学的创始人之一的斯金纳为研究操作性条件反射而设计的实验设备。箱内放进一只白鼠（或鸽子），并设一杠杆或按键，箱子的构造尽可能排除一切外部刺激。动物在箱内可自由活动，当它压杠杆或啄按键时，就会有一团食物掉进箱子下方的盘中，动物就能吃到食物。实验发现，动物的学习行为是随着一个起强化作用的刺激而发生的。斯金纳通过实验，进而提出了操作性条件反射原理。

幼儿园的教室里，3岁的婷婷听从老师的要求，积极举手发言，老师夸她积极举手回答问题真棒，还给了她一朵小红花。以后只要老师一说"谁想试试，请举手"，婷婷就会高高地举起小手。

---

2. 行为主义对幼儿园课程的影响

行为主义者关注的是怎样教，侧重的是行为，并要以一种可以观察到的、可以测量的形式来具体说明课程内容和教学过程，其典型就是斯金纳的程序教学。

行为主义对幼儿园课程的影响具体表现在：在课程目标方面，强调具体的、分解的行为目标；在课程内容方面，强调由简至繁的累积，强调基本技能的训练；主张采用各种教学媒介进行个别教学，开发教学技术，加强程序教学、视听教学和网络教学等；突出对儿童的外显性行为进行评价，进行教学效能核定、成本–效应分析以及目标管理；赞成对儿童学习任务的分析、确认儿童原有的知识水平、以小步递进的方式施教复杂的学习任务以及运用强化的手段等。

（三）认知心理学与幼儿园课程

由于不满行为主义心理学将人类学习过程描述得过于简单与机械，认知心理学主要研究儿童在发展过程中心理能力方面所发生的变化。其代表人物是皮亚杰（J. Piaget）和维果茨基（L. Vygotsky）。这一理论认为：知识是儿童主动建构的，对于学习来说，积极解决问题、社会交往和语言是必要的。

1. 皮亚杰理论与幼儿园课程

皮亚杰是当代国际著名的儿童心理学家、发生认识论的创始人、瑞士日内瓦大学教授、卢梭研究所所长。皮亚杰认为知识是儿童通过活动建构起来的。他的理论也被称为"建构主义"。

（1）皮亚杰理论的主要观点。皮亚杰认为儿童心理的发生、发展不是先天结构的展开，也不完全取决于环境的影响。在他看来，儿童的发展受四个因素的共同影响，这四个因素是：成熟、自然经验、社会经验以及平衡化，其中第四个因素是决定性因素。他认为每个儿童生来都具备了一些简单的知识结构——认知图式，之后通过他们自身的活动不断去同化外界的事物，如果外界的事物不能被同化进原有的图式，儿童就会调整和扩充自己的图式顺应外界的新鲜事物，最终使自己的认知图式与外界事物重新达到平衡。同化指儿童运用现有图式来解释新经验，并将新现象纳入现有的图式的过程，是量的变化；顺应是指儿童改变已有的图式以纳入和适应新经验，是质的变化。他认为儿童心理发展的实质就是个体在和环境发生不断的交互作用中，对环境的适应过程，也就是打破旧平衡、建立新平衡的过程。

另外，皮亚杰认为儿童的认知发展可以分为四个阶段：感知运动阶段、前运算阶段、具体运算阶段、形式运算阶段。这四个阶段是连续的，每个阶段都有其独特的结构，按照由低到高的次序出现，前一阶段是后一阶段的基础，前后两个阶段并非截然分开，而是互有交集的。

感知运动阶段（0~2岁）。这一阶段的儿童对语言的使用较少，早期主要依靠感知觉来探索外界事物，主要通过身体的动作，以及看、听、闻、触、尝等感官来探索事物。对他们来说，知识就是通过运动和感知获得他们所需要的东西。后期，儿童开始出现智慧动作，能够在新情境中解决问题。

前运算阶段（2~7岁）。这一阶段的儿童已经掌握了语言，在感知运动阶段的基础上，能够使用大量的词汇或符号来表征他们所遇到的事物。思维受到知觉形象的束缚，思维具有表象性和具体性，还没有获得逻辑思维的运算图式。

具体运算阶段（7~12岁）。这一阶段的儿童开始具有逻辑思维和运算能力，通过对大小、体积、数量和重量进行推理，获得了守恒性和可逆性的概念；把概念体系用于具体事物；逐渐能够运用守恒原则。

形式运算阶段（12岁以上）。这一阶段的儿童不再依靠具体事物来运算，能够脱离具体事物进行抽象概括，能够做出几种假设推测，并通过象征性的操作来解决问题；达到了认知发展的最高阶段；同成熟的成人的思维能力相当。

（2）皮亚杰理论对幼儿园课程的影响。受皮亚杰认知发展和建构主义理论的影响，学前教育界将他的理论作为幼儿园课程设计与实施的基础，从而涌现出认知课程模式，包括高瞻课程、凯米和德弗里斯（Kamii & R. Devries）的课程、瑞吉欧课程。课程与教学设计和实施应以儿童为中心，充分体现儿童的主体性，引导儿童积极主动地探索外界环境。学前教育工作者在日常的课程与教学活动中应创设良好的教育环境，提供大量的实物材料，让儿童亲身经历、直接感知、动手操作，通过与环境的交互作用来建构知识，促进认知发展；除了外部环境和材料之外，主客体之间的相互作用还离不开教师与儿童之间的互动，教师在活动中发挥指导作用，在与儿童互动过程中提出问题，引发其思考、探索和发现。教师与儿童的互动应尊重儿童的认知发展规律和年龄特点，适应不同认知发展水平的儿童，提倡同化为主的游戏活动。

该理论对幼儿园课程的具体启示有以下几点：

一是课程目标应能促进儿童认知结构的形成与发展。皮亚杰强调个体心理发展是平衡不断建构的过程。教师作为"共同建构者"，需要巧妙设置教学情境，精心地安排各种具体的教学环节，从而启发儿童学习。课程实施前，教师在了解儿童当前认知状态的基础上，开展与儿童已有认知结构相匹配的活动，活动内容要能够打破其原有的平衡状态，能引起儿童适当的认知冲突，从而产生积极的同化、顺应活动。

二是课程设计要依据儿童的认知结构水平，尊重认知规律。在幼儿园课程中，应特别强调适度适时的原则，根据儿童认知发展的不同阶段的特点设计教学活动、选择教学内容进行有针对性的教育，不能以成人的思维方式选择知识、传授经验，在教学过程中应适应儿童的认知思维方式，切勿操之过急。

三是课程实施应充分发挥儿童的主体作用，强调儿童自主活动和游戏的重要性。在传统的教学过程中，教学围绕教师、课堂和课本展开，教师是课堂的主导者，发挥传授知识的作用，儿童作为被动接受者。按照皮亚杰理论，教学活动要与儿童的图式发生作用，教师应为儿童创造学习条件，让他们在亲身实践中建构知识。《幼儿园教育指导纲要（试行）》指出，幼儿园应"以游戏为基本活动"。活动必须以儿童的兴趣为先决条件，教学活动应围绕幼儿展开，教师扮演指导者和引导者的角色。

2. 维果茨基理论与幼儿园课程

社会文化历史理论最著名的代表人物是苏联心理学家维果茨基。该理论强调文化、社会对儿童心理机能的影响。维果茨基认为，人的心理发展的源泉与决定因素是历史进程中不断发展的文化，而文化是人的社会生活与社会活动的产物，人的心理活动是社会学习的结果，是文化与社会关系内化的结果。

（1）维果茨基理论的基本观点。

一是心理发展的实质。维果茨基把人的心理机能分为两种：一种是低级心理机能，它是人类适应自然的过程中进化而来的，如感知觉、不随意注意、情绪等；另一种是高级心理机能，它是人类在社会生活历史中发展出来的，如随意注意、抽象思维、高级情感等。维果茨基认为，人类心理发展的实质就是在环境与教育的影响下，由低级心理机能转化为高级心理机能的过程。在这个过程中，语言是重要的中介工具，语言的使用使人的心理机能由低向高发生了质的变化。

二是教学与发展的关系。社会文化历史理论认为，成人和同龄人影响着儿童的学习行为，而社会影响学习的内容和教学的方式。在教学与发展的关系方面，维果茨基提出了两个重要概念：最近发展区；支架式教学法。

最近发展区是维果茨基最具特色的概念，"最近发展区"，即儿童现有的独立解决问题水平和通过成人或者更有经验的同伴的帮助而能达到的潜在发展水平之间的区域。他把儿童面临的任务分为三种：第一种任务对儿童而言，能够独立解决，不需要老师的帮助；第二种任务范围（最近发展区）超出了儿童的现有水平，但是可以在成人或同伴的帮助下完成；第三种任务对儿童来说太难，儿童根本无法完成，需要成人或"有经验的"同伴直接干预。对于儿童的学习来说，最近发展区是教学最能取得效果的地方。所有的教学应该针对儿童最近发展区的上限，通过合作或教师的指导，使儿童获得独自解决问题的能力。

支架式教学法，也被称为鹰架教学、脚手架教学，是指教师为儿童建构对知识的理解提供一种概念框架。在具体实践活动中，教师在指导儿童学习一项新的概念或技巧时，可通过提供足够的外部资源来支持儿童的学习。在没有使任务本身发生变化的前提上，通过使用"鹰架"，帮助儿童借助他人给予的帮助使原有任务变得简单，尔后逐步撤去支架，让儿童独立探索学习。这意味着，成人对儿童的外部支持就像建筑物上的一个鹰架，但当墙壁能够独自撑持时就要把鹰架逐渐拆掉，直到儿童能自己独立探索学习。

（2）维果茨基理论对幼儿园课程的影响。维果茨基的社会文化历史理论看到了儿童通过社会建构，从自然人向社会人发展的转变，提示课程设计应多为儿童创造其与教师、家长及同伴相互交往、交流的环境和机会。最近发展区理论则告诉我们，幼儿园课程设计和实施应在强调教师与儿童互动的同时，特别强调教师在互动中起到的作用，教师应该明确儿童发展的两种水平，采取与之相对应的保育与教育的内容和方法，使儿童的任务一直处在其最近发展区中。

根据维果斯基的理论，幼儿园课程应该能够促进儿童获得智慧和社会交往技能，特别是语言这一心理工具对儿童心理机能的发展具有重要作用。

一是幼儿园课程设置既要符合儿童的发展特点，又能对儿童的认知具有挑战性。幼儿园课程能够为儿童提供帮助，对儿童的思维提出挑战，并使儿童获得满足感和成功感，不仅能促使儿童思维能力的发展，也能帮助儿童建立自信心。

二是幼儿园课程还应为儿童提供文化工具，帮助儿童适应外部世界和文化环境。根据维果茨基的最近发展区理论，儿童的智力发展需要通过与成人或有能力的同伴的合作和帮助才能得以成长，因此，幼儿园课程的设计与实施应在儿童最近发展区的独立行为水平与在他人帮助下能够达到的行为水平之间提供更多类型的互动，包括儿童与水平相同的同伴之间的互动和与不同水平的同伴，或与教师的互动等，来促进儿童心理机能的发展。

三是幼儿园课程实施在强调教育与儿童互动的同时，也要注重教师在互动中的作用。鹰架教学强调教师在儿童的学习过程中为儿童提供帮助。教师应依据儿童的不同需要，根据儿童的"最近发展区"，以相应的方式引导其掌握、建构、内化那些与自身年龄的认知水平相一致的知识，对那些超出儿童现有能力的部分加以控制，从而使儿童将精力集中到他们力所能及的内容上，并快速地掌握它们。随着儿童的能力不断提高，应逐步撤走教师所提供的帮助，将学习的控制权渐渐移交给儿童，使其独立完成任务。在教学中，教师可以通过创设儿童有兴趣参与的、处于其最近发展区中的问题情境，搭建支架，引导儿童进入问题情境。教师应提供不同类型的"支架"，如榜样、暗示、激励、提示、给予部分答案、出声交流以及直接教学、讲解、示范、启发式提问、开放式的讨论，以及对儿童独立学习的支持，包括情感的回应、环境的设置、增加兴趣、额外的鼓励等。

四是教师应该采取过程性评价和动态性评价方法，重视教育的过程，不过分关注成绩的考查；重视儿童发展不同阶段的现实情况，不仅评价儿童的独立行为水平，还要关注儿童在各种条件帮助下的潜在发展水平。

实践活动

调查一所幼儿园的课程实施过程，观摩师幼互动的具体过程，分析教师背后持有的心理学理论基础。

（四）精神分析理论与幼儿园课程

1. 精神分析理论的基本观点

精神分析学派的创始人是弗洛伊德（S. Freud）。与其他理论不同，这种理论只关注个性的形成，而不太关注儿童的社会性、身体发展、智力等方面。精神分析学家认为，儿童的心理健康源于解决内部欲望与外部世界压力之间矛盾冲突的能力。这种观点强调要探索儿童行为背后的潜在因素的影响，认为潜在因素是某种特定行为出现的根源。精神分析学派儿童发展理论的代表人物包括弗洛伊德和埃里克森（E. Erikson）。

（1）弗洛伊德的精神分析儿童发展观。弗洛伊德是奥地利精神病医师、心理学家，精神分析学派创始人。他并没有直接对儿童的成长过程做观察和研究，而是在治疗精神病人的基础上，基于对患有神经症的成年病人的观察和治疗，对儿童的人格结构和心理发展阶段进行了系统的阐述，并逐步发展为精神分析理论。

人格结构的三个层次：弗洛伊德认为人格有三个层次，分别是本我、自我和超我。本我是人格结构中比重最大的一个部分，有很强的生物性，是人类基本需要的源泉。本我按快乐原则行事，处在潜意识层面。自我处在意识层面，按现实原则行事。超我则是意识层面中的道德成分，体现在根据情境对自我进行约束和决策选择。

儿童心理发展阶段：弗洛伊德根据不同阶段儿童的集中活动能力，把心理和行为发展划分为由低到高的五个渐次阶段：口腔期（出生~1岁）、肛门期（1~3岁）、性器期（3~6岁）、潜伏期（6~11岁）、生殖期（12岁以后）。

（2）埃里克森的儿童心理发展阶段理论。埃里克森是美国精神分析医生，他进一步扩展了弗洛伊德的理论，提出了人格发展的八阶段理论，认为每个阶段都有一个由生物学的成熟与社会文化环境间的冲突所决定的危机，人格发展的过程就是危机不断解决的过程。在每一个发展阶段，人都面临着危机和冲突，只有解决好这些冲突才能够顺利发展。

埃里克森所说的前三个阶段（婴儿前期、婴儿后期、幼儿期）均涉及学前儿童面临的情绪冲突：一种是正面情绪，另一种是负面情绪。学前儿童的主要任务就是解决所面临的冲突。教师和家长的任务是帮助儿童寻求积极的情绪，这在每一个阶段都很重要。

2. 精神分析理论对幼儿园课程的影响

精神分析心理学家都比较关注儿童早期的生活经验，并普遍认为儿童不良心理最初的产生来自和父母尤其是与母亲的交往过程中的关系不当。精神分析理论对幼儿园课程，特别是对一些强调早期儿童人格培养，强调儿童心理健康重要性的幼儿园课程方案的编制和实施产生过重要的影响，银行街早期教育方案（美国学前课程模式）就是其中之一。同时，课程情境的创设应该尽量给儿童创造亲切、舒适、轻松的氛围。精神分析理论强调游戏，特别是角色游戏，能为儿童提供应付消极情感和解决情绪、情感冲突的途径。因此，游戏应该作为课程的主要形式。此外，艺术也被看作儿童情绪表达的重要途径，课程中应该允许儿童创造性地表达自我。

（五）多元智能理论与幼儿园课程

多元智能理论自1983年由哈佛大学发展心理学家加德纳（H. Gardner）教授提出以来，迄今已有近40多年的历史，已经逐渐引起世界广泛关注，并成为20世纪90年代以来许多西方国家教育改革的指导思想之一。

1. 多元智能理论的基本观点

传统的智力理论认为，智力具有单一的性质，通过纸笔测验就可以测出人的智力的高低。于是，智力测验的观念深入人心，人们习惯于用智商（IQ）来衡量一个人的智力高低，进而推断他的成就大小。加德纳对延续了近百年的以传统的智商测验结果来衡量人类智能的方法提出了质疑，在1983年出版的《智能的结构》（Frames of Mind）一书中，首次提出了多元智能理论。加德纳认为，智力是在某种社会和文化环境的价值标准下，个体用以解决自己遇到的真正难题或生产及创造出某种产品所需要的能力。智力不是一种能力，而是一组能力，智力不是以整合的方式存在的，而是以相互独立的方式存在的。

人类智能至少可以分成以下八个范畴：

（1）语言智能（Verbal-linguistic Intelligence），指听、说、读和写的能力，表现为个人能够顺利而高效地利用语言描述事件、表达思想并与人交流的能力。

（2）数理逻辑智能（Logical-mathematical Intelligence），指运算和推理的能力，表现为对事物间各种关系如类比、对比、因果和逻辑等关系的敏感以及通过数理运算和逻辑推理等进行思维的能力。

（3）视觉—空间智能（Visual-spatial Intelligence），指感受、辨别、记忆和改变物体的空间关系并借此表达思想和感情的能力，表现为对线条、形状、结构、色彩和空间关系的敏感以及通过平面图形和立体造型将它们表现出来的能力。

（4）音乐节奏智能（Musical-rhythmic Intelligence），指感受、辨别、记忆、改变和表达音乐的能力，表现为个人对音乐包括节奏、音调、音色和旋律的敏感以及通过作曲、演奏和歌唱等表达音乐的能力。

（5）身体—动觉智能（Bodily-kinesthetic Intelligence），指运用四肢和躯干的能力，表现为能够较好地控制自己的身体、对事件能够做出恰当的身体反应以及善于利用身体语言来表达自己的思想和情感的能力。

（6）自知—自省智能（Intrapersonal Intelligence），指认识、洞察和反省自身的能力，表现为能够正确地意识和评价自身的情绪、动机、欲望、个性、意志，并在正确的自我意识和自我评价的基础上形成自尊、自律和自制的能力。

（7）交往—交流智能（Interpersonal Intelligence），指与人相处和交往的能力，表现为觉察、体验他人情绪、情感和意图并据此做出适宜反应的能力。

（8）自然观察智能（Naturalist Intelligence），指个体辨别环境（不仅是自然环境，还包括人造环境）的特征并加以分类和利用的能力。这项智能有着强烈的好奇心和求知欲。

课堂思考

传统的学校教育追求儿童优异的语文、数学成绩，你认同吗？你还看中个体哪些能力的发展？为什么？

2. 多元智能理论对幼儿园课程的影响

幼儿园课程要注意培养完整儿童，让幼儿各方面的智能都能得到开发，促使幼儿得到全面发展；在发展幼儿各方面智能的同时，应留意和发掘幼儿的优势智能，并为其提供合适的发展机会以指导幼儿利用好自己的优势智能；容许幼儿存在智能差异，并采取合适的方法扶助弱势智能的发展，并更好地利用幼儿的优势智能带动其他智能的发展。

（六）人本主义理论与幼儿园课程

1. 人本主义理论的基本观点

以马斯洛（A. H. Maslow）和罗杰斯（C. R. Rogers）等为代表的人本主义心理学既不像行为主义心理学那样过分关注儿童的学习结果，也不像认知心理学那样过分关注儿童的认知过程，而是关注儿童学习的情感、需要与信念等人格发展问题，关注儿童学习过程中认知和情感的统一以培养完整的人格，关注儿童学习潜能的发挥和自我实现。

罗杰斯最初从事的是心理治疗工作，创立了"以人为中心疗法"，后来将自己在心理治疗方面的知识和经验扩展到一般人格理论之中，并进一步把人本主义的方法应用于解决社会问题（包括教育、社会和平等）之中，提出了著名的"非指导性教育"原则。罗杰斯始终对人性抱有一种乐观的态度，相信个体具有可以挖掘的潜能并能够实现自我发展和个人幸福，被誉为"人本主义心理学之父"。

马斯洛也强调个体成长的内在力量，认为这种内在力量的根源在于动机，而动机又是由不同层次的需求组成的，各种需求之间有先后、高低顺序，每一层次需求的满足，决定着人格发展的境界和程度。这就是著名的"需求层次说"。马斯洛认为，人的需求主要有五个层次，具体包括生理需求、安全需求、爱与归属的需求、尊重的需求、自我实现的需求。

2. 人本主义理论对幼儿园课程的影响

人本主义心理学高度重视学习中的情感因素，充分尊重儿童个体，有利于儿童的学习风格和个性发展；坚信"性善论"，积极肯定人的本性，强调人的认识活动的基础是意识和经验，人性的本质表现为乐观、积极向上和富有建设性地处理各种关系。在课程观上，人本主义心理学主张：课程目标在于促进儿童的自我实现；课程设计要尊重儿童，要为儿童提供主动学习的情境，创造和谐的学习气氛；课程内容要与儿童的基本需要及生活有密切关系，并对儿童情感的丰富和理智的发展具有重要意义；课程形态包括"整合课程""意识课程""自我导向课程"等，其中最典型的是"整合课程"，体现情感与理智的整合、个人与社会的整合、教材与儿童生活的整合。但人本主义心理学的一些观点缺乏实验研究的基础，有随意性、想象性的倾向，在实践中不易把握、操作。

二、心理学对幼儿园课程的影响

作为幼儿园课程的理论基础之一，心理学不仅为幼儿园课程编制提供儿童心理发展的原因和规律，还提供了儿童的学习动机和学习过程等方面的有关信息。心理学对幼儿园课程的具体影响主要表现在以下几个方面。

（1）心理学的发展为幼儿园课程理论和课程研究提供了一些基本的依据。幼儿园课程不是知识的堆砌，而是要根据学前儿童的需求和心理发展规律设计课程。因此，心理学的研究成果是幼儿园课程知识建构和理论发展的基础。

（2）心理学的理论和观点为幼儿园课程开发的实践提供了基本的指导。例如，在课程目标的确定上，行为主义曾是确立课程目标的理论依据。在行为主义看来，课程的目标就是提供特定的刺激以引起儿童特定的反应，而且目标越精确，对行为的塑造就越有利。比如，科学化课程开发理论的奠基者和开创者博比特（F. Bobbitt）就将人类经验划分为十个领域、数百个具体的经验目标。同时，心理学影响着课程目标的表达形式。如"课程评价之父"泰勒（R. W. Tyler）认为，课程目标应该是行为目标，只有具体精确、可观测的课程目标才有助于确定儿童的反应。

（3）心理学也影响幼儿园课程内容的选择、组织和对幼儿园课程的理解。例如，根据认知心理学的观点，人的学习关键是要形成头脑中的认知结构。认知的发展需要调动内在的学习兴趣和动机。因此，幼儿园课程内容的组织要符合兴趣的原则、循序渐进地予以组织。在人本主义理论看来，人的需求、存在体验、尊严和价值至关重要，人们应该关注学习的过程而不是结果，那么课程的开发就要关注儿童本身的需求，通过课程的实施来实现良好的师幼关系，体现以人为本的课程设计。

但要注意的是，心理学理论不等同于教育理论，把心理学理论当作幼儿园课程的唯一理论基础，不仅在理论上是有局限性的，而且在实践中也是难以行得通的。

关键术语

成熟学说　行为主义　认知心理学　精神分析　多元智能理论　人本主义理论

复习思考

1. 简述对幼儿园课程有影响的主要心理学流派及其基本观点。
2. 简述成熟学说的基本观点，并谈谈你对"成熟与发展的关系"的认识。
3. 试述认知心理学的基本观点及其对幼儿园课程的影响。
4. 结合人本主义理论的基本观点，谈谈你对师幼关系的认识。

任务2　幼儿园课程与社会学

导入情境

在一所幼儿园中，一个贫困家庭的小男孩似乎有些迷茫。在室内活动时他总是徘徊很久，显得很烦乱，不怎么参与游戏。但是一旦到了户外的操场上，一切就不同了。尤其是在一个叫"超级英雄"的极富想象力的游戏中，他瞬间变成了领导者。显然，他在家中的游戏方式和材料与教室中的游戏方式存在很大差异。

社会学家们从"外部"看待教育，他们的观点同样会对幼儿园课程产生影响。课程与社会环境之间的这种交互作用，历来为教育研究者和社会学家所关注。作为学前教育工作者，对幼儿园课程的社会学分析将为我们揭示看待幼儿园课程研究的全新角度，引导我们去观察"布景后的真相"。

参与式学习

发轫之初，社会学就以社会现象和社会问题为研究对象，通过对社会关系和社会行为的研究来揭示并阐释社会的结构、功能及发展规律。其中，课程作为人类基本的社会活动必然成为社会学研究的重要领域之一。

一、主要社会学流派与幼儿园课程

幼儿园课程作为社会文化的一个组成部分，既受社会政治、经济等因素的制约，同时也因其保存、传递或重建社会文化的职能而对社会发展产生一定的影响。社会是由人组成的，社会直接的服务对象也是人，它们之间连接的焦点在于通过课程来实现受教育者的不断社会化。社会学在发展的历程中主要形成了三大流派，即结构功能主义、冲突理论、解释理论。

（一）结构功能主义与幼儿园课程

1. 结构功能主义的基本观点

第二次世界大战结束之后，社会学研究进入了快速发展的时期，尤其是结构功能主义发展更为迅速，成为此后20年里社会学领域主流的学术流派，美国的帕森斯（T. Parsons）、默顿（R. K. Merton）等是这个流派的代表人物。结构功能主义以结构与功能、整合、稳定、和谐等概念和原理为立论基点，强调社会整合、共同的价值观念和社会稳定。在结构功能主义看来，整个社会就是一个系统，有着自己的结构要素，而社会结构的每个组成部分都发挥着各自的有机功能，由此社会能够保持一种静态的平衡和有条不紊的秩序[①]。

> **拓展阅读 2-3**
>
> 结构功能主义，有时候也被称为社会系统理论（Social System Theory），是由孔德和斯宾塞的一个论点衍生出来的：一个社会实体，不论是一个组织还是整个社会，都是有机体（organism）。和其他的有机体一样，一个社会系统是由不同部分组成的，对于整个系统的运作而言，每一部分都有功用。如一辆汽车，把汽车当成一个系统，包括轮胎、油箱、火花塞、引擎等。每一部分对整辆汽车都有各自的功用，把它们组合在一起，就可以在大道上驰骋了。一旦把它们分开，每个部分就没有太大的用处。因此，把社会当作一个系统，要看的就是构成系统的每个部分的"功能"。
>
> 要实际体会结构功能范式，假定你对你的学院或是大学的运作感兴趣。你可以整理一份学校管理阶层名单（如校长、院长、教务长、安全主管等），设想他们每个人的职能。再想想这些人的角色和学校的主要功能（如教学、研究等）有多大程度的相关。这种看待高等教育制度的方式就明显不同于冲突范式，后者可能会强调在制度中掌握权力的与没有权力的群体之间的利益冲突。

2. 结构功能主义对幼儿园课程的影响

结构功能主义重视教育在社会结构中的作用。无论是教育的社会化功能还是选择功能，都很注重教育机构发生作用及产生影响的环境，引导人们去注意社会阶级、种族、性别等因素对儿童成绩的影响；重视考察社会文化、环境、家长职业等因素与儿童学业成败的关系。在幼儿园课程领域，结构功能主义认为：

（1）课程的目的在于使儿童社会化，主张通过考试来敦促和检验儿童社会化的结果。涂尔干（E. Durkheim）认为，教育"在于使年轻一代系统地社会化""使出生时不适应社会生活的个体我成为崭新的社会我"。为此，必须把集体意识灌输给个体，使他们顺应社会生活方式。

（2）课程的功能在于让儿童的行为有利于维持社会结构稳定、保持社会平衡。幼儿园课程必须使儿童适应他们要生活在其中的社会环境。由于社会上有不同的结构（或机构）发挥各自的功能，因此，幼儿园课程就成了一种促使儿童的行为有助于维护社会结构、保持社会平衡的手段。

（3）幼儿园课程应满足儿童个体的社会化需求，贴近社会生活实际，使儿童适应其生活的实际环境。

（二）冲突理论与幼儿园课程

1. 冲突理论的基本观点

进入20世纪60年代之后，美国的社会矛盾激化，如反对越战运动、保障民权运动、总统遇刺等，造成社会动荡并引发了巨大的社会变革。在这种背景下，结构功能主义已不再引起人们的兴趣，而冲突理论应运而生。

[①] 戴维·波普诺. 社会学[M]. 11版. 北京：中国人民大学出版社，2007：21.

现实社会有两个侧面：稳定、和谐与冲突、变迁。与结构功能主义强调社会稳定、和谐的一面不同，冲突理论强调社会冲突、变迁的一面。冲突理论以冲突、变迁、强制等概念和原理为立论基点，强调社会矛盾、权力差异和社会变化。冲突理论认为，在社会正常的运转过程中，由于不同的社会群体在权力、财富与地位上的不平等造成了群体之间的冲突，这些冲突又带来一定的社会动荡与社会变迁，由此引发社会变革。从这个角度来看，冲突理论的鼻祖应该是马克思（K. H. Marx）。20世纪中后期，冲突理论的主要代表人物有美国的米尔斯（C. W. Mills）、科塞（L. A. Coser），以及德国的达伦多夫（R. G. Dahrendorf）等。

2. 冲突理论对幼儿园课程的影响

在教育社会学领域，冲突理论把学校看成社会上不断变化的相互作用的焦点，冲突理论者认为造成社会结构再生产的工具——隐性课程（一种阶级关系和信念的形式），即把维护资本主义制度的劳动观念、权威观念、社会规范和价值观念，潜移默化地渗透到学校课程当中去，使儿童不知不觉在头脑中再生统治阶级的意识形态。因此，冲突理论把学校看作社会流动和社会变迁的焦点，注重分析冲突、变化、压迫、学校内部以及学校与社会之间的权力关系。社会通过学校教育复制既有的统治关系，强调学校内部及学校与外部社会的权力关系。基于这一视角，冲突理论的课程观是：课程知识标明的是一种身份文化，即标明某种身份的语言、衣着方式、价值标准、意识形态等；学校中的"隐性课程"发挥着潜移默化的影响，课程是复制社会关系的手段；课程的设置实际上反映了权力集团的关系。

课堂思考

关于学前教育的功能，你是倾向于认同"学前教育确保所有儿童对其社会的价值观和信仰有基本的承诺"，还是更倾向于"教育将社会阶层化，为个人在社会等级制度中的具体位置做准备"的观点？为什么？

（三）解释理论与幼儿园课程

1. 解释理论的基本观点

如果结构功能主义和冲突理论是一种宏观社会学，则解释理论就是一种微观社会学。解释理论产生于20世纪70年代的英国，是从各种主流社会学诸如知识社会论、符号互动论、民俗方法论中采集概念和建立起结构的[①]。总体来看，解释理论受到分析哲学、现象学、知识社会学和符号互动理论等的影响，坚定地站在人本主义的立场，以现象学与诠释学为理论背景，重视学习者主体的"自我意识"及其在学习中的作用。解释理论者反对将社会作为"物"来看待，认为社会是由人构成的，而人与物最大的不同在于对"意义"的感知和建构。因此，对社会现象和事实的一切分析都是解释性的。

2. 解释理论对幼儿园课程的影响

在教育社会学领域，解释理论强调对教育和学校的客观现实进行深度剖析，特别是探讨教育内容、师生关系等课题。以此为理论基础，其在课程观上主要是对课程内容（知识）进行社会学的分析，揭示教育知识的分配过程及其带来的后果。麦克尔·扬（Michael Young）以及伯恩斯坦（B. Bernstein）是社会课程论的代表，他们提出的分类、组织、权力、控制、社会性建构、社会分层、教育知识代码等概念有助于揭示课程的社会性本质特性以及课程运作过程中意识形态的渗

[①] 吴康宁. 教育社会学［M］. 北京：人民教育出版社，2019：47.

透。课程知识的选择和分配不是技术性的问题，而是阶级、经济权力、文化霸权之间相互作用的产物，是显性的或隐性的价值冲突的产物。

从某种意义上说，课程也是一种有意义和有意味的符号。作为课堂上师生互动的重要媒介，课程对教师和儿童都具有十分重要的价值。首先，课程是教师和儿童共同作用的对象，是教师"教"与儿童"学"的主要依据。其次，由于教师和儿童在文化背景、观念、权限、地位、角色等方面的差异，致使交互作用的双方都以自己特有的视野来认识和评价对方，以致形成对于对方的期待或先入为主的看法。而这些看法必然会影响到课程实施中双方对课程意见的交流。最后，教师和儿童双方为了最大限度地满足自己的利益和兴趣，并力图避免因对方的满足而使自己受到损失，便采用各种各样的策略进行协商。一般来说，协商的结果是不断地取得双方的相互协商、相互沟通。采用何种策略才能得到双方认可，满足双方要求，这是一个成功的课程实施必须解决的问题。

二、社会学对幼儿园课程的影响

幼儿园课程设计受社会上各种因素的影响，并受不同的社会观支配。社会学的三大流派（结构功能主义、冲突理论、解释理论）都从不同的视角透析了幼儿园课程，并提出了一些令人思索的问题。

社会制约幼儿园课程的纬度主要表现在两个方面：①在宏观领域，社会系统要素制约着幼儿园课程的发展水平。任何时期、任何类型的课程、教学都离不开社会经济、政治、文化与科技这四种社会系统要素的影响。②在微观领域，社会系统要素对课堂教学组织、人际关系产生影响。教师本身的文化背景、价值观念、社会经历会影响到课程的现实表现，不同的儿童对同一教师教授的课程的接受程度也是不一样的。

综上，我们可以得出这样几点认识：①幼儿园课程与社会经济有着生生不息的关系，社会政治、经济制度制约着课程设置以及课程编制过程；②幼儿园课程总是离不开社会文化的；③关于幼儿园课程的思想，总是与一定的社会背景联系在一起的；④早期的思想家往往从社会理想出发，笼统地探讨课程设置与社会构成的关系，而现代社会学家则较注重对社会结构、社会互动与课程标准、课程内容之间关系的具体考察。

关键术语

结构功能主义　冲突理论　解释理论

复习思考

1. 简述社会学对幼儿园课程的影响。
2. 借助思维导图，比较结构功能主义、冲突理论、解释理论的代表人物、基本观点及对幼儿园课程的影响。

任务3　幼儿园课程与哲学

导入情境

王老师和李老师都开展了儿童诗《春天的色彩》的教学活动。王老师是这样做的：先示范朗诵，再向幼儿介绍这首诗写了什么，然后教幼儿朗诵儿歌，并辅以肢体的动作，提醒幼儿朗诵的基本要求，活动结束时幼儿基本会背诵了，而且发音标准、朗诵规范。而李老师则是带幼儿去花园玩耍，要求幼儿找出自己最喜欢的树叶和花朵并进行描述，回到教室后再引出诗歌，在与幼儿的交流中让幼儿理解诗歌，在朗诵中感受诗歌的意境，让幼儿在复述中体会诗歌的情趣。活动结束时幼儿虽不会背诗，但会自己作诗了，而且兴趣盎然。

以上案例中这两位教师分别体现了什么样的儿童观、知识观及教育观？哪位教师会倾向于认为知识是需要教师传授的静态知识？哪位教师会倾向于认为知识是需要儿童自主建构的呢？

幼儿园教育场域中的每一次师幼互动，都隐含着教师的哲学假设、对知识本质的认识、对儿童的理解。从不同的哲学立场出发，就会有不同的知识观，进而影响着教师做出不同的课程决策。

参与式学习

每一种课程都隐含着课程设计者的某种哲学思想与观念，只不过其表现形式有的明显、有的隐晦罢了。从课程目标的确立、课程内容的选择一直到课程实施与评价，都可以看到哲学的影子。

一、主要哲学流派与幼儿园课程

20世纪以后，西方哲学研究出现了许多哲学流派。不同的哲学流派有着不同的课程观，具有代表性的是经验论、唯理论、实用主义、后现代主义。

（一）经验论与幼儿园课程

1. 经验论的基本观点

经验论又称经验主义，经验论者主张知识起源于感觉经验，是建立在感性知识之上的，感性经验是客观世界的反映，只有感性经验最可靠。经验论者认为，"我们所有的一切知识都是从感觉获得的"。在经验论者看来，一切观念都是思维从感官经验的感性内容中归纳、概括、抽象出来的。

亚里士多德作为传统经验论者，他认为："人类认识的对象，是客观世界的具体事物，即实体，因此需要依靠感觉经验才能实现和完成这种认识。"洛克系统地阐述了经验主义，在他的《人类理解论》一书中指出："我们的全部知识是建立在经验上面；知识归根到底都是导源于经验的。"他提出了"白板说"，他认为"儿童最初的心灵像一块没有任何记号和任何观念的白板，一切观念和记号都来自后天的经验"。"白板说"隐喻了知识或经验独立于客观的实在性。经验主义对幼儿园课程产生了深远的影响。

洛克是不列颠经验主义的开创者，虽然他本人并没有完全贯彻这种哲学思想。洛克认为人类所有的思想和观念都来自或反映了人类的感官经验。他抛弃了笛卡尔（R. Descartes）等人的天赋观念说，而认为人的心灵开始时就像一张白纸，而向它提供精神内容的是经验（即他所谓的观念）。观念分为两种：感觉（sensation）的观念和反思（reflection）的观念。感觉来源于感官感受外部世界，而反思则来自心灵观察本身。与理性主义者不同的是，洛克强调这两种观念是知识的唯一来源。洛克还将观念划分为简单观念和复杂观念，不过并没有提供合适的区分标准。我们唯一能感知的是简单观念，而我们自己从许多简单观念中能够形成一个复杂观念。

2. 经验论对幼儿园课程的影响

意大利幼儿教育家蒙台梭利（M. Montessori）深受洛克的影响，其设计的课程充满了经验主义色彩，她认为儿童的心理发展既不是单纯的内部成熟，也不是环境、教育的直接产物，而是儿童和环境交互作用的结果，是"通过探索环境时所获得的经验实现的"，她肯定创造良好的环境，采取正确的教育措施，丰富儿童的经验，可以消除和防止智力落后的现象。她还认为感官训练既为儿童将来的实际生活做准备，又是儿童接受知识和发展智力的基础。为此，蒙台梭利主张不要盲目限制儿童的自由行动，并为儿童准备一个他们可以最大限度进行自由活动的环境，并根据儿童对不同感官刺激存在不同敏感期的原理，将感官训练细分为触觉、视觉、听觉等方面的训练。她还创制了一套感官教具，这有利于儿童在教师创设的有准备的环境中实现自我教育的需要。

（二）唯理论与幼儿园课程

1. 唯理论的基本观点

唯理论又称理性主义，唯理论者认为知识是早就存在于人的内心世界的观念，知识的性质是永恒的。根据唯理论的观点，课程要强调学生的理性活动和知识的理论化、抽象性，教学要关注对学生已有理念的引导和挖掘。

唯理论可以追溯到柏拉图的"理念论"，柏拉图认为人的知识在出生之前就已经被上帝赋予，而儿童知识的获得、经验的增长则是回忆已有知识的过程，即"知识即回忆"观点。而作为与经验论对立的唯理论则主要由笛卡尔、莱布尼茨（G. W. Leibniz）等加以继承和发展。笛卡尔认为天赋观念是人的一种能力，来自自己的本性。在笛卡尔看来，认识自然的唯一途径是理性的演绎，而演绎要求以一些普遍的概念或公理作为其出发点。这些概念和公理是天赋的。莱布尼茨继承了笛卡尔的"天赋观念"，又提出了"内在观念"，与洛克的"白板说"相抗衡。莱布尼茨认为，我们一切的思想都来自内部，而不是外部经验给予的。

2. 唯理论对幼儿园课程的影响

唯理论同样也对幼儿园课程产生重要影响，福禄贝尔（F. W. A. Fröbel）就是唯理论的倡导者。福禄贝尔认为，没有经验，理念也能被抽象地确证，经验仅能表明理念，而不能创造理念。作为一个唯心主义者，福禄贝尔认为宇宙是一个统一体，其中心是神，人和宇宙万物普遍具有神的本原。他认为，儿童有四种本能，即活动的本能、认识的本能、艺术的本能、宗教的本能。他特别注重活动的本能，他认为活动的冲动是儿童的内部需要，在不同的阶段有不同的表现形式，主张组织儿童进行各种适当的活动，特别是通过游戏活动来发展他们各方面的能力。

根据上述观点，福禄贝尔认为，游戏和手工作业应是幼儿时期最主要的活动，而知识的传授只是附加的部分，穿插其中。福禄贝尔相信世界上所有的一切都是由三体——正立方体、圆柱体和球体的分解和组合而成，他设计的"恩物"就是由这些特定材料组成的游戏活动材料。儿童可以利用"恩物"，在各种游戏中发展智力和体力，从而发现世界及其固有的秩序。

（三）实用主义与幼儿园课程

1. 实用主义的基本观点

实用主义是从希腊词"行动"派生出来的，产生于19世纪70年代的现代哲学派别，在20世纪的美国成为一种主流思潮，主要代表人物有皮尔士（C. S. Peirce）、詹姆斯（W. James）和杜威等。实用主义反对将主体和对象、经验与自然人为割裂开的"二元论"，主张任何知识都包含行动的因素。这就是说，没有行动就没有知识，反之，知识也因为能指引行动而具有价值。

杜威是20世纪美国著名的实用主义教育家。杜威提出："经验就是主客体之间的相互作用，主体和对象，精神和物质之间不能独立存在，是统一的。"任何知识都包含行动的因素，知识也因为能指引行动而具有实用价值，以行动为核心的知识观反映在课程上就是注重活动课程，即把学生的实际经验与课程联系在一起，关注学生自己的行动。他从经验论出发，提出"教育即经验的连续不断的改组或改造"。教学应从儿童的经验和活动出发，而儿童的本能是他们获得经验的基础。"从做中学"是儿童的真正兴趣的所在，并会用一切的力量和感情去从事使他自己感兴趣的活动，儿童真正需要的就是自己怎样去做，怎样去探究。要遵循这种获取知识的"自然途径"，应为儿童准备相当的环境，使儿童"由做事而学习"。教学以儿童的实践活动为中心，立足于儿童的兴趣与爱好，同时也应着力于儿童的实践活动、亲身经验，并在实践中加深对所学内容的认识，提高儿童的动手与独立思维的能力。

2. 实用主义对幼儿园课程的影响

在实用主义以行动为核心的课程观影响下，产生了许多儿童教育的方法和课程，如克伯屈（W. H. Kilpatrick）于1918年发表的《方案教学法》于20世纪六七十年代在英国幼儿学校中曾被广泛运用，英国著名的普劳顿报告提及的英国幼儿学校教学的核心部分就是方案教学。此外，瑞吉欧教育体系也充满杜威实用主义的教育观念，被视为欧洲教育改革的典范，并对世界各国的学前教育产生了深远的影响。该思想强调课程以儿童为中心，以儿童为目的，强调以儿童经验为中心的课程内容。在知识的获得上，主张儿童在做中学，通过积极主动的活动得来。

（四）后现代主义与幼儿园课程

1. 后现代主义的基本观点

后现代主义是对现代化过程中出现的剥夺人的主体性和感觉丰富性、整体性、中心性、同一性等思维方式的批判与解构。其代表人物主要有美国哲学家理查德·罗蒂（Richard Rorty）、法国哲学家雅克·德里达（Jacques Derrida）和后现代思潮理论家让·弗朗索瓦·利奥塔（Jean-François Lyotard）。后现代主义思想的主要特征表现在[①]：

一是怀疑与否定的思维特征。后现代主义对任何一种被奉若神明的前提和假定都提出质疑，志在摧毁传统、封闭、僵化的思维方式。

二是消除判断的价值取向。后现代主义主张摒弃表达认识深度的模式，消解阐释的必要性，赋予不同的话语以平等的权利。

三是非中心化和反基础、反权威的解构策略。

四是实用性的知识观。把知识看作按一定的规则而建构起来的一套语言，是再现人类认识世界活动的最基本的体现。

五是多元化的方法论。后现代主义强调文本的多义性和解释的无限性，允许采用任何方法容纳一切思想。

后现代主义教育思想提倡平等对话、重视多元化、强调开放与创新。在众多的课程理论流派中，最引人注目的是美国著名后现代主义课程理论专家小威廉姆·E. 多尔的后现代课程观。他深入研究并吸收杜威的"变化"理论和经验主义思想、怀特海的"过程"哲学、皮亚杰的课程建议等，建构了后现代主义课程体系。他提出，课程的设计是开放的、动态的、过程性的；课程目标不是预设的，而是生成的；课程内容不应是绝对客观和稳定的知识体系；课程实施不应注重灌输和阐释；课程评价尊重价值多元，关注学生的组织建构能力，以及学生的自我意识和创造性；课程参与者是课程的开发者和创造者；课程是师生共同探索新知、共同参与对话的过程。

2. 后现代主义对幼儿园课程的影响

后现代主义对学前教育课程的实践与发展有着重要的指导意义。在幼儿园课程实践中，应注意将原来静态的、预设的课程转变为动态的、过程性的课程，即课程与教学应注重过程而非强调结果，注重教师、儿童、环境教学内容之间的动态交互作用。课程与教学目标不是预设的终极目标，而应更多地关注儿童的兴趣和需要；课程与教学内容应包含多方面，各个领域相互衔接、配合，将知识内容与儿童的实际生活相结合，注重儿童的全面发展。课程与教学实施应当打破师

[①] 陈文华. 幼儿园课程论［M］. 北京：科学出版社，2011：11-12.

生地位不平等的格局,强调教师与儿童的平等对话,应鼓励、引导儿童表达自己的感受与想法,促进教师与儿童的互动。课程与教学评价应避免以量化测验为手段,提倡评价标准的动态性、多元化,要以和谐的师幼关系为基础来进行评价,并理解儿童之间是有差异的,评价要求尊重个体差异,多采用纵向评价,关注儿童在原有水平上的发展;评价主体应是多元的,教师和儿童都参与评价,做到教师评价、儿童自评和师幼互评相结合;采用多元的评价形式,应以过程性评价为主,结果性评价为辅,将评价更多地着眼于儿童的观察、思考、解决问题,着眼于儿童在学习过程中的兴趣、态度和情感。

当然,后现代主义课程观有先进性、优越性,但也存在弊端与局限性。它在大力提倡"不确定性""差异性"的同时容易陷入相对主义、虚无主义的误区;过分注重个体自由发展,势必将失去目标,一味地"消沉"放纵自己,易陷入理想与精神的困境;由于缺乏稳定的目标,课程与教学改革也将失去持续发展的目标,阻碍其深入开展等,这一系列问题所造成的影响是值得我们反思的。此外,理论本身富于理想主义色彩,重批判轻建设,在操作性、可行性等方面有局限性。

拓展阅读 2-4

后现代主义课程理论对课程的理解——以多尔的观点为代表[①]

系统的后现代主义课程理论的提出归功于多尔,他在《后现代课程观》一书中系统地提出了其后现代主义课程观,为后现代主义课程理论的发展作出了里程碑式的贡献。多尔是一位广泛阅读现代和后现代著作的敏锐的读者。他在这些作品之间沟通,为我们思考感知世界及探讨教育问题提供了一种全新的方式。多尔提出的后现代课程观具有四个特点,即丰富性、回归性、关联性和严密性。

1. 丰富性。丰富性是指课程具有不同的深度、意义和层次,具有多种可能性或多重解释。为了促使学生和教师发生转变和被转变,课程应具有"适量"的不确定性、异常性、无效性、模糊性、不平衡性、耗散性与生动性的经验。但对课程来说,怎样才能达到既激发创造性,又不会失去形式或形态的"适量",却是无法事先确定的。这一问题要在学生、教师和文本之间不断地予以协调。

2. 回归性。多尔认为,这种回归是转变课程的核心。回归也即杜威、皮亚杰、怀特海所倡导的"过程"。20世纪60年代,布鲁纳的"螺旋式课程"与小学社会科学研究计划"人类:一门研究的课程"为界定回归性课程提供了一个开端。当然,回归与重复不同。重复是现代主义方式的重要因素,旨在促进预定的表现,它的框架是封闭的。回归旨在发展能力——组织、组合、探究、启发性运用某物的能力,它的框架是开放的。重复和回归的差别在于反思在其中的作用:在重复中,反思发挥消极作用,它切断过程;在回归中,反思发挥积极作用,因为思想要返回自身,如杜威的间接经验返回到原初经验,或者皮亚杰的内省智力返回到实用智力。

3. 关联性。多尔认为,联系的概念对后现代转变性课程在两个方面具有重要意义:教育方面和文化方面。教育联系的焦点在于课程结构的内在联系,这些联系通过回归发展课程的深度。文化联系的概念产生于解释的宇宙学——强调描述和对话是解释的主要工具。

[①] 小威廉姆·E.多尔. 后现代课程观 [M]. 北京:教育科学出版社,2000.

> 4. 严密性。多尔认为，严密性是四个标准中最重要的一个，它防止转变性课程落入"蔓延的相对主义"或感情用事的唯我论。
>
> 后现代主义课程观以其"后现代的"设想挑战了传统的课程观，给人以耳目一新的感觉。在课程研究领域，后现代的课程思想成为备受关注的一种思潮。它给我们的启示在于，不要以封闭的观点看待课程问题，转换一下研究的视角，我们有可能看到更多、更美的风景。

二、哲学对幼儿园课程的影响

哲学是幼儿园课程观最根本的基础。心理学和社会学都源于哲学，都是从哲学母体中分化出来的。作为幼儿园课程的理论基础之一，哲学为幼儿园课程提供有关知识的来源、知识的性质、知识的类别、认识过程以及知识的价值取向等方面的理性认识。哲学对幼儿园课程的具体影响主要体现在以下几个方面。

（1）教育目的。课程、教学与政治理想、社会理想以及对人性的理解有关，持不同哲学信仰的人会有不同的课程、教学目的。

（2）价值观。课程与教学的价值就是儿童、教师、社会对凝结在课程与教学中的教育元素的需要、判断与取舍，持不同哲学倾向的人有不同的课程、教学价值观。

（3）知识论。哲学中关于认识的来源和知识的性质的观点，对幼儿园课程理论和实践，尤其是幼儿园课程设计的模式，起着直接的指导作用。比如，有的哲学观强调永恒的定理、公理，有的哲学观重视实用性、技术性、操作性的课程，有的哲学观强调儿童在活动中学习、掌握知识，还有的哲学观认为知识是儿童主观上对它的感受、吸收和利用的程度。

📄 项目要点

1. 课程的理论基础，是指影响课程目标、课程内容、课程实施、课程评价的一些基本领域。人们公认的幼儿园课程理论基础包括心理学、社会学、哲学。课程与各基础学科的关系纵横交错，它们对课程的影响也不同。
2. 心理学历来对幼儿园课程具有重大影响，心理学的原理及研究成果，常常被作为各种课程抉择的基础。不同的心理学流派对课程有不同的认识。主要的心理学流派有成熟学说、行为主义、认知心理学、精神分析理论、多元智能理论和人本主义理论。
3. 不同的社会学理论也影响着不同的课程表现形态，典型的包括结构功能主义、冲突理论和解释理论。社会制约幼儿园课程的纬度主要表现在两个方面：一是在宏观领域，社会系统要素制约着幼儿园课程的发展水平；二是在微观领域，社会系统要素对课堂教学组织、人际关系产生影响。
4. 在课程的哲学、心理学、社会学基础中，最重要的当推哲学基础。不同的哲学流派有着不同的课程观。哲学为幼儿园课程提供有关知识的来源、知识的性质、知识的类别、认识过程以及知识的价值取向等方面的理性认识。

关键术语

唯理论　经验论　实用主义　后现代主义

复习思考

1. 结合幼儿园课程实践场景，谈谈哲学对幼儿园课程的具体影响。
2. 你认为"幼儿园应该教什么"，并分析自己的知识观。

项目三　幼儿园课程编制

项目背景

幼儿园课程编制是一项复杂而系统的工作,它包括课程目标的制定、课程内容的选择与组织、课程实施、课程评价等主要环节。通过对上述四个基本环节的思考,课程编制者在价值判断的基础上做出相应的决策。通过本项目的学习,可以进一步了解幼儿园课程编制的相关原理,了解幼儿园课程目标的制定方法、幼儿园课程内容的选择与组织实施策略以及幼儿园课程评价的依据和应用等,运用所学的理论,解决在幼儿园教育实践中的疑惑。

学习目标

① 明确幼儿园课程建设必须关注中华优秀传统文化。

② 掌握幼儿园课程编制的目标模式和过程模式的主要特征,了解幼儿园课程目标制定和课程评价的方法,理解幼儿园课程内容选择与组织的原则、策略,掌握幼儿园课程实施的途径。

③ 能正确表述幼儿园课程目标,并尝试初步运用幼儿园课程内容选择、组织、实施和评价的理论。

知识导图

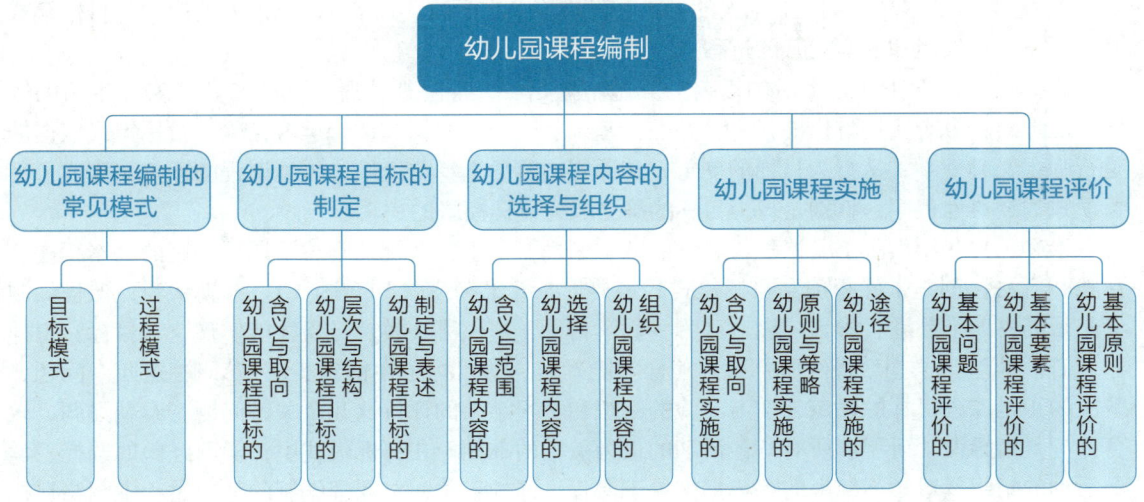

任务 1　幼儿园课程编制的常见模式

导入情境

某幼儿园课程资源包中的一个主题活动"奇妙的动物",其主题内容主要是参观动物园,认识动物园中不同的动物形象及习性。然而,由于园所地处乡镇,周边并没有动物园,且幼儿的生活和社会经验多集中在乡村。根据该情况,王老师将课程内容"认识动物园中不同的动物形象及习性"改为"认识农场中不同的动物形象及习性"。在开展主题活动时,她带领幼儿参观了园所附近的农场,了解农场中常见的动物,观察其外形特征和生活习性,并进行探讨和归纳,使幼儿在这个过程中收获颇丰。

王老师根据本园所的实际情况及幼儿的生活经验灵活调整了适合幼儿的课程目标和内容,并获得了良好的效果。那么,在幼儿园课程编制过程中,我们可以依据什么对课程的各种要素进行选择和决策,以便更好地组织幼儿教育教学呢?

参与式学习

在课程编制过程中,不同的课程模式会导致课程的编制以不同的方式展开。在各种课程编制模式中,目标模式和过程模式对幼儿园课程编制所产生的影响较大。

一、目标模式

目标模式是以对社会有实用价值的目标作为课程开发的基础和核心,并在此基础上选择、组织和评价学习经验的课程编制模式。

(一)目标模式的代表人物与发展

课程编制的目标模式产生于20世纪初期,现代工业与科学技术的发展使得崇尚科学成为当时的时代精神，受此影响，课程的编制也着眼于科学化，走向了社会控制的、有组织的和讲究实效的道路。目标模式的创始人博比特等人在20世纪初开始了课程研究，后来经由泰勒、塔巴（H. Taba）、惠勒（D. K. Wheeler）等人的继承和发展以及布鲁姆（B. Bloom）等人的应用，目标模式经由了发生、发展和逐渐完善的过程。

目标模式以现实社会生活的需要为其基本立足点，反对严重脱离社会与儿童实际生活的倾向，确定对社会有实用价值的目标，并在此基础上选择、组织和评价学习经验。目标模式依据的是行为主义心理学，从行为目标的确定，到课程内容的选择与组织，再到课程的评价，构成了目标模式的经典性程序，特别是行为目标的确立成为目标模式的逻辑起点。

泰勒于1949年出版了《课程与教学的基本原理》一书，系统地阐述了课程编制的基本程序、步骤和方法，创立了课程编制目标模式的经典形态"泰勒模式"（图3-1）。泰勒认为，课程编制者必须回答四个问题：学校应该达到哪些教学目标？提供哪些教育经验才能实现这些目标？怎样才能有效地组织这些教育经验？我们怎样才能确定这些目标正在得到实现？[①]回答这四个问题，解决的正是课程目标的确定、学习经验的组织和学习结果的评价这几个关键问题。泰勒强调，教育目标是指导课程研制者所有其他活动的最为关键的准则。在目标模式中，学习经验的选择、学习活动的组织及对学习结果的评价都被置于课程目标的下位，在课程编制的整个过程中围绕目标这个中心而展开。

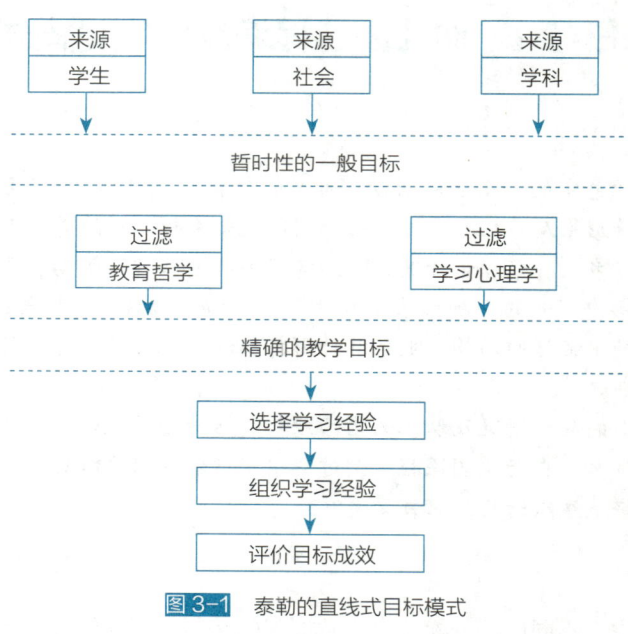

图3-1　泰勒的直线式目标模式

英国课程论专家惠勒提出，按照泰勒的直线式目标模式，当评价结果不能达成预期目标时，无法及时实现信息反馈以重新设计和完善课程，因此，他在泰勒模式的基础上，将其调整为圆环式目标模式（图3-2）。

---

① 拉尔夫·泰勒. 课程与教学的基本原理［M］. 施良方，译. 北京：人民教育出版社，1994：17.

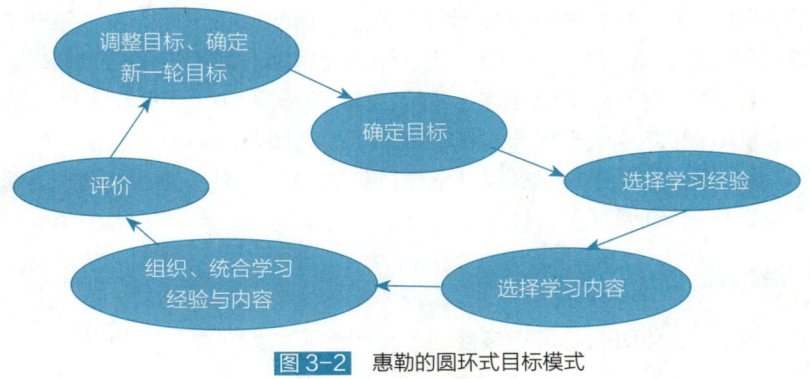

图 3-2　惠勒的圆环式目标模式

（二）目标模式的特点及对幼儿园课程编制的影响

目标模式经由近一个世纪的发展，已经成为现代课程论中最具影响力的理论形态之一。它的主要特点可以归纳为以下几个方面。

（1）目标模式强调应根据预期的行为确定课程目标，然后依据这些目标设计学习过程，运用教育的力量，将这些行为"塑造"出来。

（2）目标模式的设计者批评过去的目标叙述太模糊、不明确，因此，他们建议开发能明确叙述的目标，以引领课程设计与教学，测量预定的行为是否达到，由此评价课程与教学的成效，以提高教学的效率。

（3）目标模式把课程目标按其不同的心理领域、不同水平，做进一步的分解和细化，以形成一个意义明确、层次分明的目标体系，以便在课程实施中实现这些目标。

拓展阅读 3-1

> 为了出现可被观察到和可以被测量到的"实质性"的行为变化，教育者制定的行为目标必须是十分具体和详尽的。例如：为了实现认识植物的各种属性的目标，教育者应通过一些下一级目标来实现这个目的，如植物的多样性、植物的组成及各组成部分的功能、植物的繁殖方式、植物生长与环境条件的关系、植物与人类的关系等；为了让幼儿掌握植物多样性的知识，教育者又应该通过更下一级的目标来实现这个目的，如认识形体较小的植物（如小草）、形体高大的植物（如大树）、生长在水中的植物（如绿藻）、生长在陆地的植物（如代草）等。显然，评价者也必然是去检查或测量幼儿是否掌握了上述知识，并将幼儿对于知识的掌握程度作为是否发生了"实质性"的行为变化、是否达到了行为目标的判断标准。

目标模式对幼儿园课程编制产生了深远的影响，也是我国幼儿园课程改革理论探索与实践所遵循的经典范式。其强调采用明确的行为目标确立课程目标，并以此为出发点和依据来设计课程，使整个课程的设计与实施成为一个有逻辑的、系统的、具体化和结构化的操作程序，有效提高了幼儿园课程编制的计划性、可控性和可操作性。具体来说，目标模式下的幼儿园课程编制，首先应依据学习者的需要、当代社会生活的需要以及学科发展，确定一般性目标，如我国幼儿园

课程中五大领域的课程目标;然后将一般目标划分为更具体的特殊目标,如各年龄阶段的学年目标;再将特殊目标划分为可测量的行为目标,如具体活动目标;最后根据行为化的目标选择、组织和实施过程,及目标的实现程度对课程进行评价,从而为改进和完善课程提供反馈信息。

目标模式对幼儿园课程影响的积极方面在于增强了幼儿园教师的教育意识。一切都要目标在前的提法,层层分解目标,完全根据目标设计活动的做法,多少都是受目标模式影响的反映。其不利之处在于过于机械,导致课程实施过程缺乏灵活性、变通性。

(三)对目标模式的评价

目标模式程序清晰、步骤明确、可操作性强、易于教师掌握。具体来说,这一模式的优点主要有以下几点。

(1)课程目标具体、明确、操作性强,有利于教师理解与掌握。

(2)评价结果和儿童的学习经验达成程度显而易见,有利于教师和儿童明确改进方向。

(3)有利于教师描述课程编制与实施情况,便于学校与家长和学生的交流沟通。

目标模式的显著缺陷则在于它的机械性和"工具化"倾向,其局限性具体如下。

(1)过分重视预设目标尤其是行为目标,过多强调学习的预期结果而忽视对儿童终身可持续发展有更多影响的学习品质、情感、态度、习惯、价值观等方面的发展。

(2)缺少对课程目标本身动态发展的考虑,与课程自身发展过程中的长期性、综合性、累积性等特征存在一定矛盾。

(3)课程目标层层分解的倾向,与儿童的全面发展及整体性学习知识和经验有一定的冲突。

(4)课程的设计与实施均由教育者把控,容易忽视儿童的主动性、发展性和创造性。

(5)课程评价重结果,不重过程;重定量测量,轻质的分析,使得课程评价难以为改进课程提供有用的信息。

总的来说,目标模式过于强调课程编制的"科学性"和"技术性"的一面,而忽视它的"艺术性"和"人性"(即个性和创造性),没有真正反映"人的教育"的本质。不少人认为,目标模式有一种明显地把学校看作工厂,把儿童看作原料,把教育过程看作输入—产出过程的倾向。这样一来,儿童和教师的主体地位都缺失了,他们的积极性、主动性、创造性受到压抑。正是在这个意义上,人们把课程设计的"目标模式"又称作"工学模式"。

二、过程模式

过程模式是把课程编制看成一个不断发展的过程,主张应关注具有内在价值的课程内容及儿童实际的活动过程的课程设计模式。

(一)过程模式的代表人物与基本原理

20世纪五六十年代后,英国著名的课程理论专家斯坦豪斯在进行了大量的理论研究并吸收了英国许多课程编制的实践经验的基础上,立足于教育的内在价值及实践,针对目标模式在课程编制中所存在的缺陷,建构起过程模式的理论框架,被公认为是继目标模式之后出现的一个重要的课程编制模式。

斯坦豪斯认为,目标模式所依据的假设存在两个致命的弱点:一是误解了知识的性质,二是误解了改进实践的过程的性质[①]。斯坦豪斯认为,知识不是现成的、确定的、外在的、需要儿

[①] 劳伦斯·斯坦豪斯. 课程研究与课程编制入门[M]. 诸平,等,译. 北京:春秋出版社,1991:98.

接受的东西，而是要儿童进行思考的对象。因此，它不应成为必须达成的目标而去限制儿童，相反，应通过教育过程去促使儿童思考知识，从而解放儿童。目标模式把知识视为一种统治与控制的工具，因此，它歪曲了知识的本质。

斯坦豪斯还认为，改进实践的过程应依靠教师自身发现教育实践中的问题，提出解决问题的办法并得以实现，而不是通过教师去执行远离实践的专家所设计的方案来实现。斯坦豪斯认为教育的目的是通过促使人思考知识来解放人，使人变得自由。课程应该考虑知识的不确定性，鼓励学生进行个性化的、富有创造性的学习。他强调课程的研究和开发应该是一个动态的、持续发展的过程，课程的设计应该是研究、编制、评价合而为一的。设计者可以通过详细说明内容和过程中各种原理的方法，来合理地设计课程，而不必用目标预先指定所希望达到的结果。因此，过程模式的设计程序一般为：设定一般的目标→实施有创造性的教学活动→论述→评价教学活动引起的结果。

1. 过程模式的课程编制依据

在课程编制依据方面，过程模式的逻辑起点是内容的选择而非目标的预设。其反对把教育作为工具，主张教育要关注具有内在价值的活动，强调在课程设计中以过程为焦点，具体详细说明所要学习的内容、所采取的方法和过程中的各种原理以及所要遵循的标准，而不必用目标预先制定所希望达到的结果。

2. 课程目标的制定

斯坦豪斯认为课程不是通过将一般的教育目的分解为具体目标而达成的，他认为能促进学生发展的课程一定是通过教育过程的不断调试来实现的。过程模式反对像目标模式那样预设行为目标，而是强调确定总体教育过程的一般性的、宽泛的教育目标。这些目标是非行为性的，并不构成最后的评价依据，主要目的是使教师明确教育过程中内在的价值标准及总体要求。

3. 课程内容的选择、组织与教学

斯坦豪斯认为应该通过分析公共文化价值和研究知识本质来寻找有关课程内容的选择原则。他认为知识不是一种现成的让学生接受的东西，而是思考的对象。因此，斯坦豪斯选择了布鲁纳（J. Bruner）的螺旋式课程组织方式，强调课程设计既要能清楚地反映各学科领域的基本概念、过程和方法，又要能被普通教师教给普通学生，从而既有利于反映知识形式，又有助于学科知识和能力的统一。在课程教学中，斯坦豪斯提倡采用发现法和讨论法，他认为课程教学过程中教师需要扮演的是引导者、合作者、学习者、诊断者的角色，通过交流讨论、共同探讨等方式引导学生在主动学习的过程中建构知识，发现并解决问题。

4. 课程评价的方法

斯坦豪斯认为学生的学习不是直线式的、被动的过程，而是一个主动参与和探究的过程。教师在学生学习过程及结果评价中，应该是一个诊断者，而非打分者。课程的评价应是以教育主体知识内在的价值及标准为依据，建立在学生的自我评价和教师的诊断评价的基础上，而进行的一种开放式的而非针对预设目标达成与否的单一式的评价。

（二）过程模式的特点及对幼儿园课程编制的影响

与目标模式不同，过程模式没有将教育、教学目标设置在幼儿短期的行为改变方面，也并不计较标准化测验的实质性结果，它更趋向于为幼儿设置那些能实现某些教育价值并符合某些教育原则的目标。

同样以认识植物为例：让幼儿能够主动探索和发现植物的特征，促使幼儿的能力（如提出关于植物的各种问题的能力）得到发展。显然，运用过程模式时，评价的标准并不是幼儿对植物知识的掌握程度，而是幼儿在探索过程中自身的能力得到了什么发展。

过程模式反对用已经预先确定的目标，尤其是行为目标中规定了课程的进程和结果，它的最大特征是把课程设计看成一个不断发展的过程。它认为：

（1）学习不是直线的过程。课程实施过程（即教学过程）中的"变数"很大，诸如偶发事件、儿童兴趣的转移等都会影响教学。因此，课程不可能完全按照预定的目标、程序展开，必须保持高度的动态性、开放性，根据具体情况不断做出调整。因此，课程设计应该是"研究性""实践性"的活动。

（2）教育是一个过程。知识有其自在的、多方面的价值。应重视教育活动过程以及活动过程所实现的价值。教育目的不在于追求预期的行为变化，而在于鼓励儿童去主动探索有价值的领域，在探索的过程中实现多方面的发展，尤其是智慧、求知能力和批判能力的发展。

（3）教育是经验的改造，应该根据儿童的实际情况、相对灵活地选择和组织课程内容，促进儿童能力的发展。

（4）教师是课程的设计者、研究者，而不仅是方案的执行者。"没有教师的发展就没有课程编制"①。

（5）在课程评价中，教师应是诊断者，而非评分者。评价应以教育本体功能和知识内在价值为标准，而不是以预设目标达成度为依据。

当然，斯坦豪斯并没有绝对反对目标模式，但是，他所提出的过程模式的目标与目标模式的目标有着本质的区别。

> **拓展阅读 3-2**
>
> 高瞻（High/Scope）课程方案
>
> 高瞻（High/Scope）课程方案的宗旨在于促进儿童对学习的积极参与，从而促进儿童的学习过程。此教育方案的目标有：
> 1. 培养儿童做决定和做选择的能力。
> 2. 培养儿童解决问题的能力。
> 3. 培养儿童在集体中合作、分享和参与活动的能力。
> 4. 培养儿童用语言、文字和绘画等形式表达自己的经历、感情和思想的能力。
> 5. 培养儿童好问的精神。
> 6. 培养儿童多方面的兴趣和自我价值感。

与目标模式不同，过程模式只有较短的发展历史，对幼儿园课程实践的影响也没有目标模式那么广泛。但是，伴随着幼儿园课程改革的深入，人们逐渐认识到目标模式的弊端，开始关注教育过程的价值以及儿童在课程中的作用。过程模式将以往幼儿园课程对知识和技能传授的注重转化到对儿童获取经验的注重，将课程与儿童的关系从单向变为双向。在幼儿园课程编制过程中，淡化课程目标的预设，强调儿童活动的过程；淡化教师在教育活动组织中的计划性和控制性，强调根据儿童的兴趣和需要组织活动，尊重儿童的选择和创造；淡化根据客观标准对幼儿园教育进行评价，强调过程性评价，强调教师自我在教育评价中的作用。这样一些指导思想和做法，与过程模式的基本思路是一致的。

---

① 施良方. 课程理论：课程的基础、原理与问题［M］. 北京：教育科学出版社，1996：189.

（三）对过程模式的评价

过程模式的优点在于在一定程度上弥补了目标模式的局限性，肯定了课程研究的重要性和课程内容的内在价值，并强调儿童的主动参与和探究学习，重视儿童思考能力和创造性的培养，将课程看成一个开放式的系统，使课程设计更趋于成熟和完善。过程模式同时强调了"教师即研究者"所应该发挥的作用，有利于教师主动性、创造性的发挥和专业的成长。

其局限性在于：首先，过程模式虽指出了目标模式的不足，但未能开发出更为理想而全面的程序和方案，缺乏系统性、计划性和科学性，使课程设计者因缺乏具体的步骤而难以开展卓有成效的工作；其次，过程模式把整个课程设计局限于对学科体系进行抽象、演绎的单一来源中，忽视了社会需要、知识的实用性以及儿童的可接受性；再次，对课程的评价缺乏客观标准，往往导致评价带有过多的主观色彩；最后，过程模式赋予了教师过分理想化的角色和过高的要求，在实践中较难施行。

实践活动

查阅相关文献，思考不同课程编制模式的关注重点、优点及其局限性。在此基础上思考：你赞同哪一种课程编制模式？为什么？

综上，过程模式是在批判分析目标模式的基础上，针对目标模式的局限性而提出的。在知识观、儿童观、教师观、教育观等诸多方面，两种模式表现出了众多差异，甚至在许多方面还各执一端，这就决定了目标模式和过程模式之间具有很强的互补性。因此，在幼儿园课程开发过程中，应该在深入分析与把握每种模式优缺点的基础上，综合考虑诸如教师、幼儿、学习内容之类的因素，在两种模式之间取长补短，寻求一种动态契合。

关键术语

课程编制　目标模式　过程模式

复习思考

1. 简述目标模式和过程模式的代表人物与特点。
2. 分析目标模式与过程模式的优缺点，并寻找实践案例。
3. 试述依据目标模式编制幼儿园课程的利弊。
4. 试分析斯坦豪斯提出的"教师即研究者"对幼儿园课程实施带来的利弊。

任务2　幼儿园课程目标的制定

导入情境

刚入职的李老师在设计大班诗歌活动"我最爱祖国"时，将活动目标表述为：
① 看图标理解内容，尝试有感情地朗诵。
② 能用完整的语句表达自己对亲人、祖国等的认识。
③ 培养幼儿从身边的小事做起，萌发爱亲人、爱家乡、爱祖国的情感。

你认为这个活动的目标表述是否适宜？什么是幼儿园课程目标？制定幼儿园课程目标有哪些要求？接下来我们将一起探讨幼儿园课程目标的含义与取向、层次与结构、制定与表述。

参与式学习

课程目标居于课程要素中的核心地位，它指引着课程内容的选择与实施，也是课程评价的标准。整个课程设计过程中首先需要明确的重要问题就是目标是什么，怎么进行表述。因此，制定适宜的幼儿园课程目标是实现幼儿园课程价值的第一个关键步骤。

一、幼儿园课程目标的含义与取向

（一）幼儿园课程目标的含义

1. 教育目的

教育目的一般指教育的总体方向，是由政府职能部门或权威性机构针对变化中的社会所关注的首要问题制定的。教育目的具有普遍性、模糊性等特点，规定了一定时期教育的总体方向。它往往以教育方针的形式贯彻落实。教育方针是国家根据政治、经济、文化发展的要求，为实现教育目的所规定的教育工作总方向，是教育政策的总概括，内容包括教育指导思想、培养人才的规格及实现教育目的的基本途径。比如在我国2021年修正的《中华人民共和国教育法》中就对教育目的进行了规定"教育必须为社会主义现代化建设服务、为人民服务，必须与生产劳动和社会实践相结合，培养德智体美劳全面发展的社会主义建设者和接班人"。

2. 教育目标

教育目标作为教育目的的下位概念，教育目的确定好之后，就要制定一定的教育目标。它体现了不同性质的教育和不同阶段的教育的价值。它直接决定着课程的性质和方向。教育目标的特点是普遍性、模糊性、概括性，要让其实现，需要经过复杂的、多方面的努力。其中，把教育目标转化为具体的课程目标是极其关键的一步。比如《幼儿园工作规程》（2016年）指出："幼儿园的任务是：贯彻国家的教育方针，按照保育与教育相结合的原则，遵循幼儿身心发展特点和规律，实施德、智、体、美等方面全面发展的教育，促进幼儿身心和谐发展。幼儿园同时面向幼儿家长提供科学育儿指导。""幼儿园保育和教育的主要目标是：①促进幼儿身体正常发育和机能的协调发展，增强体质，促进心理健康，培养良好的生活习惯、卫生习惯和参加体育活动的兴趣。②发展幼儿智力，培养正确运用感官和运用语言交往的基本能力，增进对环境的认识，培养有益的兴趣和求知欲望，培养初步的动手探究能力。③萌发幼儿爱祖国、爱家乡、爱集体、爱劳动、爱科学的情感，培养诚实、自信、友爱、勇敢、勤学、好问、爱护公物、克服困难、讲礼貌、守纪律等良好的品德行为和习惯，以及活泼开朗的性格。④培养幼儿初步感受美和表现美的情趣和能力。"

3. 课程目标

课程目标作为教育目标的下位概念，是一定的教育目标在课程领域的具体化，在教育目标的制约下，具体体现课程开发与教育活动的价值取向。幼儿园课程目标一般较特定地表述为幼儿园要求的教育成果，它指引幼儿园教师或课程编制者设计课程方案，也反映着一个幼儿园系统的教育取向。因此，幼儿园课程目标的含义就是学前教育工作者在一定学习期限内对幼儿身心发展所要达到结果的预期。

它包含3个要点：①时限。即幼儿园阶段，包括从起点（2～3岁）到终点（6岁）的年龄期限。②幼儿在这一阶段最终的发展状态和发展水平。发展状态表明幼儿的整体素质是否得到全面、主动、和谐的发展，发展水平则是指幼儿基本素质的发展所达到的高度。③社会的期望。即课程要符合社会和时代发展的要求，它是决定幼儿发展状态和发展水平的依据之一。我国的幼儿园课程目标是以领域的姿态出现。《幼儿园教育指导纲要（试行）》中，把幼儿园课程分为健康、语言、社会、科学与艺术五大领域，各领域都有明确的目标。

从教育目的到教育目标再到课程目标是一个从宏观到中观再到微观，从概括（一般）到具体的过程。在整个教育系统中，由教育目的、教育目标、课程目标构成一个有机的整体，如图3-3所示。

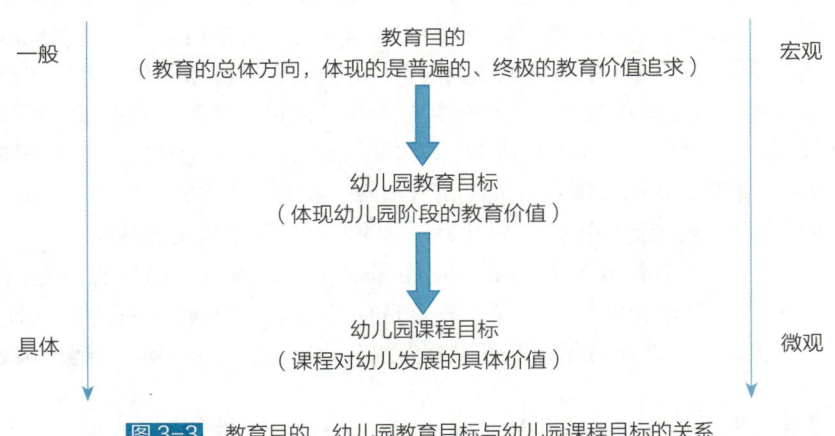

图3-3　教育目的、幼儿园教育目标与幼儿园课程目标的关系

从幼儿园课程目标的地位上看，课程目标可以说是幼儿园课程的"指南针"和"方向盘"。在幼儿园课程中，目标处于核心地位，它是课程实施的起点和归宿点，是选择课程内容、组织课程实施的依据，也是评价课程是否达到预期效果的重要标准。因此，课程设计的第一步，也是最关键的一步就是制定科学、合理的课程目标。

课堂思考

幼儿园课程目标与中小学课程目标有何本质区别？

（二）幼儿园课程目标的基本取向

课程目标是一定的教育价值理念或教育目的在课程领域的具体化，任何课程目标总是带有一定的价值取向。明确课程目标的基本价值取向，有助于人们更好地把握课程目标，提高制定课程目标的自觉性和自主性[1]。由于对儿童发展、社会需求和知识的性质以及这三者之间关系的不同理解，使得课程目标存在不同的价值取向。在幼儿园课程中，较为常见的目标取向有行为目标、生成性目标和表现性目标等[2]。

1. 行为目标

行为目标是以儿童具体的、可被观察、可操作的行为作为表述的课程目标，它指向的是实施课程以后在儿童身上所发生的行为变化。行为目标具有具体、精确、客观性和可操作性等特点。

---

[1] 王春燕. 幼儿园课程概论［M］. 北京：高等教育出版社，2007：38.
[2] 朱家雄. 幼儿园课程的理论与实践［M］. 上海：华东师范大学出版社，2010：91.

行为目标在课程领域中的确立始于博比特。他在1918年出版的《课程》一书中提出课程科学化的问题，认为课程目标必须科学化、标准化。在1924年出版的《怎样编制课程》一书中，他曾用"活动分析法"对人类经验和职业进行了系统分析，提出10个领域中的800多个目标，为行为目标在课程领域的确立奠定了最初的基础。

泰勒在1949年出版的《课程与教学的基本原理》一书中，系统地发展了博比特等人的行为目标理念。泰勒认为，课程目标应根据对社会的研究、对儿童的研究和对学科的研究而得出，并要通过教育哲学和学习理论的筛选。他认为课程目标一旦确定，应该运用一种最有助于学习经验的选择和教学过程的指导的方式来陈述目标。这种方式应该是"既指出要使儿童养成的那种行为，又指明这种行为能在其中运用的生活领域或内容"。也就是说，目标实际上包括"行为"和"内容"两个方面。泰勒克服了博比特等人把课程目标无限具体化的倾向，主张在课程目标的概括化与具体化之间找到一个"度"，"倾向于把目标看作是形成的一般反应模式，而不是要学习非常具体的习惯"。后来，泰勒又指出，课程应关注儿童学会一般的行为方式，"目标应该是清楚的，但不一定是具体的"①。泰勒的这些主张，为行为目标的发展打下了坚实的基础。

20世纪五六十年代，布鲁姆等人继承并发展了泰勒的行为目标的理念。他们借用生物学中"分类学"的概念，在教育领域建立了"教育目标分类学"，从而把行为目标发展到新的阶段。根据他们的意见，学习的所有领域都可以分为三个领域，即认知领域、情感领域和动作技能领域。

20世纪六七十年代，美国著名教育学者梅杰（R. F. Mager）等人总结并发展了前人的行为目标理念，领导发动了"行为目标运动"，该运动将行为目标取向的发展推到了顶峰。梅杰认为一个行为目标必须描述：①表现学习者达成目标的行为；②学习者达到目标时所面对的条件；③可接受的最低的熟练水平。

在幼儿园课程编制中，课程编制者通常根据自己对于儿童发展和学习的理解而将课程划分若干个领域，然后在每一个方面再逐级地罗列出详细的可操作的行为目标。以美术欣赏为例，行为目标有：①能够说出其周围环境中东西的颜色、形状、大小和样式；②能够指出他/她自己认为重要的特征；③能够对某些自己所画或所做的东西表达喜爱之情；④能够对于观看和讨论他们所认识的艺术家创作的作品表现出兴趣；⑤能够评价自己的绘画和手工作品；⑥能够认识和比较不同艺术家的风格等。

综上，行为目标对于儿童基础知识和技能的数量掌握，对于保证一些相对简单的教育目标达成是有益的，在课程领域科学化的历程中做出了积极的贡献，但是行为目标越来越细化，也容易出现偏差，有些教师只见目标不见幼儿。

2. 生成性目标

生成性目标又称形成性目标或展开性目标，它是在教育过程中生成的课程目标。如果说行为目标关注的是结果，那么生成性目标则关注的是过程，反映的是教育过程中儿童经验生长的要求以及儿童问题解决的过程和结果。它的根本特点是过程性。

生成性目标取向可以追溯到杜威。杜威提出"教育即生长"的主张，强调目标不应该是预先设定的，而应该是在教育过程中内在决定的教育经验的结果：课程的目的就是促进儿童的生长。

英国课程论专家斯坦豪斯在"过程模式"中，对生成性目标做了比较充分的诠释。他认为，学校教育主要包括三个过程：训练、教学与引导。"训练"是使儿童获得动作技能的过程；"教学"是使儿童获得知识信息的过程；"引导"是使儿童获得以知识体系为支持的批判性、创造性

---

① 拉尔夫·泰勒. 课程与教学的基本原理［M］. 施良方，译. 北京：人民教育出版社，1994：136-137.

的思维能力，这是使儿童进入"知识的本质"的过程。斯坦豪斯认为，真正的教育是使人类更加自由，更加富有创造性，因而教育的本质是"引导"。"教育即引导儿童进入知识之中的过程，教育成功的程度即它所导致的儿童不可预期的行为结果增加的程度。"[①]斯坦豪斯认为，"训练"与"教学"是可以用行为目标来陈述的，而"引导"则不能用行为目标加以表述，因为"引导"的本质恰恰在于其不可预测性，故用生成性目标是最恰当的。

生成性目标在人本主义课程论那里发展到了极端。人本主义课程论强调儿童个人的生长、个性的完善与自我的实现；课程的功能就是为每一位儿童提供有助于个人自由发展的、有内在奖励的学习经验。罗杰斯曾说过，凡是可教给别人的东西，相对来说都是无用的，即对人的行为基本上没有什么影响的。能够影响一个人的行为的知识，只能是他自己发现并加以同化的知识。生成性目标是非预成性的、在教育情境中自己产生的目标。它充分尊重儿童，使儿童有权利决定什么是最值得学习的。当儿童从事与自己的目标相关联的学习的时候，他们会越来越深入地探究既存的知识。随着问题的解决和兴趣的满足，儿童会产生新的问题、新的价值感和对结果的新的设计。这个过程是持续终身的，因而基于生成性目标的课程必然会促进终身学习。

以生成性目标为取向的早期儿童课程或教育方案并不少见，如意大利"瑞吉欧"幼儿教育方案、美国"项目活动"等都是典型的以生成性目标为取向的课程。这些课程较少带有预设的痕迹，课程实施的过程能比较充分地发挥儿童的主体性。

综上，生成性目标关注儿童的活动和活动的过程，追求的是"实践理性"，强调在儿童、教师与教育情境的交互作用过程中产生的目标。持该目标的人坚持"过程"等一些模糊的术语，而不采用比较可操作的方式界定目标。有学者指出，该课程从理论上比较诱人，但是在教育实践中却过于理想，对教师有相当高的要求，实施起来比较困难。

3. 表现性目标

表现性目标指儿童在具体教育情境中产生的个性化的表现，追求的是儿童的个性化反应。表现性目标指向人的自主发展和个性化发展，鼓励儿童运用已有的技能拓展并探索自己的观点和情感，并且其评价以儿童的创造性和个性评价活动质量为取向，有助于培养儿童的创造性，鼓励儿童个性充分发展。

该目标的代表人物是美国课程学者艾斯纳。他发现在艺术领域里预定的行为目标不适用，行为目标涵盖不了儿童在艺术活动中基于自身的创造性的表现，因此提出了表现性目标作为补充。艾斯纳认为课程中存在两种不同的教育目标：教学性目标和表现性目标。教学性目标是在课程计划中预先规定好的，这种规定明确指出了大部分儿童在完成学习活动后所应习得的具体行为，如学习到的技能、知识等。表现性目标不是规定儿童在完成一项或多项学习活动后学习到的知识和行为，而是指向每个儿童在教育情境的种种"际遇"，指明儿童所处的情境、将要处理的问题和将要从事的活动，追求的是同一任务同一内容下儿童的个性化表现。表现性目标追求的不是儿童反应的一致性，而是反应的多样性和个性，因为不同儿童对同一问题的认识和反应是多种多样的，带有明显的个人色彩，不可能事先予以确定。

与表现性目标相对应的课程评价也不像行为目标那样以预定目标的达成情况来评定课程效果，表现性目标为取向的课程评价是一种美学评论式的评价，即对儿童活动及其结果做鉴赏式的评判，依据儿童在活动中创造性和个性的表现来评价活动的质量。比如在某大班"参观动物园"的活动中，教师将活动设计核心放到让幼儿"讨论动物园里有趣的事情""利用语言、绘画等方式表达对动物的喜爱"上，而不是关注于幼儿在活动过后能"说出五种以上动物的种类"上。因而，表现性目标在艺术欣赏活动、艺术创编活动或较为复杂的智力活动中体现得比较多，对教师

---

① 张华. 课程与教学论 [M]. 上海：上海教育出版社，2000：75.

的专业素质和能力也有较高的要求。

综上，表现性目标在本质上是对"解放理性"的追求，强调儿童的个性发展和创造性表现，尊重个性差异，指向人的自由与解放，这种目标取向与当代人本主义的教育价值观是相契合的。表现性目标重视的是人的个性，尤其是教师和儿童在课程教学中的自主性、创造性。另外，承认表现性目标并不意味着完全否定行为目标的合理性，只是行为目标适合于人的发展中那些较低的层面，表现性目标更适合于人的发展中较高方面的精神需求。

与生成性目标相同，表现性目标具有不可预测性、不易操作的特点，因此难以被教师广泛运用，对教育活动的评价也往往带有很多的教师主观色彩。在设计教育活动时，确定的活动目标会比较模糊，很难对教育活动实施起到明确的导向作用。

（三）各种目标取向在幼儿园课程中的整合

各种课程目标取向各有其长处，也各有其短处。应该说，从行为目标取向发展到生成性目标取向，再发展到表现性目标取向，体现了课程发展对人的主体价值和个性解放的追求，反映了时代精神的发展方向。但是，这并不是说，后者可以取代前者，每一种目标取向都有其存在的价值。

在幼儿园课程编制中，可以兼容并蓄各种课程目标取向，以每种课程目标取向的长处弥补他种课程目标取向的短处，为达成学前教育的目的服务。

行为目标具体、明确，便于操作和评价，在幼儿园课程中，某些知识和技能的传授、行为习惯的训练，可以运用行为目标的方式表述课程目标，以期望通过课程的实施过程，使全体儿童或大部分儿童都能够发生行为目标所规定的行为变化。同时也应该看到，虽然生成性目标或表现性目标创导者也并不主张完全取消行为目标，或者说注意吸收行为目标中的合理成分，但是他们认为行为目标只能指向人的较低层面的教育要求，而不能反映高层次的教育要求。

斯坦豪斯创导的生成性目标取向和艾斯纳创导的表现性目标取向都反对行为目标取向的技术化倾向，明确反对把人作为物、作为工具加以控制的做法，提出课程目标的价值取向应是人的自主发展、创造性发展和个性化发展。由于这些高层次目标具有不可预测性和不可控制性，因此，这两种目标取向在目标的表述方面都采用了开放的形式，即一切依据儿童、教师和具体教育情境而确定，而不设统一的标准。

但是，斯坦豪斯的生成性目标取向与艾斯纳的表现性目标取向也存在明显的区别。如果说，生成性目标的本质是对"实践理性"的追求，把课程看作一种动态生成的师生互动过程，那么，表现性目标本质上是对"解放理性"的追求，把课程看作儿童个性发展和创造性表现的过程。基于这两种不甚相同的教育价值观，斯坦豪斯以课程实践为出发点提出课程的价值取向，甚至提出以"过程原则"替代"目标"这样的词汇；而艾斯纳则以课程评价为出发点提出课程的价值取向，沿用了"目标"一词，以利于课程评价的可操作性。

二、幼儿园课程目标的层次与结构

（一）幼儿园课程目标的层次

幼儿园课程目标的层次指的是幼儿园课程目标的纵向结构，是指在总体的课程目标的指导下，课程实施中对不同年龄阶段、不同时间段内儿童要达到的知识和能力发展水平的要求。从课程目标的层次看，课程总目标最具概括性，具体教育活动目标最具具体性，由远期到近期，从宏观到中观再到微观，凸显出很强的层次性（图3-4）。

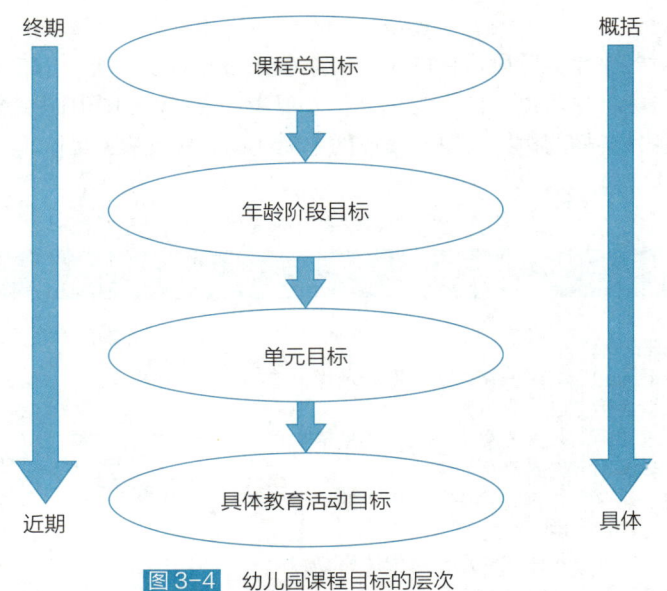

图 3-4　幼儿园课程目标的层次

1. 课程总目标

幼儿园课程总目标主要集中表现在幼儿园课程分领域的目标上，该类目标比较宏观，表述时具有概括性和抽象性等特点，比如前文所提到的我国幼儿园课程中五大领域的目标以及日本幼儿园课程中健康、人际关系、环境、语言和表现的五个领域的目标就是典型代表。

2. 年龄阶段目标

年龄阶段目标也称学年目标，是对课程总目标的进一步分解。可按照小、中、大班幼儿的发展水平，制定每个年龄阶段一年要达到的目标，并且各个年龄阶段的发展目标衔接性要强，能充分保证幼儿在前一个年龄阶段的发展基础上进一步提高。比如在《幼儿园课程指导：教育活动设计》一书中根据《幼儿园教育指导纲要（试行）》这一纲领性文件规定的幼儿园语言领域学年目标（表3-1）[①]就是按年龄阶段设置的。

表3-1　幼儿园语言领域学年目标

3~4岁	4~5岁	5~6岁
①学习安静地听他人讲话。听懂日常用语并学习按语言调节自身行为 ②继续学说普通话，乐意用普通话与人交流。能用简单的语言回答别人的问题，表达自己的愿望和需要 ③喜欢念儿歌、听故事、看表演、看图书等，初步了解其大致内容，并乐意表达自己的感受	①能注意倾听，理解日用语 ②学习用普通话大胆、清楚地说出自己想说的事 ③学习欣赏文学作品，乐意表达自己的感受。能口齿清楚地朗诵儿歌和学习复述故事 ④学习有顺序地看图书，乐意与同伴交流图书的主要内容。喜欢看电视、听广播，并乐意将熟悉的内容与同伴进行交流	①能注意倾听，理解与其生活经验相关的语言 ②能用普通话大胆、清楚地说出自己想说的事。乐意与人交谈，讲话礼貌 ③喜欢欣赏文学作品，理解作品内容，感受文学作品的美。能独立地朗诵儿歌和复述故事。学习创编和表演文学作品 ④学会看图书，并喜欢将图书、电视、广播等途径获得的信息在同伴中进行交流和讨论 ⑤对文学产生兴趣

[①] 浙江省《幼儿园课程》指导编写委员会. 幼儿园课程指导：教育活动设计 [M]. 北京：新时代出版社，2001：5.

3. 单元目标

单元目标是对各个年龄阶段目标的再分解。单元目标可以以时间为单元,主要表现为学期目标、月目标、周目标;也可以以内容为单元,表现为一定的时间内围绕特定的主题展开的活动。如某幼儿园以"各种各样的树"为单元设计的单元活动目标(表3-2)。

表3-2 "各种各样的树"的单元活动目标

设定理由	单元总目标	活动名称	活动目标
在幼儿的生活环境中,经常看到大小、高矮不同的各种树木,幼儿经常会捡树叶、采花摘果,或利用树木玩捉迷藏游戏。本项目的设定便是利用幼儿这种兴趣,引导幼儿喜欢观察树木、爱护树木,并辅导幼儿种植花草树木以及观察植物生长的概况	①认识树的主要部分及用途(认知) ②养成喜欢观察和种植植物的习惯(能力) ③养成爱护花草树木的习惯(能力) ④喜欢利用自然界的事物做游戏(情感)	任务一:认识树	①观察后能说出树木和花草的不同之处 ②能说出树的特征 ③能仔细观察事物
		任务二:好玩的叶子	①能说出叶子的名称 ②能用叶子进行树叶贴画 ③体验用叶子装饰墙面的乐趣
		任务三:花的造型游戏	①观察花的造型 ②用身体摆出和花的形状有关的造型 ③喜欢用花开展游戏

4. 具体教育活动目标

具体教育活动目标是对单元目标的再分解,就是和宏观和中观层次目标相对的微观层次的课程目标,也是我们通常所说的"教学活动目标",教师在设计某一活动时要考虑制定的目标要具体、清晰。比如:

幼儿园中班综合活动"跑跑镇"的活动目标:
(1)感受跑跑镇因碰撞而神奇。
(2)了解跑跑镇中的各种合体现象。
(3)能运用"××哒哒哒,××哒哒哒'咣'变成了××"的句式,比较连贯地描述绘本画面。

从上述案例中,所设置的活动目标具有非常明确的指向性,指明幼儿在活动后在知识、能力、情感上获得的变化,这些目标也是大多数幼儿能达到的发展水平。

(二)幼儿园课程目标的结构

课程目标的结构是对横向结构问题方面的分析。幼儿园课程目标的结构应包含以下三个方面。

1. 幼儿心理结构

对于课程目标体系的合理结构问题,美国著名教育心理学家布鲁姆等人在《教育目标分类学》一书中以人的身心发展的整体结构为框架,为教育目标的建立提供了一个比较规范化、清晰化的形式标准。

教育目标可以从认知、情感、动作技能三个维度进行分类:
认知领域,主要包括知识的掌握和认知能力的发展;
情感领域,主要包括兴趣、态度、习惯和价值观等方法的形成与发展;
动作技能领域,主要包括感知动作、运动协调、动作技能等方面的发展。

从教育要促进儿童身心全面和谐发展的总目标来看，布鲁姆的教育目标分类学深刻体现了对儿童全面发展价值方面的关注。因此，在制定幼儿园课程目标时，应涵盖幼儿认知、情感、动作技能发展的各个方面，从而保证幼儿在知识、能力和基本素养方面得到有效提升和全面提高。

2. 课程内容结构

在确定课程目标的过程中，作为设计者考虑的一个非常重要的问题是通过课程使幼儿获得哪些方面的发展。无论是从幼儿的认知、情感还是动作技能方面的发展考虑，都从较高层次上对幼儿的发展提出指导性的要求，而具体课程内容的选择以及组织实施，恰好就能实现这一要求。比如谈到幼儿的动作技能发展时，在语言领域活动中让幼儿达到"能基本完整地讲述自己的所见所闻和经历的事情"的动作技能目标，也可以在健康领域活动中让幼儿达到"能助跑跨跳过一定距离，或助跑跨跳过一定高度的物体"的动作技能目标等。因此，课程内容的五大领域（健康、语言、社会、科学、艺术）也是制定课程目标时必须考虑的要素，在每个领域中也要顾及幼儿认知、情感以及动作技能这三方面的发展。

3. 幼儿年龄结构

随着幼儿年龄的不断增长，幼儿的身心发展速度也在飞快增长，在不同的年龄段表现出不同的年龄特点和心理发展特点。因此，为每个年龄段的幼儿选择什么样的教育内容，对每个年龄段的幼儿提出什么样的发展要求，就必须考虑到幼儿现阶段已有的心理发展水平和应达到的水平的差距。基于此，在确定课程目标时，应充分考虑小、中、大班幼儿发展水平的差异，为不同年龄段的幼儿制定恰当的目标。比如在社会领域中针对"遵守基本的行为规范"的内容，小班课程目标需要让幼儿"在提醒下，能遵守游戏和公共场所的规则"；中班课程目标提高要求，要求让幼儿"感受规则的意义，并能基本遵守规则"；大班课程目标进一步提高要求，要求幼儿"理解规则的意义，能与同伴协商制定游戏和活动规则"。

在设定课程目标时，要综合考虑幼儿心理结构、课程内容结构以及幼儿年龄结构三大方面，这三大方面构成一个三维立体的结构（图3-5）。在每个年龄阶段五大领域的教育内容中都要体现出幼儿认知、情感以及动作技能的发展要求，只有这样所制定的幼儿园课程目标才是适宜的、合理的。

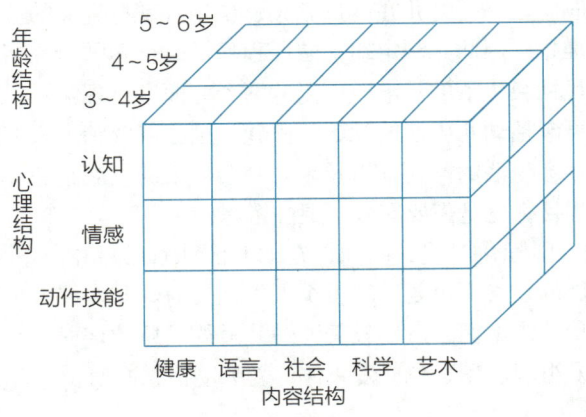

图3-5　幼儿园课程目标的三维立体结构模型

三、幼儿园课程目标的制定与表述

（一）幼儿园课程目标的制定依据

> **拓展阅读 3-3**
>
> **上海思南路幼儿园课程总目标**
>
> 贯彻《上海市学前教育课程指南》，确立以"关注幼儿发展需要，培育幼儿幸福生活根基"为取向，培养具有"充实的早期生活经验，良好的行为习惯，学习潜能展露，身心健康快乐"的儿童。

制定幼儿园课程目标，要依据什么？目前，教育界达成共识且比较认同的依据主要有三个方面：对幼儿的研究、对当代社会生活的研究、对学科知识的研究。要制定科学的幼儿园课程目标，必须综合考虑这三个方面的因素，以使课程目标真正实现"统领"作用。

1. 对幼儿的研究

幼儿园课程是面向幼儿的课程，因此，幼儿园课程目标的确立就必须考虑幼儿的需要。由于幼儿园课程目标是在一定期限内对幼儿学习效果的期望，因此，为了建立合理的期望，必须了解幼儿的现实发展，以及关注幼儿的发展需要。

了解幼儿的现实发展，可以通过观察幼儿的身体动作、认知、情感等方面的表现情况获得了解。关注幼儿的发展需要方面，可以根据相关的儿童发展心理学所揭示的幼儿可能要达到的理想水平，学习儿童发展心理学的相关理论知识获得了解。幼儿的现实发展水平与理想的发展需要进行比较之后，即可明确幼儿的发展现状和未来的发展前景，确立幼儿阶段性可能达到的水平及差异，从而发现教育上的需要，这样就可通过对幼儿建立的合理期望，确立适宜幼儿发展的课程目标。

2. 对当代社会生活的研究

幼儿园课程的基本职能之一是幼儿在度过健康、快乐且富有意义的童年生活之余，能为积极适应未来的社会生活做准备。因此，制定幼儿园课程目标时，必须研究当代社会生活对幼儿成长的期望和要求。对于当代社会生活的需求，可以从两个方面进行理解：一是空间维度，二是时间维度。空间维度的范畴可包括幼儿生活的社区、民族、国家以及整个人类的发展需求；时间维度的范畴可包括当前现实社会生活的需要，以及未来社会生活的发展趋势和需要。如何将这些需要转化为有效的幼儿园课程目标也是需要有效把握和考虑的。

当前的社会已经进入国际化时代，因此，在幼儿园课程目标中，既要体现出幼儿所处的社区、民族及国家对其发展的要求，也要反映整个人类社会对幼儿发展所提出的要求。比如在我国的文化与社会主义核心价值观方面，就比较关注幼儿道德品质的培养。在幼儿园课程目标的制定过程中应时刻关注幼儿爱祖国、爱家乡、爱集体、爱劳动情感的萌发。

3. 对学科知识的研究

知识是人类智慧的结晶。对人类知识进行研究，能够帮助幼儿更好地认识自然、认识社会、认识自我，从而形成判断是非、对错、美丑的标准，继而掌握行之有效的方式方法。幼儿应该学什么，学习的内容对幼儿来说意味着什么，有什么意义，往往取决于所选知识本身的教育价值。因此，学科知识也是幼儿园课程目标制定的重要依据。

学科知识，即学科的逻辑体系，包括学科的基本概念、原理、探究方式、发展趋势以及该学科与相邻学科之间的关系等[①]。从学习者的角度而言，各学科的知识相对具有两种价值：一般发展价值和学术发展价值。对于学科知识的一般发展价值而言，注重这门学科知识的一般教育功能；对于学科知识的学术发展价值而言，主要强调将学习者逐步引入该领域的专门研究。由于幼儿年龄特点和幼儿园课程性质的独特性，就决定了幼儿园课程并非注重学术发展价值，而需注重学科知识的一般教育功能和价值。也就是说，从学科知识的角度考虑幼儿园课程目标，我们需关注的应该是"该学科领域与幼儿的身心发展有什么关系，它能促进幼儿哪些方面的发展"。

比如，《幼儿园教育指导纲要（试行）》中对于科学领域的目标中，并没有要求幼儿掌握多么系统、严密的科学知识，而是强调[②]：①对周围的事物、现象感兴趣，有好奇心和求知欲；②能运用各种感官，动手动脑，探究问题；③能用适当的方式表达、交流探索的过程和结果；④能从生活和游戏中感受事物的数量关系并体验到数学的重要和有趣；⑤爱护动植物，关心周围环境，亲近大自然，珍惜自然资源，有初步的环保意识。

综上，将幼儿、当代社会生活、学科知识三个方面确定为幼儿园课程目标的依据已经得到了大多数人的认可。但为了避免出现片面强调某一方面，导致以儿童为中心、社会生活为中心、学科知识为中心的情况。我们在确定幼儿园课程目标时，要将幼儿个体发展和社会发展需求以及各门学科发展的现实紧密结合起来，以求得到一个既符合幼儿、社会发展需要又能反映某门学科发展趋势的、具体而又明确的幼儿园课程目标体系。

实践活动

结合幼儿园课程目标的三个制定依据，强化目标的社会属性，即厚植中华文化底蕴等育人目标。畅想一下你理想中的幼儿园，说一说你对幼儿发展有哪些期待？

（二）幼儿园课程目标的制定原则

1. 全面性原则

全面发展的课程，首先要体现在全面发展的课程目标上。幼儿园课程目标的全面性主要指向幼儿的全面发展方面，在涵盖面上尽量要周全，应包括体、智、德、美各个方面，要在健康、语言、社会、科学、艺术各领域有所涉及，这些领域中可提出适合幼儿年龄特点和心理发展特点的子目标，还应注重幼儿知识的获得，以及注重幼儿良好情绪、情感等方面的培养。

从不同类别的目标来看，幼儿园课程目标的确立不仅要考虑显性课程目标（即那些容易观察到的行为及容易测评的知识、技能方面的目标），还需要考虑隐性课程目标（即更多地指向情感、态度、价值观等方面难以量化的目标）。只有将知识与技能、行为与情感、态度与价值观方面相互联系，才能使幼儿园课程目标达到显性目标与隐性目标的同构，而将显性目标和隐性目标进行全面的考虑，使得课程目标的确立才会更加全面完整。

2. 系统性原则

幼儿园课程目标的制定应遵从系统性原则，即体现一致性和连续性。

从横向上看，它是一致性的重要体现。幼儿园教育目标要体现出全面发展的特点，必须做到幼儿园课程的总目标、年龄阶段目标、单元目标和具体教育活动目标保持一致，并且目标要体现出层次性。上层目标与下层目标之间，整体目标与局部目标之间要协调一致，每层目标都应是上

---

① 陈文华. 幼儿园课程论[M]. 北京：科学出版社，2010：25.
② 教育部基础教育司. 幼儿园教育指导纲要（试行）解读[M]. 南京：江苏教育出版社，2002：34.

一层目标的具体化，以保证每一个具体目标的实现都能为总目标的实现奠定扎实的基础。

从纵向上看，它是连续性的重要体现。各个年龄阶段目标之间的相互衔接，层层递进，充分体现幼儿心理发展的渐进性。因此，在制定幼儿园课程目标时，切不可揠苗助长或者用孤立的眼光看待幼儿的现实发展，要充分考虑目标对幼儿未来发展的价值，从长远的角度审视和考虑，遵循幼儿心理的发展特点和顺序。

3. 可行性原则

幼儿园课程目标的制定要充分考虑本地区、本幼儿园以及本班幼儿的实际。所制定的目标应考虑各地区的不同情况，注意城市和乡村、经济发展水平和不同风俗习惯等之间的差距，因地制宜，最大化地发挥本地资源优势。还应以幼儿可接受的水平为基础，也就是目标要在幼儿的"最近发展区"内，既不要低于或者等于幼儿的已有水平，使课程失去其引导、促进发展的价值和功能；也不要一味攀高，使幼儿丧失学习的信心和兴趣。

4. 时代性原则

幼儿园课程目标应该体现出时代性。这就要求我们要立足现在，面向未来，关注社会，关注社会的发展，在了解社会发展趋势的基础上预测未来社会所需要的人才规格。学前教育作为基础教育的重要组成部分，作为学校教育和终身教育的奠基阶段，更应该重视如何面向未来的问题，因此，在制定幼儿园课程目标时就需要有超前的意识。在幼儿园课程目标的制定中，突出学习者（幼儿）素质（积极主动、独立自主、创造性等）的培养，真正使学习者（幼儿）适应未来社会的需要。

5. 缺失优先原则

缺失优先原则又称补偿性原则。通过社会需要和人的潜能角度出发而制定的全面和谐发展的幼儿园课程目标是一种理想的目标，这种目标与幼儿的现实发展之间是存在一定的差距的，不同群体、不同个体与理想目标各方面的差距可能有大有小，不完全一样。其中差距最大的部分尤其要引起教育工作者的注意，在确定幼儿园课程目标时将其特别凸显出来，以借助课程使幼儿发展的不足得到补偿。幼儿在发展过程中出现的一些由于缺乏某些学习经验导致的不均衡现象，完全可以通过改变经验得以补偿。因此，我国幼儿在发展过程中显现出的缺失和不足应引起足够的重视，必须在所制定的幼儿园课程目标中突出此类缺失和不足，努力做到长善救失，使幼儿达到较为均衡的发展。

实践活动

查阅相关书籍、文献等，思考：制定幼儿园课程目标的原则还有哪些？

（三）幼儿园课程目标的表述

幼儿园课程目标的表述涉及两个方面的内容：一是表述的角度，二是表述的性质。

1. 表述的角度

幼儿园的教育活动中包含了教师的"教"和幼儿的"学"这两方面的互动，因此，在表述目标时可以从以下两个角度进行表述。

（1）从教师角度表述。从教师的角度进行表述时，主要是教师期望通过教育活动使幼儿获得的学习结果，指明教师应该做的工作或者应该努力达到的教育效果。在表述教师的"教"时，常用的词语有"鼓励……引导……帮助……使……激发……"等。比如：帮助幼儿主动同周围的人们交往，培养对他人的友爱之情和信赖感；增进幼儿对周围环境的认识；引导幼儿进行画面的欣赏；激发幼儿的家国情怀。

从教师的角度出发表述幼儿园课程目标容易使教师过多地关注自己的"教",而忽略幼儿的"学",因此,大多数人主张从幼儿的角度表述课程目标。

(2)从幼儿角度表述。从幼儿的角度进行表述时,能明确幼儿通过活动后应达到的发展程度,指明幼儿通过学习应该达到的发展。常用的词语有"感受……喜欢……理解……能……"等。比如:根据配图提供的信息,理解故事内容;愿意大胆表达自己的想法,感受自我肯定的自豪感;尝试创编儿歌,大胆地表达自己的想法;积极参与活动,体验在游戏中感知方位的乐趣。

从幼儿的角度出发表述幼儿园课程目标可以促使教师更多地关注幼儿,克服以往教学中教师较多注意自己"教"的行为,从而更多地关注幼儿"学什么"与"怎么学",更加关注幼儿的学习方式和学习效果,促使教师更多地"以学定教"。

2. 表述的性质

不同课程目标有不同的表述方式。前文我们主要分析了三种类型的幼儿园课程目标:行为目标、生成性目标、表现性目标。这三种目标,按照性质来划分可分为两大类目标,即行为目标和一般性目标。

行为目标一般展现的是一些具体、可见的幼儿的外部行为,比如学习到的知识或者技能等,如某美术活动"喜迎国庆"的行为目标之一为"能使用剪刀剪出五角形、长方形等并进行粘贴"。通过可以观察到具体明确的幼儿学习行为的变化,规定大多数幼儿应达到的水平,便于考察评估幼儿的学习结果。

一般性目标是一种较为宽泛、非特定的目标,它描述的一般是幼儿作为学习者通过学习后身心方面的一些变化。它与行为目标有明显的不同,因为行为目标是可以通过观察或者测量发现幼儿的行为变化的,适用于知识、技能方面的学习与考察。但一般性目标却很难通过具体测量发现幼儿行为的变化,适用于情感、态度类的目标。比如"喜欢参加游戏和各种有益的活动,在活动中快乐、自信""乐意与同伴一起扮演故事角色,体验合作表演的快乐"。

总之,确定运用行为目标还是一般性目标是幼儿园课程目标表述的前提条件,对于不同层次的目标在表述过程中,也应用不同的表述方法。对于课程总目标和年龄阶段的目标来说,只能提出目标的大的方向和范畴;而对于单元目标和具体教育活动目标,则需要在表述时清晰、明确、具体,具有可操作性,避免用活动的过程或者方法进行取代。

关键术语

幼儿园课程目标 幼儿园教育目标 行为目标 生成性目标 表现性目标

复习思考

1. 试述各种幼儿园课程目标取向的长处和短处。如何整合?
2. 幼儿园课程目标可分为哪几个层次?课程目标的结构又包括哪些?
3. 从幼儿园课程目标的纵向结构分析,幼儿园课程目标可分为哪几种目标?
4. 制定幼儿园课程目标有哪些原则与要求?如何理解这些原则和要求?
5. 为什么提倡从幼儿角度表述课程目标?
6. 结合《幼儿园教育指导纲要(试行)》《3~6岁儿童学习与发展指南》内容,具体分析幼儿园五大领域目标的课程目标所涉及的结构与表述问题。
7. 某幼儿园采用"五大领域"课程,请画出确定该幼儿园课程目标小班语言活动目标的三维立体模型。

任务 3　幼儿园课程内容的选择与组织

导入情境

在这个知识经济时代，随着新知识、新技术的不断涌现，人们需要学习的内容大量增加，而幼儿"应该学"的东西也比"能够学"的东西要多得多。低生育社会背景下，许多幼儿园教师也遇到了难题：一些家长认为孩子"早起跑早赢""多学些总是好"，于是要求幼儿园教授拼音、英语单词、算术……小学的学科知识。显然，这些家长是不了解哪些内容是适合幼儿的、哪些是不适合的，也不了解从终身发展来看什么对幼儿更重要。那么，到底什么内容最适合幼儿学习？幼儿园课程应该选择哪些内容最有利于实现课程目标，使幼儿达到预期的发展呢？

参与式学习

课程内容是课程目标的最直接的体现，是实现课程目标的手段，指向"应该教什么"的问题。如果将课程目标比作课程的灵魂，那么，课程内容可以比作课程的心脏。

一、幼儿园课程内容的含义与范围

（一）幼儿园课程内容的含义

幼儿园课程内容是根据幼儿园课程目标，有目的地选择各种直接经验和间接经验的知识与活动体系，解决的是"教什么"和"学什么"的问题。对幼儿园课程内容的理解取决于怎样理解课程。关于课程本质的认识，大致上可以分为"学科中心"和"经验中心"两大类，相应对于课程内容也有两种理解。"学科中心"的观点认为课程内容指的是学科中特定的事实、观点、法则等，它们主要体现在教材当中；"经验中心"的观点认为课程内容是指学生通过实际的教学过程和教学环境应该获得的认识、态度、行为方式等，它们存在于学生参与的教学活动当中，存在于教学活动所涉及的问题领域、课题和科目中。

> **拓展阅读 3-4**
>
> **课程内容的不同取向对课程内容选择的影响**[1]
>
> 　　课程内容即教材的取向，将课程内容看作向儿童传递的知识和技能，那么在选择幼儿园课程内容时必然会注重内容的基础性，将经过认真筛选过的基础知识和基本技能编入教学计划、教学大纲和教材。这些基础知识和基本技能在一定程度上反映人类文化遗产中的精华，又是发展中的儿童适应未来社会生活所必需的。
>
> 　　课程内容即学习活动的取向，强调课程与社会生活的联系，强调儿童在学习过程中的主动参与。那么，在选择幼儿园课程内容时，必然注重使课程内容贴近社会生活，使其有益于儿童接触社会、了解社会，并初步学习一些与自身社会生活相贴近的知识和技能。

---
[1] 朱家雄. 幼儿园课程的理论与实践［M］. 上海：华东师范大学出版社，2010：102.

> 课程内容即学习经验的取向，把课程内容看成儿童的学习经验，那么在选择幼儿园课程内容时必然注重课程内容与儿童发展特征相符合，使课程内容通过儿童与环境之间的有意义的交互作用而被儿童同化。这就是说，在选择课程内容时，要充分顾及儿童的兴趣、需要和能力。
>
> 其实，在选择幼儿园课程内容时，课程内容适合儿童发展特征、贴近社会生活以及顾及基础性这三个方面并不矛盾，也不相互排斥，只是不同的教育价值取向在涉及课程内容选择的问题时，以不同的方式平衡这三者之间的关系而已。

幼儿园课程内容是根据幼儿园课程目标和相应的学习经验选择的蕴含或组织在幼儿的各种活动中的基本知识、基本技能行为方式和基本态度[①]。从"基本知识、基本技能行为方式、基本态度"这三个方面来看，既是对幼儿园课程内容在价值上的判断，也是对幼儿认知心理结构认识方面的结果。从幼儿的认知结构方面看，认知过程包含认知、情感、动作技能三个方面。依幼儿的认知发展规律来看，幼儿园课程内容要将知识、行为、态度三个方面整体纳入其中，这样才能缺一不可，涵盖面上才会更加完整，才能进一步促使幼儿健康、和谐、全面的发展。

（二）幼儿园课程内容的范围

所谓幼儿园课程内容的范围指的是幼儿园课程内容的基本要素或基本组成部分课程。基本内容是根据幼儿园课程的目标和相应的学习经验，选择并组织在幼儿的各种活动中的基本知识、基本技能行为方式、基本态度。

1. 有助于幼儿发展的基本知识[②]

知识是人类智慧和文化的结晶，具有多种价值。它不仅是行为、能力提高的基础，还是情感、态度获得的基础。对于幼儿，如果拥有了知识就能更好地认识自己的生活环境，进而保证自己的健康成长。因此，无论在怎样的情况下，都不能否认基本知识在课程内容中的重要意义。

对于"基本知识"，北京师范大学冯晓霞教授在《幼儿园课程》一书中这样阐述[③]：

生命活动必需的知识，如与幼儿的健康、安全有关的知识；有利于幼儿解决基本的生活、交往问题的知识，如基本的社会行为规则、规则的意义等。

帮助幼儿认识自己生活环境的知识，如自然和社会环境中常见事物的名称、属性、幼儿能理解的事物之间的关系和联系等。

为今后学习系统的学科知识打基础的知识，比如基本的数、量、形、时间、空间概念等。

为成长为未来社会的高素质公民奠基的知识，如简单的环保知识等。

在对待基本知识的时候，需要克服这两个极端倾向：一是忽视知识的教育，不能不考虑幼儿应该学习哪些必要的知识和怎么有机地组织知识，以及如何培养他们的知识迁移和运用能力；二是不能过分注重知识的作用，将知识的难度、深度提到不恰当的程度等，给幼儿在学习方面带来巨大的

---

① 虞永平. 学前课程价值论［M］. 南京：江苏教育出版社，2002：196.
② 王春燕. 幼儿园课程概论［M］. 北京：高等教育出版社，2007：70.
③ 冯晓霞. 幼儿园课程［M］. 北京：北京师范大学出版社，2000：51.

压力，致使幼儿丧失学习的兴趣和信心。总之，对于有助于幼儿发展的基本知识，并不是由成人将这些基本知识灌输给幼儿，而是成人作为引导者、支持者、合作者等角色引导幼儿进行学习。

2. 有助于幼儿发展的基本技能行为方式

人类的活动中，无外乎生产劳动、社会交往、科学实验等几种基本类型，在每一类活动中都有着各自的基本方式或者基本方法。这里的基本行为指的是关于基本活动方式、方法的知识和经验。有助于幼儿发展的基本行为，其根本在于使幼儿活动有益的基本方式、方法。在幼儿园的一日生活中，包含游戏、观察、谈话、探索等活动，每种活动中都包含着一些基本的方式、方法、技能与技巧，如社会交往的技能、语用技能、解决问题的技能。因此，掌握基本的活动方式、方法，自然有利于幼儿的日常生活顺利进行。

3. 有助于幼儿发展的基本态度[①]

态度是指对人、对事、对己的一种倾向性，它构成行为的动机，从而影响人的行为。态度是伴随着活动过程而产生的体验，它的形成更多是潜移默化的结果，属于隐性课程的范畴。态度可以通过环境的同化作用、经验的情绪效应、理智分析获得。同时，态度也是学习的驱动器，良好的态度能积极促进幼儿学习知识、增强能力、获得适宜的行为方式。因此，在幼儿园课程内容中，我们有必要考虑那些有助于幼儿发展的基本态度。在活动过程中，捕捉那些有利于幼儿发展的基本态度，将其纳入隐性课程内容和显性课程内容中，通过两者的相互补充，将基本态度的相关内容贯穿于幼儿园的课程内容之中。

📖 **拓展阅读 3-5**

七步洗手法

幼儿知道要用香皂洗手，保持双手卫生，维护身体健康（基本知识）；在教师的引导下，逐步掌握了七步洗手法；长此以往，幼儿在没有教师的监督下，也能认真、规范地洗手，并监督其他同伴正确及时洗手（基本技能行为方式）；幼儿花花由于每次都能认真安静地洗手，多次得到教师和同伴的奖励，非常开心、自豪，也越来越自信（基本态度）。

二、幼儿园课程内容的选择

1. 目标性原则

课程内容应该与教育目标相符合，满足幼儿全面发展的整体需要。课程内容的选择是为了更好地实现教育目标，在选择课程内容时应该考虑：选择这个内容是为了实现哪一个或者哪几个教育目标？这一内容还可能指向哪些教育目标？还有比这一内容更能促进相关教育目标实现的内容吗？为幼儿选择学习内容，要考虑其对教育目标的意义；同时，还要考虑在促成各领域目标的达成方面取得一种平衡，以利于幼儿健康、和谐地发展。如何去落实课程内容选择的目标性原则？具备目标意识，正确理解目标与内容的关系，思考目标达成所需要的"关键学习经验"，才能符合选择幼儿园课程内容的目标性原则。

[①] 王春燕. 幼儿园课程概论［M］. 北京：高等教育出版社，2007：70.

2. 适宜性原则

适宜性原则是选择幼儿园课程内容最基本的原则。选择课程内容首先必须考虑的是课程学习的对象，对幼儿园课程而言，即3～6岁的幼儿，因此课程内容必须适合幼儿的心理发展水平和学习特点。适合，并不是迁就幼儿现有的发展水平，而是符合幼儿的最近发展区。通过该种课程内容的学习，能促进幼儿身心发展由现有的水平向更高水平进步。遵循这一原则，还需要考虑幼儿的个体差异，在了解幼儿一般发展水平的基础上，还要细心观察，了解每一个幼儿的现有发展水平，针对不同的幼儿特点，选择课程内容，做到因材施教。

3. 基础性原则

基础性原则要求课程内容的选择应该是幼儿所必需的和有效的。幼儿园课程内容应立足于幼儿基础素质的全面发展，并为其一生的可持续发展奠定坚实的基础。判断所选课程内容是否符合基础性原则，在于课程内容是否与幼儿现实生活、学习有直接联系；是否必须在现阶段学习；是否为文化或人类知识中的最基本成分；是否具有最大的应用性和迁移性等。

4. 兴趣性原则

对于幼儿来讲，兴趣性原则是基于其学习成效的一种考虑。在幼儿园课程内容选择过程中，关注幼儿的兴趣应引起课程设计者的广泛注意。如果学习活动是幼儿感兴趣的，他们会兴趣盎然、不知疲倦；如果幼儿不是那么感兴趣，则会注意力不集中、没精打采。兴趣性原则促使我们必须关注幼儿的兴趣和需要，从幼儿感兴趣的事物中寻找富含教育价值的内容。比如"我和我的影子朋友"这一活动，教师在一次观察中发现，幼儿对自己的影子产生了兴趣，于是就在集体活动中组织实施了有关"影子"的活动。由于符合幼儿的兴趣，因此幼儿在活动中认真体验、探索，积极投入，产生了很好的活动效果。因此，在选择幼儿园课程内容的过程中，从幼儿感兴趣的事物、事件中寻找富含教育价值的内容，凸显出兴趣性原则，使幼儿自然而然地喜欢课程内容。

5. 生活化原则

在选择幼儿园课程内容时，着眼于幼儿的生活实际，让幼儿在他们在意的生活点滴中进行活动和思考，并获取直接经验，进而获得在基本态度、基本行为方面的发展。比如在"鸡蛋的沉与浮"这一活动中，幼儿观察日常生活中常见的鸡蛋在两个不同瓶子中一沉一浮的特点，通过假设、动手操作、验证等活动，最终发现科学探索中的乐趣。因此，在选择幼儿园课程内容时，应尽可能地从幼儿的实际生活中寻找合乎目标的内容，让幼儿在亲身感受、自然学习中整理和提升经验，从而促使他们进一步发展。

6. 整合性原则

幼儿园的教育内容是全面的、启蒙性的，可以相对划分为健康、语言、社会、科学、艺术五大领域，各领域的内容相互渗透，从不同的角度促进幼儿情感、态度、能力、知识、技能等方面的发展。幼儿是一个完整的个体，课程内容的选择也要注意将不同内容进行整合。在选择和确定内容时，要综合考虑各领域对幼儿某方面发展的特殊教育作用及其对诸方面发展的一般作用。例如，集体教学活动"水的沉浮"是科学领域的教学活动，但活动的顺利开展需要的已有经验与活动开展后带给幼儿的影响一定是综合的、跨越多个领域的。在选择课程内容时要考虑各领域内容安排的平衡性，而不要盲目地偏重某一领域；应努力使同一领域中不同方面的内容、不同领域的内容、先后学习的内容之间产生有机的联系，从而使课程内容从零散变成整合。

实践活动

搜集中华民族重要历史人物、传统节日、节气与风俗、发明发现、特色技艺等在幼儿园课程中的具体运用，深入理解幼儿园课程内容的文化属性。

三、幼儿园课程内容的组织

幼儿园课程内容选择完成后,接下来就要对内容进行组织,通过有效地组织产生适应幼儿学习特点和身心发展规律的课程内容的呈现方式,以高效地实现课程向幼儿的学习经验转化。

(一)幼儿园课程内容组织的含义

幼儿园课程内容的组织是指创设良好的课程环境,使幼儿园课程活动兴趣化、有序化、结构化,以产生适宜的学习经验和优化的教育效果,从而实现课程目标的过程[①]。

组织可以使分散的事物系统化、整体化。简单地说,幼儿园课程内容的组织指对幼儿将要获得的知识技能、学习经验及各种心理体验的排列和组合的方式。课程内容的基本要素涉及幼儿的学习环境、教师的目标与价值观、幼儿的学习经验。课程内容的组织应该包括静态的组织和动态的组织。早在20世纪四五十年代,就课程内容的组织问题,泰勒曾提出过三个基本准则:连续性、顺序性和整合性。连续性是指课程内容如何直线式地陈述;顺序性是指课程的后继内容如何既以前面内容为基础,又为以后的内容打下基础;整合性是指各种课程内容之间的横向联系。

(二)幼儿园课程内容的组织方式

在涉及幼儿园课程内容的组织时,必然会涉及这三个基本组织方法:论理组织与心理组织;纵向组织与横向组织;直线式组织与螺旋式组织。其中,论理组织与心理组织是基本方法。课程内容是按逻辑顺序组织还是按心理顺序组织,或许是教育史上争论最激烈的课程问题,也是所谓的"传统教育"与"新教育"的最大分歧所在。

1. 论理组织与心理组织

论理组织指的是根据学科本身的系统及其内在联系组织课程内容的方式;心理组织指的是以适合幼儿心理特点的方式组织课程内容,这两种组织方式的选用一直都有争议。主张以逻辑顺序方式组织课程内容者,强调学科本身的逻辑顺序,较少考虑这种逻辑顺序与幼儿的联系;主张以心理顺序方式组织课程者,强调根据幼儿发展特点以及幼儿的兴趣、需要和能力组织课程,较少考虑学科逻辑顺序。

在幼儿园课程编制中,无论是按逻辑顺序组织课程内容,还是按心理顺序组织课程内容,都存在困难和问题。迄今为止,人们对许多学科的基本结构的认识尚缺乏深度,即使是学科专家,也很难就某一学科本身的逻辑顺序达成一致的意见,因而按照学科逻辑顺序组织的课程内容往往会出现知识排列不统一,甚至大相径庭的情况,自然也就影响接下来的课程实施。根据幼儿心理特征组织课程内容的方法存在更多问题,不仅因为人们对幼儿一般性的心理特征认识不够深入,还因为每个幼儿都是一个独立的个体,都有其独特性,课程内容要适合每一个心理特征各不相同的幼儿也就更为困难。这两种方法各有优劣,要互相取长补短才能达到和谐统一,因此,两者的融合常常是幼儿园课程内容组织的一种做法。

实践活动

根据已制定的"我爱上幼儿园"单元活动目标,结合幼儿的身心发展特点,尝试选择适宜的课程内容与组织方式,并尝试进行活动组织。

[①] 冯晓霞. 幼儿园课程[M]. 北京:北京师范大学出版社,2000:72.

2. 纵向组织与横向组织

纵向组织以先后顺序排列课程内容，从简单到复杂，从具体到抽象。纵向组织强调知识和技能的层次性。它根据幼儿的学习特点，课程内容由浅入深、由易到难、由简单到复杂等方式进行组织，逐渐递进，依次推开。横向组织指的是通过"广义概念"组织课程内容，即打破传统的知识体系，使课程内容与幼儿已有经验连为一体。横向组织强调的则是各种知识的融合，强调知识的运用，强调知识与幼儿成长的联系。

在幼儿园课程中，纵向组织与横向组织课程内容的做法都很常见。纵向组织方式强调知识和能力的层次性，即以较简单、具体的知识为基础教授幼儿较为复杂、抽象的知识，这种方式有益于从简单到复杂、从具体到抽象的过程的依次推进。横向组织强调的是各种知识的融合，强调知识的运用，强调知识与幼儿成长的联系，而不是知识本身，这种组织方式似乎与学龄前幼儿的发展特征和学习方式更接近。

3. 直线式组织与螺旋式组织

直线式组织指的是将课程内容组织成一条在逻辑上前后联系的直线，使前后内容互不重复；螺旋式组织指的是在不同的阶段，课程内容会重复出现，但是这些重复出现的内容在深度和广度上都有所加强。以幼儿园非常经典的科学探索活动"水的沉浮"为例，在小、中、大三个不同的年龄班都可以开展此活动，在不同的年龄班，具体的活动目标的难度有所递增、活动材料更加丰富，且活动过程和幼儿的表达方式更多元。直线式组织与螺旋式组织对幼儿思维方式有不同的要求，前者要求逻辑思维，后者要求直觉思维。幼儿的思维是以具体形象思维为主的，因此幼儿园课程内容的组织一般较多采用螺旋式组织方式。这种组织方式在"综合教育""单元教学""方案教学"等许多幼儿园课程类型中都能看到。但是，在"分科教学"等一些课程类型中，也可以明显地看到直线式组织课程内容的痕迹。

直线式组织与螺旋式组织各有长短，直线式组织有益于幼儿逻辑性地思考问题，而且对于一些接受性知识和技能的传递具有较高的效能。螺旋式组织有益于幼儿在与环境交互作用的过程中逐步获得经验，有益于幼儿创造性思维的发展。在幼儿园课程内容组织过程中，这两者也可以根据需要而相互结合，取长补短。

（三）不同组织方式下的幼儿园课程类型

以课程哲学观为基础对课程的组织方式进行分类，可以将所有的课程分为学科课程、活动课程、核心课程。在幼儿园课程中，常见的是前两类课程。

1. 学科课程

学科课程强调按知识内在性质及其内在结构组织课程内容。学科课程认定，学科是传递知识和技能的最为有效的方式，能以最为系统、最为经济的和最为合理的方式为儿童提供社会文化遗产。学科课程通常是一种以论理组织法来组织幼儿园课程内容的方式，这种课程内容的组织方式往往是以学科专家对学科本身的理解而确定的。在幼儿园课程中，分领域的教育就是一种典型的学科中心课程，但也有一些课程将不同领域进行整合，最终形成带有综合性的学科课程。

2. 活动课程

活动课程，又称儿童中心课程。活动课程关注的不是学科，而是儿童，强调根据儿童的兴趣、需要和能力组织课程内容。课程内容的组织以儿童为中心，通常是一种以心理顺序组织幼儿园课程内容的方式。而且内容可以根据儿童兴趣和需要的变化而变化。"综合主题教育""方案教学"等许多幼儿园课程都带有相当的以儿童为中心倾向的色彩。

3. 核心课程

核心课程围绕社会问题来组织课程内容，其目的在于通过课程让儿童获得完整的生活经验，增强儿童对社会生活的适应性。核心课程打破学科界限，重视系统完整知识的获得与儿童实际生活经验之间达到平衡。

一般来说，学科课程偏重知识体系，活动课程侧重心理发展的需要，核心课程则以问题为中心贯穿幼儿的经验。目前我国幼儿园课程类型基本呈现混合型状态。

关键术语

课程内容　儿童中心　学科中心　整体性　生活化　主体性　游戏性　基本知识　基本技能　行为方式　基本态度

复习思考

1. 结合具体实践案例，谈谈你对幼儿园课程内容及其范围的理解。
2. 如何选择幼儿园课程内容？
3. 举例说明幼儿园课程内容的选择是如何与课程目标取得一致的。
4. 什么是幼儿园课程内容组织？幼儿园课程内容的组织原则有哪些？
5. 结合幼儿园课程内容组织实际，对幼儿园课程内容的组织方式进行分析。
6. 阅读《学记》中的相关章节，分析《学记》中在课程组织方面的教育教学智慧。

任务 4　幼儿园课程实施

导入情境

阳光明媚的一天，中班幼儿嘟嘟正在给好朋友跳跳分享自己周末野餐的场景，他们兴高采烈地讨论着。老师捕捉到幼儿对野餐活动的兴趣，于是，引导幼儿深入探讨起来："你们想在幼儿园玩一场营地活动吗？"在得到幼儿肯定的回答后，老师继续追问："玩营地活动，选择什么地点合适呢？""需要准备什么材料呢？""谁来准备这些材料呢？""营地活动时，我们可以玩什么呢？"……这些问题让幼儿的讨论更加激烈。

教师敏锐地捕捉到了幼儿的兴趣点，以此为出发点，开启了属于幼儿的成长课程。接下来，我们将一起学习幼儿园课程实施的含义与取向、原则与策略、途径。

参与式学习

幼儿园课程实施是帮助幼儿获得经验、达成课程目标的过程。所有课程理想只有落实到课程实施中，才可能真正转化为儿童发展。在幼儿园课程体系中，幼儿园课程目标回答了"为什么"的问题，幼儿园课程内容回答了"是什么"的问题，在此基础上，幼儿园课程实施需进一步解答"怎么做"的问题，也就是将静态的幼儿园课程转变为动态的实施过程，实现从理论到实践的跨越，从而达到预期的发展目标。换言之，就是在回答理想的课程目标、内容与现实的实施过程之间的转换过程，这一过程要求课程实施者做出一系列调整，包括对个人习惯、行为方式、课程重点、学习空间、课程安排等进行一系列的重新组织。

一、幼儿园课程实施的含义与取向

（一）幼儿园课程实施的含义

幼儿园课程实施是指把一项课程计划付诸实践的过程。换言之，幼儿园课程实施指把静态的课程方案转化为动态的课程实践的过程，是教师以课程方案为依据组织幼儿活动的过程。它是达到预期课程目标的基本途径。幼儿园课程实施的本质是一个课程的"再设计"过程，是教师富有创造性的劳动。

美国著名课程论专家古德莱德区分了课程的五个层次，分别是观念层次的课程、社会层次的课程、学校层次的课程、教学层次的课程、体验层次的课程，更加深入地解释了课程实施问题。古德莱德认为，处于不同层次的课程，其含义是不一样的。观念层次的课程和社会层次的课程属于课程计划，处于课程采用阶段，而学校层次的课程、教学层次的课程和体验层次的课程则进入课程实施阶段。古德莱德的课程层次理论不仅拓展和深化了对课程变革含义的理解，而且更新了传统的课程概念。课程改革不仅包括制订和采用的课程计划，更根本的还在于课程实施过程。课程概念不仅指各种各样的课程资料，更根本的还在于教师和儿童的经验和体验。

（二）幼儿园课程实施的取向

课程实施的取向是指对课程实施过程本质的不同认识以及支配这些认识的相应的课程价值观。课程实施的取向集中表现在对课程计划与课程实施过程的关系的不同认识上。根据国内外课程学者的归纳，课程实施有三个基本取向，分别是忠实取向、相互适应取向、创生取向。

1. 忠实取向

忠实取向是课程实施研究最初的也是主流的取向。课程实施的忠实取向认为，课程实施过程即课程实施者忠实地执行课程计划的过程。评价课程实施效果的基本标准是课程实施过程实现预定的课程计划的程度。

课程实施的忠实取向就像是建筑施工：课程计划即一张建筑的设计图纸，设计图纸要对如何施工作出非常具体的规定和详细的说明，如建筑用材是什么、尺寸如何、用时多久等；课程实施则是工人具体的施工过程。建筑图纸一旦确定，建筑工人就要忠实于图纸，严格按照图纸的规定或说明来施工。施工的质量是根据实际施工与设计图纸之间的吻合程度来判断。显然，在课程实施的忠实取向者看来，课程在教育实践情境中是被忠实实施的对象，而不是被修改和重新创造的对象。教师则是课程专家所制订的课程计划的忠实执行者。教师应当按照专家对课程的"使用说明"，按部就班地实施教学。忠实取向下的课程实施，幼儿被孤立于课程实施之外，幼儿在实施过程中生成的新的兴趣点和需要则可能被"忠实的实施者"置若罔闻。从理论上，忠实取向的课程实施能够将课程计划付诸实践，但同时也受限于课程计划的科学性与实效性。课程专家、教育行政人员等所制订的课程计划在实施过程中真的能满足幼儿的真实需要吗？它是幼儿喜闻乐见、愿意吸收的吗？这些是值得进一步思考与讨论的问题。

2. 相互适应取向

随着课程研究的推进，人们发现，课程的实施过程与其说是预定模式的径直实现过程，不如说是一种"讨价还价"的过程。当实践者采用一项课程变革计划之后，他在实施过程中总是试图对既定方案加以改变，以适合自身的目的。

课程实施过程总是课程规划者与课程实践者之间相互适应的过程。鉴于此，美国课程学者伯曼（P. Berman）和麦克劳林（M. McLaughlin）在20世纪70年代中期最先提出"相互适应"的理念。麦克劳林这样写道："……课程计划本质上要求实施过程是应用者与学校情境之间的相互适应过程——即具体项目的目标和方法是由参与者本人最终加以具体化的。"课程实施的相互适应取向认为，课程实施过程是课程计划与班级或学校实践情境在课程目标、内容、方法、组织模式诸方面相互调整、改变与适应的过程。

如果说课程实施的忠实取向类似工程师设计图纸，工人执行图纸，那么课程实施的相互适应取向就像是一场球赛：课程计划是一场球赛的举办方案，这个方案是赛前由教练与球员协商制订的；课程实施则是球赛进行的过程。尽管，赛前球队制订了完美的作战计划，球员要贯彻事先制订好了的打球方案，而完成这项方案的具体细节则主要由球员来处理的，球员需要根据赛场上的具体情况随机应变，做出明智的反应，以应对未曾预料到的情况。

相互适应取向下的课程实施是人与人之间相互理解、相互作用的实践活动。该取向中的教师则是主动的、积极的，而不是被动的执行者。教师需要考虑到课程实施的具体情境以及幼儿的主观能动性，进而对预定的课程方案进行积极、理智、有效的改造，从而使课程计划更能适合具体实践情境的需要，满足课程实施成功的基本保证。幼儿也不再是课程实施中等待被加工的对象，而是可以被感知、被考虑的个体。

3. 创生取向

创生取向是一种新兴取向，这种取向认为真正的课程都是由教师和儿童共同打造，课程实施的本质是在具体的教育情境中创生新的教育经验的过程。

对于课程创生取向的研究主要围绕以下问题展开：一是创生什么样的经验？二是这些经验是否由教师和儿童共同创生？三是在课程实施过程中怎么创生教育经验？四是课程资料、程序化教学策略、各级教育政策、儿童和教师的性格特征等外部因素对创生的课程有怎样的影响？五是实际创生的课程对于儿童有怎样的影响？从这些研究问题中可以看出，创生取向的研究重心已经转移到对教师和儿童的关注，对实际教育情境中教育经验的创造过程的关注，相对于忠实取向和相互适应取向，又有了很大的进步。

课程实施的创生取向认为课程的计划仅仅是课程的资源，课程的实施是教师和儿童联合创造教育经验的过程。课程计划可以被看作乐谱，课程实施则是对作品的演奏。同样的乐谱，每一个演奏家都有不同的体会，从而也有不同的演奏，效果是大不相同的。

创生取向下的课程实施具有以下特点：①课程实施是一个持续创造的过程，指向人的解放。②教师是课程实施的主体。教师在课程实施中的需要、兴趣、价值观、经验和教学能力可以得到发挥。③幼儿是课程实施的主体。幼儿在课程实施过程中有自己的精神世界、价值取向和活动范围。教师是课程的开发者，是对解放理性的追求。

4. 三种取向的关系

课程实施的忠实取向、相互适应取向、创生取向是一个不断发展的连续体，如图3-6所示。

连续体的一端是"计划的课程"，对应于课程实施的忠实取向。忠实取向把课程变革视为忠实地、一丝不苟地实现"计划的课程"的过程，因此，"计划的课程"成为课程实施的唯一标准和尺度。忠实取向研究的基本内容是精确测量课程计划的实现程度，并确定影响课程按预定计划实施的因素，从而为忠实地实施"计划的课程"提供决策。

连续体的另一端是"创生的课程"，对应于课程实施的创生取向。创生取向把课程变革视为变革的参与者（儿童与教师）的个性变化、发展与成长的过程。因此，个性发展才是课程实施的

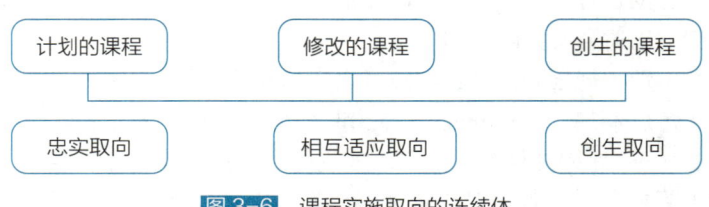

图3-6 课程实施取向的连续体

标准。课程实施的过程是教师与儿童共同创造适合其个性发展需要的积极的教育经验的过程。预定的课程计划不过是课程创生过程的资源之一，只有经过师生的共同解释，转化为真实体验到的教育经验的时候，它才有意义。具体教育情境中的教师和儿童是课程变革的核心和主体。创生取向研究的基本内容是运用"质的研究"的方法论理解课程创生过程的实质，为课程实施过程中个性的发展和主体的解放提供指导。

连续体的中间是"修改的课程"，对应于课程实施的相互适应取向。相互适应取向把课程变革视为变革的计划者与执行者相互改变、相互适应的过程，因此，根据特殊情境的需要把"计划的课程"变为"修改的课程"是成功的课程实施的基本要求。具体实践情境之外的课程专家及行政人员与具体实践情境中的教师共同推动着课程变革的进行。相互适应取向研究的基本内容是探讨课程变革得以发生的教育情境及社会情境中的诸多教育问题和因素，以把握相互适应过程的深层机制。显而易见，课程实施的相互适应取向兼容了忠实取向和创生取向的因素，是两种取向的中介。相互适应取向本身的研究观点因而也是复杂的，有些偏向于忠实取向，有些则偏向于创生取向。

从忠实取向到相互适应取向，再到创生取向，意味着课程变革从追求"技术理性"到追求"实践理性"，再到追求"解放理性"，体现了课程变革的发展方向。尽管三种取向各有其存在价值和局限性，但三种取向间的层次性是不容否认的。衡量课程变革成败的基本标准是看教师和儿童的主体性是否获得解放、教师和儿童的个性是否发生理想的发展与变化。这种课程变革观体现了时代精神，是未来课程改革的发展方向。

实践活动

实地观摩幼儿园课程实施的方式，分析相互适应取向和创生取向的实践情况。

二、幼儿园课程实施的原则与策略

（一）幼儿园课程实施的原则

1. 适宜性原则

幼儿园教育的对象是各方面都处于发展中的幼儿，其对于活动内容的理解水平、接受程度受其发展水平制约，因此幼儿园课程实施过程中必须充分考虑幼儿的年龄特点、学习特点、发展水平和情感需要，以最适合幼儿特点的方式开展教育活动。

2. 渗透性原则

幼儿园课程领域有这样一种思想主张，"一日活动皆课程"，也就意味着课程应有机融入幼儿的一日生活的各个方面，在幼儿的一日生活中自然进行。幼儿园课程内容之间相互渗透，无论是五大领域课程还是主题课程，其目标、内容、实施和评价都是相互渗透、相互融合的，不能孤立进行。幼儿园课程实施无处不在、无时不在，作为幼儿园课程实施的主体之一，幼儿园教师要善于捕捉教育契机，开展教育活动。

3. 发展性原则

幼儿教育的最终目的是为幼儿提供发展的途径，使幼儿既获得当前的发展，又有利于幼儿的长远发展。当然，发展不仅仅指知识的丰富，还包括能力的提高、情感态度的改善以及良好行为习惯的培养。幼儿园课程实施是实现幼儿发展目标，促进幼儿园教师专业能力提升，进一步提高园所质量水平的必经之路。因此，课程实施要始终贯彻发展性原则。

4. 参与性原则

在幼儿园课程实施过程中，要注重幼儿、教师、家长、社区等多方主体的协同参与，将家长资源、社会资源、同伴资源等多种教育资源纳入幼儿园教育活动中，丰富课程内容，通过多种途径和策略调动幼儿的主体参与性和活动积极性，促进幼儿经验增长，提高课程实施的过程性质量。

（二）幼儿园课程实施的策略

《幼儿园教育指导纲要（试行）》指出，"教育活动的组织与实施过程是教师创造性地开展工作的过程。"新的课程理念提倡教师不再是简单地"教教材"，而是要"用教材教"，这并不意味要完全摒弃直接教学，而是在了解幼儿学习特点和学习方式的基础上，根据教育情境灵活调整，综合使用直接教学、间接教学和支架式教学，以适应幼儿发展。

1. 直接教学

直接教学是指教师直接、明确地传递教育意图，以教师的口头讲述知识为主，是一种明确、简洁、有序、迅速的策略。幼儿由于缺乏知识经验，需要教师按照一定的教育目标和人才培养要求，选择有价值、有意义的间接经验，将其按照特定的逻辑和方式组织起来，传递给幼儿，帮助幼儿快速汲取优秀文化。因此，直接教学一般是教师单向线性地向幼儿传递经验，幼儿在其中的学习基本是一种接受式学习。例如，在中班健康领域活动"保护牙齿"中，幼儿园教师借助信息化手段，向幼儿介绍什么是龋齿，为什么会有龋齿，在帮助幼儿建立对于龋齿的正确认知的基础上，萌发幼儿对于保护牙齿重要性的认识。

直接教学一般适用于人类优秀文化传统的教育，社会的观念、行为规范、约定俗成的规则，必需的社会秩序或概念，与健康生活有关的安全卫生等常识，周围环境的有关知识，一些技能的传授等方面。

幼儿学习的主要方式包括观察学习、体验学习、操作学习、交往学习。学习的主要特点表现为以无意学习为主，以兴趣引导和直接经验为主。直接教学主要是教师借助口头语言进行讲解，不太符合幼儿的学习特点和学习方式，也较难发挥幼儿的主体性。但不可否认的是，直接教学法在幼儿教育中是必要的，幼儿园教师在运用此策略和方法时，要注意把握直观性原则。

2. 间接教学

间接教学是指教师通过适当的中介，迂回地传递教育意图的一种探究式教学方式。教育意图不直接通过教师，尤其是不直接通过教师的语言而借助于教学环境的中介作用传递给幼儿，是间接教学的最大特点。间接教学中幼儿的学习方式以发现学习为主。

在间接教学中，幼儿可能意识不到教师的意图，感觉不到"学习任务"，但只要他们进入了教师精心创设的教学环境，在其中游戏，主动而自主地操作、探索、交往，就会于不知不觉中获得教师希望他们获得的学习经验，向着教育目标规定的方向发展。这种方式使教育十分接近幼儿的生活，甚至与幼儿的生活完全融合在一起，因此显得特别自然。在这种情况下，无意学习、发现学习是幼儿运用的主要学习方式。

间接教学经常借助的中介环境有两类：物质环境和人际环境。以物质环境为中介，主要表现为把教育意图客体化为幼儿可以直接接触、摆弄、操作的材料环境中的物质材料，并提供适宜的活动空间，诱发幼儿与物质环境的互动，通过各种活动使幼儿获得关键性的学习经验，以达到预期的教育效果。以人际环境为中介，主要表现为把每个幼儿、每位成人都既视为学习的主体，又视为教育的资源。交往中，每个人的行为都可以被他人认识、理解，每个人也都可以认识、理解他人；每个人都可以形成对他人及其行为的看法、态度，每个人也都可以感受到他人对自己的看法、态度。与此同时，幼儿逐渐获得一些基本的社会态度、社会知识、社会技能，形成对人、对事、对己的正确态度和行为方式。

应当注意，以物质环境为中介和以人际环境为中介的手段不是截然分开的，实践中它们常常交织在一起，并相得益彰，创造出 1＋1＞2 的效果。比如，为了培养幼儿团结、合作的优良品质，教师就可以在活动区投放一个人玩不起来、需要几个人合作才可以玩的玩具和材料，让幼儿通过游戏、操作，感受合作的意义，体验合作的快乐。

间接教学虽然比较符合幼儿的学习方式和特点，有利于幼儿的主动学习，但它也有明显的不足：幼儿通过这一方式进行的学习往往费时费力，所获得的经验一般也比较零碎、表面，甚至会产生错误的认识，学习的有效性难以保障，因此教师的引导是非常重要的。但这种引导对教师的要求很高，比直接教学困难得多。一旦教师不能把握好引导的"度"，间接教学就可能会走向两端，要么放任自流，要么高度控制，难以取得理想的效果。

为了弥补间接教学的缺陷，一方面需要与直接教学进行适当的结合，另一方面需要提高教师的引导策略。

3. 支架式教学

支架（scaffolding）是建筑业中的一个术语，也称脚手架或鹰架，指的是搭在正在修建的建筑外围的一种结构物，其作用在于为建筑工人提供一种站立的平台，使他们能逐层地去建房屋。建构主义者正是从维果茨基的思想出发，借用建筑行业中使用的"脚手架"作为上述概念框架的形象化比喻，其实质是利用上述概念框架作为学习过程中的脚手架。如上所述，这种框架中的概念是为发展儿童对问题的进一步理解所需要的，也就是说，该框架应按照儿童智力的"最近发展区"来建立，因而可通过这种脚手架的支撑作用（或者说"支架作用"）不停顿地把儿童的智力从一个水平提升到另一个新的更高水平，真正做到使教学走在发展的前面。

在理解"支架"的基础上，什么是支架式教学便可迎刃而解。支架式教学法是基于建构主义学习理论提出的一种以儿童为中心，以培养儿童的问题解决能力和自主学习能力为目标的教学法。该教学法是指一步一步地为儿童的学习提供适当的、小步调的线索或提示（支架），让儿童通过这些支架一步一步攀升，逐渐发现和解决学习中的问题，掌握所要学习的知识，提高问题解决能力，成长为一个独立的学习者。

幼儿园支架式教学的五个环节如下。

第一步：搭建支架。围绕当前幼儿正在探究的问题或学习的内容，根据"最近发展区"的要求确定幼儿有可能达到的发展水平——在现有基础上，幼儿即将获得的经验和能力。

第二步：进入情境。将幼儿引入一定的问题情境中，并提供可能获得的工具或解决问题的线索，引导幼儿进行探索。

第三步：独立探索。在幼儿独立探索过程中，教师要适时加以提示，但要注意，教师的引导应逐渐减少，以使幼儿最后自己能凭借自己的能力获得经验、解决问题和完成任务。

第四步：协作学习。引导幼儿一起进行小组协商、讨论，在共享集体思维成果的基础上，达到对当前所学经验比较全面、正确的理解，最终完成对所学知识的意义建构。

第五步：效果评价。包括幼儿个人的自我评价和学习小组对个人的学习评价。评价内容包括：①自主学习能力；②对小组合作学习所做出的贡献；③是否完成对所学知识的意义建构。

三、幼儿园课程实施的途径

幼儿园一日活动中的教育活动是完成课程目标或促进幼儿身心全面发展的基本途径，主要包括幼儿园生活活动、游戏活动、教学活动、环境创设、家园沟通与合作。

（一）幼儿园生活活动

1. 幼儿园生活活动的含义

生活活动是满足幼儿基本生理需要和生活常规的活动，是教师专门组织的教学活动、游戏活动以外的幼儿在园的所有活动，具体包括入园、进餐、盥洗、喝水、睡眠、如厕、离园等基本生活需要的生活活动。

2. 幼儿园生活活动的教育价值

生活活动是幼儿园课程实施的重要途径之一。首先，生活活动满足了幼儿吃、喝、睡、运动等基本的生理需要，促进幼儿身心健康发展。其次，幼儿的年龄特点和身心发展水平决定了生活本身就是幼儿的学习内容。幼儿在一日生活活动环节习得了基本的生活能力，包括生活自理能力、良好的文明卫生习惯等，这些都是幼儿成长和发展的重要组成部分，能够帮助幼儿增强自信心，获得安全感。尽管很多生活能力可以借助专门的教育活动培养，但只有在真实的生活中操练和巩固，才能转化为幼儿真正的生活能力。最后，生活活动中也蕴含了宝贵的教育价值。如在进餐环节，幼儿不仅掌握了自己吃饭、取放餐具等生活能力，还从教师的介绍和引导中认识了各种食物的名称和营养价值，同时也习得了文明的进餐礼仪，这样就充分挖掘了蕴含在进餐环节的教育价值。此外，在日常生活与常规性活动中，幼儿与幼儿之间、幼儿与成人之间交往频繁，有交往就有语言的运用，就必须遵守交往的规则。在这个过程中，幼儿的语言能力、社会交往能力都得到了提高和锻炼。

3. 幼儿园生活活动的实施要点

生活活动蕴含多方面的教育价值，因此，幼儿园教师要科学组织、真正发挥其价值。在组织和实施过程中要把握以下原则。

（1）保教并重。保教并重是一个整体概念，"保"和"教"是教育整体的不同方面，同时对幼儿产生影响，在生活活动中也要坚守保教并重，不可厚此薄彼。

"保"就是保护幼儿的健康。健康的含义十分广泛，有身体方面的，有心理方面的，还有社会方面的。身体方面包括预防疾病，加强营养和锻炼，使幼儿有健康的体魄；心理方面是指培养幼儿良好的情绪，注重其健康、积极的情感培育；社会方面是指培养幼儿探索环境、适应社会的能力，同时还要培养幼儿良好的交往能力，使幼儿不仅有与他人交往的勇气，又掌握与他人交往的技巧。

"教"即幼儿园的教育教学，这是按照体、智、德、美、劳的要求，有目的、有计划地对幼儿进行全面发展的教育。例如：帮助幼儿养成良好的生活习惯（如饮食、睡眠等）；传授幼儿知识经验，发展他们的智力、语言及社会适应能力；培养幼儿积极的情感和良好的个性品质。幼儿园教育具有不同于中小学的特殊性，要从幼儿的年龄特点的能力需要出发，加以组织安排。

（2）室内和室外交替。《幼儿园工作规程》中规定，幼儿户外活动时间在正常情况下每天不得少于2小时。幼儿到室外活动，呼吸新鲜空气，接受阳光的照射，能促进身体及各种器官的生长发育。因此，幼儿园一日生活除在室内生活、学习，交替进行室外的活动必不可少。

（3）集体活动与自由活动交替。幼儿园一日生活中的早操、进餐、午睡等都是集体活动形式，有助于幼儿遵守规则、产生集体荣誉感等。为了使幼儿的个性得到积极主动的发展，一日生活中，除了集体活动，还应有较多的时间让幼儿进行自由活动。提供幼儿自由活动的机会，有助于促进幼儿的独立性发展，使幼儿学会对自己的决定负责，学会控制自己的行为。集体活动与自由活动有着不同的教育功能，应当结合运用，交替进行，使幼儿获得全面发展。

（4）动静交替。在设计幼儿园一日生活各项活动时要注意幼儿生活的节奏，动静交替、动静结合。具有多样性的活动内容和活动方式，能避免幼儿将注意力较长时间地集中在单一的活动上，减少疲劳，做到有张有弛，体脑并用，劳逸结合，从而提高幼儿活动的效能。

（5）面向全体幼儿。在一日生活中，教师应关心每个幼儿，随时了解每个幼儿在什么地方、在做什么。把一日生活列入教育计划，时间和内容的安排应有相对的稳定性与灵活性，既有利于形成秩序，又能满足全体幼儿的合理需要，同时还能照顾到个体差异。

（二）幼儿园游戏活动

游戏是儿童产生高级心理现象的重要源泉，是儿童社会化的重要途径。幼儿园游戏活动是幼儿园课程实施的重要载体。

1. 幼儿园游戏活动的含义及特点

幼儿园游戏活动是指根据一定的教育目的，由教师有目的、有计划、有组织开展的游戏活动。与幼儿在自然状态下依据自己的兴趣和需要自主、自发、自然开展的游戏相比，在游戏被引入教育领域后，游戏就是承载着一定教育目的的活动，因此，幼儿园游戏除了具有游戏的一般特征之外，还具有其独特的特点。

（1）游戏目的的明确性。有目的、有计划是学校教育的本质特征，承载着一定教育目的的幼儿园游戏，是依据一定教育目标而开展的有目的的活动，是对幼儿进行全面发展教育的重要形式。

（2）游戏实施的计划性。幼儿园游戏是教师根据一定的教育目的，有目的、有计划、有组织开展的活动，因而幼儿园游戏应注重实施计划的制订，应将幼儿园游戏活动纳入幼儿园有目的、有计划的教育活动之中，使幼儿园游戏活动能有条不紊地进行。

（3）游戏时间的固定性。幼儿园游戏作为幼儿园的一种教育活动，目的性、计划性是其本质特征，一般而言，在幼儿园的一日生活中，应从制度上保证上午和下午各有一个小时的幼儿游戏时间，其他零散时间，也应尽可能安排幼儿进行游戏活动。

（4）游戏过程的指导性。幼儿园游戏是教师根据一定的教育目的，有目的、有计划、有组织开展的游戏，因而幼儿园游戏是需要教师恰当指导的活动。教师恰当的指导，可以提高幼儿的游戏水平，发挥游戏的积极意义，使游戏顺利开展。

2. 幼儿园游戏活动的常见类型

幼儿园常见的游戏活动有两类：一类是创造性游戏，一类是规则性游戏。

（1）创造性游戏。创造性游戏是指幼儿以想象为中心，主动地、创造性地反映现实生活的游戏，主要包括角色游戏、结构游戏和表演游戏等（表3-3）。幼儿在创造性游戏中所反映的现实生活，不是直接再现，而是将所积累的知识和印象加以随意改造，创造新形象。创造性游戏是幼儿认识环境、认识社会和自然界的一种手段，有助于发展幼儿的创造能力和解决问题的能力，并对培养幼儿活泼、愉快、开朗、大方等良好的个性品质有积极作用。

表3-3　幼儿园创造性游戏的常见类型

分类		含义
创造性游戏	角色游戏	幼儿通过扮演角色，通过模仿、想象，创造性地反映现实生活的一种游戏
	结构游戏	幼儿操作各种结构材料，来构造物体的各种游戏
	表演游戏	幼儿按照童话或故事中的情节扮演某一角色，再现文化作品内容的一种游戏形式

（2）规则性游戏。规则性游戏是指按照一定的规则进行的游戏。规则可以是故事情节要求的，也可以是幼儿按其假设的情节自己规定的，其中既有具体的也有概括的，包括智力游戏、体育游戏和音乐游戏等（表3-4）。规则性游戏的突出特点是游戏规则外显，游戏的角色内隐。游戏的竞争性决定了游戏的规则性。

表3-4 幼儿园规则性游戏的常见类型

分类		含义
规则性游戏	智力游戏	把智育因素和游戏形式结合起来，以生动有趣的形式使幼儿在自愿的、愉快的活动中增进知识，发展智力的游戏
	体育游戏	以发展基本动作为主要任务的游戏
	音乐游戏	以发展幼儿音乐感受能力为目标，在音乐伴奏或歌曲伴唱下进行的游戏

规则性游戏的特点主要包括规则性、竞争性和文化传递性。规则性游戏中的规则是外显的、明确的、预设的，它具有"约定"的性质。规则约束和规范着游戏参与者在游戏中的行为、动作和活动方式。规则性游戏的规则，一般在游戏开始之前就已经确定了。规则性游戏的规则也可以进行修改，需得到每一个游戏参与者的同意，否则，很难实行。一般来说，规则性游戏具有竞争性。参与规则性游戏，一方面是因为规则性游戏好玩，能给游戏参与者带来刺激感，带来快乐；另一方面是因为游戏参与者想取得胜利。如果一个规则性游戏没有分出胜负，那么游戏参与者一般是不愿意立即结束游戏。此外，文化传递性是指规则性游戏通常会传递和展示一定的文化价值观念和社交技能。

3. 幼儿园游戏活动的实施要点

幼儿园游戏活动的组织与实施一般可分为三个阶段，分别是准备阶段、观察阶段、参与阶段。

（1）准备阶段。创造幼儿游戏的基本条件，即时间、空间、材料、经验。游戏是幼儿自主、自发、自由的活动，教师作为教育者和引导者，要保证幼儿足够的游戏时间，只有在时间充足的条件下，才有可能产生深度学习行为，加深对材料的探索，与同伴的合作交往。

同时，教师要为幼儿提供充足的游戏空间，合理规划游戏区域，做好各区域环境创设、规则制定。想要引发幼儿高质量的游戏行为，空间因素必须考虑到位。在户外游戏区域，如果面积有限，就要采取减少幼儿参加人数，或减少运动器械等手段来改善游戏空间；在室内游戏区域，每一区域的幼儿人数限制在四五名。

材料的投放也是游戏活动开展必不可少的条件，没有游戏材料，幼儿就失去了相互作用的对象，游戏行为无从发生。提供游戏材料的同时，还需要考虑游戏材料的丰富性、层次性，以及定期更新游戏材料，满足幼儿的个体差异，以及不断变化的兴趣点与探究欲。

最后，各类游戏的产生，尤其是角色游戏与结构游戏，都有赖于幼儿头脑中的表象，如果让幼儿扮演他们不熟悉的社会角色或建构他们不熟悉的物品，幼儿则难以进行游戏。作为教师应该清楚本班幼儿的经验准备，也应该清楚在做具体一项游戏活动时，还需准备一些怎样的经验，做好前期铺垫。

（2）观察阶段。观察、记录幼儿游戏。观察是教师了解幼儿游戏情况、进行有效指导的基础，直接影响幼儿游戏的水平和质量。通过观察，教师不仅能知道幼儿当前的游戏兴趣，如幼儿喜欢进行何种游戏，喜欢使用哪些游戏材料，喜欢什么样的游戏场地，喜欢哪种主题的角色游戏等，而且还能发现幼儿的游戏水平、性别特征等。作为引导者与观察者的教师，应该观察什么？具体包括以下方面：①幼儿的兴趣点。如幼儿喜欢的游戏主题、内容和玩具材料等。②幼儿的行为类型。如幼儿在游戏中的所说、所做以及困难解决情况。③幼儿与环境、同伴的互动情况。如幼儿通常和谁一起玩，认知经验和社会性水平在哪些方面有了进步。④幼儿的情绪体验。如幼儿是高兴、难过还是愤怒。⑤影响幼儿行为的因素。如游戏时空、材料投放是否合适等。⑥幼儿是否遵守游戏规则。

幼儿园教师清楚要观察什么之后，还需要掌握一定的观察策略，了解以下注意事项：①观察幼儿游戏的自然状态，不妨碍游戏开展。②在幼儿彼此熟悉之后进行观察，真实反映幼儿的水平。③对全班幼儿进行观察，同时对个别幼儿单独观察。④对幼儿的游戏活动反复观察。

（3）参与阶段。在观察的基础上，适时、适度介入。教师依据观察，借助一定技巧，对游戏活动中有需要的幼儿马上进行引导，帮助幼儿解决游戏中的难题，提升游戏水平。一般需要教师介入幼儿活动，常见的介入方式有：①平行式介入。教师在空间上接近幼儿，用同样的材料在幼儿旁边进行相同或相近的活动，通过行动示范引导幼儿，但并未与幼儿发生直接的交往和交流。教师的这种参与方式，一方面会使幼儿感到他玩的游戏是有价值的，因此他会玩得时间更长；另一方面会给幼儿提供模仿的范例，使其掌握新的玩法。②交叉式介入。教师以活动参与者的身份进入活动情境，通过参与幼儿活动，借助角色互动机会，引导幼儿解决问题。这种方式能吸引更多幼儿参与，提高幼儿的游戏水平和社交能力。③垂直式介入。教师以指导者的身份直接干预幼儿的活动。将游戏同现实世界相联系，用现实的规则规范幼儿的行为。该方式能纠正、制止违反规则与不良行为；但也容易打断幼儿游戏，阻碍游戏的发展。

（三）幼儿园教学活动

1. 幼儿园教学活动的含义

幼儿园教学活动是教师有目的、有计划地引导、维持或促进幼儿主动活动的教育过程。与游戏活动比，幼儿园教学活动的目的性和计划性更强；幼儿的学习由教师直接引发；学习内容也是由教师确定。根据组织形式的不同，幼儿园教学活动可分为集体教学活动、小组教学活动、个别教学活动。根据课程内容组织方式的不同，幼儿园教学活动可分为领域教学活动、主题教学活动、区域教学活动。

幼儿园教学活动是幼儿全面发展教育的重要手段。通过教师组织的学习活动和幼儿比较自由的自发学习活动，幼儿获得生活的、社会的、自然的、数学和艺术等方面的知识和经验，形成简单的概念，发展幼儿的智力，学习智力活动的方法，培养幼儿初步的学习兴趣和习惯。

2. 幼儿园教学活动的基本要素

教师、幼儿、教学内容、教学方法与手段是教学过程不可缺少的基本因素。

（1）教师是"教"的活动的领导者、组织者，是幼儿的榜样和幼儿潜能的发掘者。教师需要根据教学任务、要求和幼儿的实际需要，确定相应的活动目标，选择合适的内容，运用适当的方法，设计科学的环节来对幼儿实施有目的、有计划的教育。

（2）在教学过程中，幼儿是学习的主体。教师设计、组织实施教学活动都需以幼儿为中心，幼儿是否处于学习的最佳状态，能否发挥主动性、积极性，是教学过程成败的重要参考标准。

（3）幼儿园的教学活动包含健康、语言、社会、科学、艺术五大领域的活动。

（4）幼儿园教学方法与手段是实现教学目标的一个重要的中介因素，主要包括活动法、直观法、口授法。活动法是以儿童实践活动为主的教学方法，包括游戏法、实验法和操作练习法。直观法是以儿童直接感知认识对象为主的教学方法，包括观察法、演示法和示范法、多媒体教学法。口授法是以语言传授为主的教学方法，主要包括谈话法、讲解法与讲述法。

3. 幼儿园教学活动的实施要点

为提高教学活动质量，在实施教学活动过程中，需注意把握以下要点：首先，要引发幼儿的学习动机。联系幼儿已有生活经验，并通过创设情境，引发幼儿的好奇心和求知欲，以此激发幼儿参与教学活动的积极性。其次，要鼓励并支持幼儿通过操作、摆弄、交往、探究等进行学习，获取直接经验。最后，要有观察幼儿的意识。观察不同幼儿的表现，在教学活动的不同阶段，把握观察的侧重点。在观察的基础上，对知识、技能、学习品质等方面进行有针对性的指导。

 **实践活动**

调研一所幼儿园课程实施的主要途径。判断其适宜性，分析存在的问题及原因。

（四）环境创设

什么是幼儿园环境？广义的幼儿园环境是指对幼儿园教育产生影响的一切因素的总和，如社会经济水平、国家教育政策。狭义的幼儿园环境是指幼儿园中对幼儿的身心发展产生直接影响的物质与精神因素的总和。

环境对幼儿发展的作用是潜在的，影响幼儿的行为、态度、情绪和个性等多方面的发展。《幼儿园教育指导纲要（试行）》中指出，"环境是重要的教育资源，应通过环境的创设和利用，有效地促进幼儿的发展。"幼儿园教师"教"的本质就是教师提供环境、教师和幼儿一起创设环境、鼓励幼儿根据自己的需要创设环境，并指导幼儿在适宜的环境中进行活动。

在创设幼儿园环境时，首先，要体现全员参与性，幼儿、教师、家长及相关人员都是幼儿园学习环境的创设者，教师应发动各方人员，共同为幼儿创设丰富适宜的学习环境。其次，幼儿园学习环境的创设要符合幼儿的年龄发展水平及个性特征，满足幼儿个性化发展的需要。例如：小班的环境要温馨舒适，同类玩具数量多；而大班的环境要体现探索、挑战与合作性。再次，要具有一定挑战性。幼儿学习环境应该成为幼儿学习和成长的支架，使幼儿在充满挑战的情境中体现成功的经验，完成并超越其原来的能力和水平。例如：高瞻课程方案中主动学习的环境包括五个要素：①材料，提供丰富的能适应幼儿不同发展需要的材料；②操作，要给幼儿提供进行操作、转换、组合等活动的机会；③选择，幼儿应能自由地选择自己操作的材料与活动；④幼儿的语言表达，幼儿讨论他们在做些什么及他们完成了什么；⑤来自成人的支持，通过与幼儿讨论他们正在做的事情，参与幼儿的游戏及协助幼儿解决问题，鼓励、协助其扩展或建构他们的活动。最后，环境要丰富多样，为幼儿提供丰富多样的认知经验、情感体验、观点态度和活动技能，最大限度地促进幼儿全面发展。例如：蒙台梭利"有准备的环境"中，典型的蒙台梭利教室分为日常生活、感官、数学、语言、历史地理、文化科学、艺术表现七个区域。

拓展阅读 3-6

《幼儿园教育指导纲要（试行）》中与环境相关的条例

组织与实施：环境是重要的教育资源，应通过环境的创设和利用，有效地促进幼儿的发展。

1. 幼儿园的空间、设施、活动材料和常规要求等应有利于引发、支持幼儿的游戏和各种探索活动，有利于引发、支持幼儿与周围环境之间积极的相互作用。

2. 幼儿同伴群体及幼儿园教师集体是宝贵的教育资源，应充分发挥这一资源的作用。

3. 教师的态度和管理方式应有助于形成安全、温馨的心理环境；言行举止应成为幼儿学习的良好榜样。

4. 家庭是幼儿园重要的合作伙伴。应本着尊重、平等、合作的原则，争取家长的理解、支持和主动参与，并积极支持、帮助家长提高教育能力。

5. 充分利用自然环境和社区的教育资源，扩展幼儿生活和学习的空间。幼儿园同时应为社区的早期教育提供服务。

（五）家园沟通与合作

幼儿的发展是幼儿园、家庭、社会多方面影响的结果。《幼儿园教育纲要（试行）》指出："家庭是幼儿园重要的合作伙伴。应本着尊重、平等、合作的原则，争取家长的理解、支持和主动参与，并积极支持、帮助家长提高教育能力。"《幼儿园工作规程》指出："幼儿园应当主动与幼儿家庭沟通合作，为家长提供科学育儿宣传指导，帮助家长创设良好的家庭教育环境，共同担负教育幼儿的任务。"因此，幼儿园要主动帮助家长树立科学的儿童观、教育观，形成教育合力，要帮助家长了解幼儿园的办园理念和保教工作，赢得家长对幼儿园工作的理解与支持，形成家园合作共同体，共同研究幼儿。

家园合作的主要形式有以下几种。

（1）建设家园沟通平台，如"家园联系册""家园联系栏""家园共育网站"家访机制、随机交流机制等。

（2）定期召开幼儿家长会。根据幼儿年龄特点及学期主要教育目标，在学期开始，由行政领导主持召开"新生幼儿家长会"，向家长介绍幼儿园历史、办园目标、办园宗旨、课程、师资以及需要家园配合事宜；再由班组长主持召开家长会，根据家庭教育需求，以及幼儿园教育需要，向家长汇报幼儿在园情况，争取家园配合，使工作更有效地开展。

（3）定期举行家长开放日。邀请家长参与幼儿园的教育活动，使家长了解幼儿在园的真实表现，了解幼儿园的教育内容和方法，增加家长和幼儿园沟通的机会，从而更好地促进幼儿的全面健康发展。

（4）成立家长委员会，组织家长参与幼儿园民主管理，以及组织开展大型亲子活动、经验交流、环境创设等活动。

（5）与社区合作开办家长学校，定期组织教师、育儿专家，分专题开展家庭教育讲座，指导家长建立科学的儿童观和教育观，掌握重要的家庭教育方法。

关键术语

幼儿园课程实施　忠实取向　相互适应取向　创生取向　生活活动　游戏活动　教学活动　环境创设　家园沟通与合作

复习思考

1. 简述幼儿园课程实施的几种取向。
2. 简述幼儿园课程实施的几种途径。
3. 如何抓住幼儿园生活活动中的随机教育契机？
4. 如何处理好集体教学与日常生活、游戏的关系？
5. 结合任意一个主题活动，谈谈幼儿园环境创设的基本要求。
6. 阅读以下材料，思考：如何评价这位老师对幼儿游戏的两次指导？

医院游戏开始了，孩子们自行分工，佳佳是护士，豆豆是病人，萱萱是医生。接着，孩子们布置游戏环境，这时，老师走过去对孩子们说："护士别忘记戴帽子！"说完就走了（第一次介入）。布置完场地、准备好了游戏材料，游戏正式开始了。医生给病人做了手术，护士非常细心地给病人喂药、打针，为病人盖好被子。这时，老师又走过去说："佳佳，你在给病人盖被子？真细心！"（第二次介入）游戏接着进行。

任务 5　幼儿园课程评价

导入情境

某幼儿园开展了一次教研活动，主题是观摩郑老师的科学活动"磁铁的秘密"。活动后，教学主任召集园内教师对活动进行评价，然后由教学主任进行总结性点评。教学主任做完点评之后，课程评价工作就结束了。从始至终，郑老师都没有机会说说自己组织活动的感受和疑惑等，整个过程都是在拿着笔记录，接受别人的评价。

你如何看待上述现象？说说你对幼儿园课程评价"谁来评""评什么""怎么评"的初步看法。学习过本任务后，你将对"什么是幼儿园课程评价""如何进行幼儿园课程评价"等有清晰的认识。

参与式学习

幼儿园课程评价是幼儿园课程管理中的重要环节与工作内容，也是诊断和优化幼儿园课程的主要方法，伴随课程建设的整个过程。对于幼儿园课程评价的学习，我们需要厘清几个问题：幼儿园课程评价是什么？有哪些类型？为什么要进行幼儿园课程评价？幼儿园课程评价的目的和功能是什么？怎样进行幼儿园课程评价？幼儿园课程评价到底评价什么？由谁来评？用什么方法进行评价？

一、幼儿园课程评价的基本问题

（一）幼儿园课程评价的含义

在解释幼儿园课程评价的含义之前，有必要先将评价和课程评价的含义解释清楚。何为评价？《新华字典》中的释义是，对事物估定价值。《现代汉语词典》解释为评定价值高低或者是评定的价值。评价的英文单词是evaluate，这个词也与价值有关，将其拆分开来，分别是词头"e"，词干"valu"和词尾"ate"。其中，"e"等同于"out"，意为"引出"；"valu"意为"价值"。可见，评价就是引出价值或者是进行价值判断[1]，评断有无价值以及价值量的大小。

课程评价的定义是一个颇有争议的问题。这主要与评价发展的不同时期人们对评价的理解不同有关。例如，有人把评价与测验等同理解，有人则以为二者有本质的区别。有"课程评价之父"之美誉的泰勒把课程评价看作对课程目标实际达成程度的描述，而其后的评价专家们则大多认为评价还应是做出价值判断的过程。就当前情况看，提到"评价（evaluation；assessment）"，人们大多把它与"判断""价值"等概念联系起来。这样，如果从字面意义看，"课程评价"，就是以一定的方法、途径对课程计划、活动以及结果等有关问题的价值或特点做出判断的过程。

当前，对于幼儿园课程评价的含义也没有科学统一的界定。但在对"评价"本质特征的把握的基础上，我们可以这样来界定幼儿园课程评价：它是通过收集和分析比较系统全面的有关资料，对幼儿园课程方案、实施过程以及效果等有关问题的价值或效益做出科学判断的过程。

（二）幼儿园课程评价的类型

按照不同的标准，可以将幼儿园课程评价分为不同的类型。

（1）按照评价功能分，幼儿园课程评价可分为诊断性评价、形成性评价、终结性评价。诊断

---

[1] 霍力岩. 学前教育评价 [M]. 3版. 北京：北京师范大学出版社，2015.

性评价一般是指在某项教学活动开始之前对儿童的知识、技能以及情感等状况进行的预测，如幼儿入园之前要进行体测，了解幼儿的各项生理指标，幼儿园层面需做好备案和监测，防止突发事件出现。形成性评价是指在某项学前教育计划或方案实施的过程中进行的评价，如幼儿一日生活常规建立情况，需不定期进行评价，针对具体问题提出下一步改进措施。终结性评价是指在某项学前教育计划或方案实施结束后对其最终结果进行的评价，如幼儿园分级分类评比与验收，评比专家关注的是幼儿园最终呈现的环境创设情况、幼儿园的各项文件资料等，并未参与幼儿园环境创设的整个过程。

（2）按照评价参照体系分，幼儿园课程评价可分为相对评价、绝对评价、个体内差异评价。相对评价是指在评价对象的集合中选取一个或几个对象作为基准，把各个评价对象与基准进行比较的评级方式，如在教研活动中，选择中班一位老师组织的集体活动进行点评，同时将中班其他老师所组织的集体活动与之做比较。绝对评价是在评价对象的集合之外确定一个标准，即客观标准，将各个评价对象与客观标准进行比较的评价方法，如某省市举行优质幼儿园课程评选活动，首先确定科学的评选标准，专家组对照评选标准选择出几门优质课程。个体内差异评价包含两层含义：一是将被评价对象的过去和现在相比较，进而做出评价；二是将被评价对象的不同方面进行比较，进而做出评价。

（3）按照评价对象分，幼儿园课程评价可分为自我评价、他人评价。自我评价，简单来说就是自己对自己进行评价，自己既承担评价者角色，同时也承担"被评价者"角色，如教学反思，就是常见的自我评价。他人评价是指除自身以外的任何人或组织对该对象进行的评价，如教师间的互评。

（4）按照评价方法分，幼儿园课程评价可分为量化评价、质性评价、混合式评价。量化评价是采用数学方法进行评价，如韦克斯勒智力分类表，智力水平在120以上的属于优秀。质性评价是用语言进行描述和表达，从而做出价值判断的过程。混合式评价是以上两种方式相结合，这也是目前评价领域的一种主流方法，使量化评价和质性评价能够相互取长补短，互为补充。

（三）幼儿园课程评价的目的

《幼儿园教育指导纲要（试行）》中指出，"教育评价是幼儿园教育工作的重要组成部分，是了解教育的适宜性、有效性，调整和改进工作，促进每一位幼儿发展，提高教育质量的必要手段。""评价的过程，是教师运用专业知识审视教育实践，发现、分析、研究、解决问题的过程，也是其自我成长的重要途径。"

《幼儿园教师专业标准（试行）》中的专业能力维度也包含"激励与评价"，指出：有效运用观察、谈话、家园联系、作品分析等多种方法，客观地、全面地了解和评价幼儿。有效运用评价结果，指导下一步教育活动的开展。

为深入贯彻《国家中长期教育改革和发展规划纲要（2010—2020年）》和《国务院关于当前发展学前教育的若干意见》，指导幼儿园和家庭实施科学的保育和教育，促进幼儿身心全面和谐发展，制定《3～6岁儿童学习与发展指南》。由此可见，《3～6岁儿童学习与发展指南》为教师观察、了解幼儿提供了导向性的指引。

综合上述文件内容，幼儿园课程评价的目的非常明确，分别指向幼儿发展、幼儿园教师专业发展、改进课程与教学。

首先，开展幼儿园课程评价的首要目的是通过评价，发现幼儿、了解幼儿、理解幼儿，进而研究幼儿。我国幼儿园教育的目标是："贯彻国家的教育方针，按照保育与教育相结合的原则，遵循幼儿身心发展特点和规律，实施德、智、体、美等方面全面发展的教育，促进幼儿身心和谐发展。"一切教育活动都是以幼儿学习与发展为出发点，同时也是以幼儿健康快乐成长为终点，从而形成一个闭环系统。在这个闭环系统中不论是课程目标的制定、课程内容的选择与组织、课程实施，还是课程评价，始终离不开"为幼儿发展服务"这一宗旨。例如，在区域游戏时，教师有意识地观察幼儿在游戏过程中的表现，从而对幼儿的游戏偏好、游戏水平、合作行为等做出判断，进而有针对性地引导幼儿发展。

其次，课程评价的过程就是教师思考、学习和成长的过程，是幼儿教师专业发展的必经之路。我们知道开展幼儿园课程评价是幼儿园教师必须具备的基本素养，课程评价的过程其实也就是教师专业发展的过程。科学有效的评价，需要教师明确评价的目的，科学使用问卷调查法、观察法、访谈法等评价方法开展评价活动。基于所获得的信息和数据，回应评价的目的，对幼儿发展、课程教学进行评价。在这个过程中，既需要教师实事求是地再现所观察到的现象和问题，同时也需要教师发挥自身的主观能动性，对现象和问题的本质进行分析、概括、总结和归纳。

最后，要使课程评价具有一定的现实意义，关键要能为教师改进教学、发展课程服务。通过课程评价了解课程的目标、内容、实施过程以及幼儿整体的发展状况，从而判断课程是否符合教育目的和适合幼儿身心发展，在此基础上，调整、完善现有课程，选择、推广课程或开发新课程。通过课程评价对幼儿的发展状况进行价值辨析，明确下一步发展方向和路径。幼儿园课程评价也为幼儿园教师发展课程，改进课程方案服务。

（四）幼儿园课程评价的功能

1. 筛选功能

制订课程计划，首先需要比较和选择不同的课程方案。通过评价和分析不同备选课程方案的目标设置、内容选择、课程实施及实际效果等，对其整体价值做出判断。然后结合本园的实际对课程方案做出选择，进而制订课程计划。

2. 诊断和改进功能

通过课程评价，可以诊断出课程计划、课程内容、课程实施过程与方法等的不足和存在的问题，找到问题存在的原因及影响因素。在此基础上提出改进和调整措施，从而优化课程。

3. 导向和调节功能

课程评价的结果会影响课程评价对象的行为取向和行为方式：肯定的评价结果引导评价对象继续坚持好的做法；否定的评价结果引导评价对象忽略或者舍弃原来课程实践中不足的地方，进而引导评价对象朝着评价者希望的目标发展。这就是课程评价的导向功能。

评价的结果引导幼儿教师在教育实践中不断改进、完善，具体表现在通过评价者的反馈，教师对课程目标、实施过程与方法等做出调整，使课程实践更加优化。另外，教师通过评价者的反馈可以认识到自己的优势和不足，明确努力方向，实现自我调节。

4. 鉴定和选拔功能

鉴定和选拔功能是指通过对收集到的资料的整理和分析，对课程评价对象的客观情况做出证明和说明，为评价对象以后的发展或晋级提供依据。这既包括对幼儿和教师的发展的鉴定，又包括对幼儿进一步发展所提供的促进条件、对教师专业晋级所做的准备等。

（五）幼儿园课程评价的过程

在幼儿园课程评价中，人们对课程存在不同的价值取向，对课程评价的取向也就会有不同的看法，因此，在评价过程中会运用不同的评价模式，采用不同的评价技术。这就是说，评价过程无法完全被规范化。

从较为宏观的层面上看，幼儿园课程评价的过程大致可分为以下五个阶段。

（1）确定目的。在这一阶段，课程评价人员要详细说明评价的目标；要识别评价是在哪些政策和限制条件下进行的；要决定评价在哪个课程范围（如整个课程计划，还是某个课程领域等）中进行以及如何安排评价的时间；要认定在实施评价后所达成的决策程度；等等。

（2）搜集信息。在这一阶段，课程评价人员要认清评价所需的信息来源，以及能用于搜集这些信息的方法、途径和手段。

（3）组织材料。在这一阶段，课程评价人员要对所搜集到的信息进行编码、组织、储存和提取，使之有效地运用于评价。

（4）分析材料。在这一阶段，课程评价人员要选择和运用适当的分析技术，对经由处理的材料进行解释。

（5）报告结果。在这一阶段，课程评价人员要根据课程评价的初衷，决定课程评价报告的性质，包括报告的阅读对象、报告的形式以及有关报告的其他事项。

二、幼儿园课程评价的基本要素

（一）幼儿园课程评价的主体

评价主体即评价者。《幼儿园教育指导纲要（试行）》指出：评价过程是各方共同参与、相互支持与合作的过程……是教师运用专业知识审视教育实践，发现、分析、研究、解决问题的过程，也是其自我成长的重要途径。

目前，我国的幼儿园课程评价的主体已由单一的行政评价转向管理人员、教师、幼儿及其家长的多元评价模式。《幼儿园教育指导纲要（试行）》中明确指出，"幼儿园教育工作评价实行以教师自评为主，园长以及有关管理人员、其他教师和家长等参与评价的制度。"评价主体的多元化避免了评价的单一和片面性，对提高幼儿园课程质量、促进幼儿发展大有裨益。

1. 各级教育行政管理部门人员

2022年2月10日，教育部颁布的《幼儿园保育教育质量评估指南》指出，要"有效发挥外部评估的导向、激励作用，有针对性地引导幼儿园不断完善自我评估，改进保育教育工作。"因此，各级教育行政管理部门人员应积极发挥专业力量，参与园所的课程评价，了解幼儿园课程的整体发展状况，从第三视角评估幼儿园执行国家和地方幼儿园课程政策的情况，衡量幼儿园的办学效益或为课程推广提供决策信息。

2. 幼儿家长

幼儿家长对课程的评价反映着家长对幼儿园需求的满足状况。教师要正确发挥家长对幼儿园课程的影响力，认真听取家长的建议与需求，批判性地思考与采纳。

3. 幼儿园园长

幼儿园园长要加强自身课程领导力，对照《幼儿园保育教育质量评估指南》，更新课程观念，追踪学术前沿，了解最新课程模式。同时，要把握"过程性质量"，深入幼儿活动，了解本园的课程实施状况，整体把握本园的教育质量。

4. 幼儿园教师

以教师为主体的评价是幼儿园课程评价的核心。《幼儿园保育教育质量评估指南》强调，"幼儿园应建立常态化的自我评估机制，促进教职工主动参与，通过集体诊断，反思自身教育行为，提出改进措施。"幼儿园教师要积极主动地了解幼儿发展的水平，自觉反思，寻找课程的优点与不足，改进课程，促进幼儿发展。

5. 幼儿

幼儿主要通过自己的行为反应和发展变化来发表对课程的看法，因此，教师要随时观察幼儿的行为反应和发展变化,及时调整自己的教学。

6. 其他相关人员

在幼儿园一日活动及幼儿日常生活中,能够接近评价对象,并具有一定的评价知识和经验的人可以参与幼儿园课程评价中,从不同的视角对幼儿园课程实施状况进行评估,建言献策。

(二)幼儿园课程评价的客体

幼儿园课程评价的客体(即对象)包括课程方案、课程方案的实施过程以及课程方案实施的效果三个部分。

1. 课程方案评价

评价幼儿园课程方案,首先需要知道什么是幼儿园课程方案。简单来说,幼儿园课程方案就是在幼儿园教育活动开展之前所进行的整体规划,既可以是园所整体课程的规划,也可以是一次具体的教学活动的规划和设计。明确了幼儿园课程方案是什么,我们再来了解一下什么是幼儿园课程方案评价。幼儿园课程方案评价是指主管部门或幼儿园在比较、选择课程时,对备选课程方案的课程理念、课程结构、课程资源等要素的科学性、合理性、可操作性等特点进行分析和判断,以便决定是否采用或推广。主要是判断两方面内容:一是课程方案的编制是否遵循先进的课程理论,是否依据科学的原理和原则;二是课程方案的结构是否完整,要素是否全面,各要素之间是否具有较高的内部一致性,是否符合原先的指导思想。

2. 课程方案实施过程评价

评价幼儿园课程方案的实施过程,主要从以下四个方面进行。

(1)判断幼儿在教育活动中的反应,如幼儿的主动性、参与程度、情绪表现等。

(2)教师的教育态度和行为,如课堂管理方式、教育机智和技巧等。

(3)师幼互动的质量。CLASS(Classroom Assessment Scoring System,课堂评估评分系统)是全球学前教育领域广泛使用和认可的有效观察、评价师幼互动质量的工具,主要基于教师行为角度,通过观察课堂情境下教师与幼儿的互动以及教师如何利用教学材料来评估学前课堂质量。CLASS系统包括情感支持(emotional support)、班级组织(classroom organization)、教学支持(instructional support),共有10个维度和42个行为指标,建立师生互动质量的多层次评估框架(表3-5)。

表3-5 CLASS(课堂评估评分系统)

一级维度	二级维度
情感支持 (emotional support)	积极氛围PC
	消极氛围NC
	教师敏感性TS
	尊重儿童观点RSP
班级管理 (classroom organization)	行为管理BM
	课堂效率PD
	教学指导形式ILF
教学支持 (instructional support)	概念发展CD
	反馈质量QF
	语言建模LM

（4）学习环境的创设与利用。幼儿的学习与发展不仅要通过活动实现显性知识的传递，还要让幼儿园的环境"会说话"，充分发挥环境的隐性教育功能。《幼儿学习环境评量表（修订版）》（ECERS-R）是由美国北卡罗来纳州立大学儿童发展中心的Harms教授研究团队经过几十年的积累研发而成（表3-6）。该量表是目前学前领域最具权威的评价工具之一，对幼儿园的总体质量，包括结构性质量和过程性质量，进行全面的评价。

表3-6 《幼儿学习环境评量表（修订版）》（ECERS-R）（节选）

一级维度	二级维度
空间和设施	室内空间的面积和规划
	日常学习或游戏用的设施
	休息的空间和设施
	户外活动的空间和设施
个人日常照顾	卫生
	健康
	安全实务
家长与教师	家校互动
	幼儿园对教师的个人需求、专业成长需要
	教师间合作互动

3. 课程方案实施效果评价

评价幼儿园课程方案实施的效果，一般是通过对幼儿发展评估确定的，包括评价幼儿学习后的发展效果，幼儿发展与教育目标之间的符合程度，产生了哪些非预期的结果等。幼儿园课程方案实施效果的评价主要集中在幼儿的发展和教师的行为两个方面。

（1）对幼儿发展的评价主要集中在幼儿掌握与课程有关具体知识的情况；幼儿学习后的态度、方法、行为等方面的积极变化；幼儿的变化与课程目标的符合程度以及产生了哪些非预期的效果等。

（2）对教师行为的评价主要看教师是否为幼儿提供适宜的学习经验，所提供的经验是否来源于幼儿的生活，与已有经验是否有联系；教师的教学是否兼顾幼儿全体和个体差异，是否适合幼儿的兴趣和学习特点；教师是否为幼儿营造了有利于学习和生活的健康的心理环境；教师是否为幼儿准备了富有教育意义的丰富材料；教师是否重视幼儿的学习能力，以及教学目标的达成情况等。

实践活动

观摩幼儿园的一日活动，并依据相应的评价工具，尝试对该园的课程方案、课程实施过程进行评价。

（三）幼儿园课程评价的标准与方法

1. 幼儿园课程评价的标准

课程评价标准是衡量课程设计、实施状况及其效果的尺度或"标尺"，通常表现为比较概括的问题。幼儿园课程评价就是把幼儿园课程计划、课程实施情况、课程效果与评价标准和指标相对照，从而对整个课程实践体系做出评价。评价标准使得课程评价有据可依。评价标准有不同层面。国家层面的课程评价标准比较统一，是国家的幼教政策和理念的反映，通常表现为具有引领性的课程评价指导思想和原则，可操作性差。例如，《幼儿园保育教育质量评估指南》中所提出的评估原则："坚持科学评估。完善评估内容，突出评估重点，改进评估方式，切实扭转'重结果轻过程、重硬件轻含义、重他评轻自评'等倾向。""坚持以评促建。充分发挥评估的引导、诊断、改进和激励功能，注重过程性、发展性评估，引导办好每一所幼儿园，促进幼儿园安全优质发展。"评价者通常会在这些指导思想和原则的引领下，根据不同的评价目的，制定比较具体的评价标准。

评价指标是具体的、可测量的、行为化的评价准则，是评价维度应该达到的水平。评价指标体系的科学性直接决定评价方案的水平。这样解释似乎还是没有表明指标到底是什么。在开展评价活动之前，需明确评价的主要目标是什么，这是评价的首要问题。在幼儿园课程评价中，对幼儿园课程方案、实施效果等进行评价是幼儿园课程评价的主要目标，但是这一目标具有很强的抽象性，不能直接被测量和评价。为了便于操作和测量，保证评价结果的科学性和客观性，我们还需对抽象的目标进行分解和细化。分解后的目标体系中处于最低层次、具有可操作性的目标，由于具有指标的性质，因此被称为指标[①]。指标是具体和可测量的。任何一项评价标准都是由许多课程指标组成的，这些指标共同构成了评价指标体系。例如，王坚红编制的《课程独特性评价工具》中，评价的一级指标有：时间安排、教师情况、组织形式与教育方式、师生关系与互动、教材内容与方法、家长参与情况。再如，《幼儿园保育教育质量评估指南》中对于"教育过程"的评价，包括"活动组织、师幼互动、家园共育"三个一级维度。

要利用课程评价标准和指标进行课程评价，必须借助于课程评价工具，才能真正实施评价，一个完整的评价工具应当包括评价项目、评价标准、评价方法、评价结果的呈现方式等部分。评价工具可以分为结构化和非结构化两种，结构化评价工具在评价方法和评价结果的呈现方式上有固定的要求，而非结构化评价工具在评价方法和评价结果的呈现方式上更为开放、灵活。

2. 幼儿园课程评价的方法

幼儿园课程评价的方法大体可分为两类，即量化评价方法与质性评价方法。使用不同的评价方法体现了不同的评价观念。

（1）量化评价方法，就是力图把复杂的教育现象简化为数量，进而从数量的分析与比较中判断评价对象——幼儿园课程的成效。量化评价方法的认识论基础是科学实证主义，它认为只有定量的研究、量化的数据才是科学的，才能得出客观可信的结论[②]。因此，量化评价方法一直占据评价领域的主导地位。量化评价方法如果使用恰当，确实能揭示教育现象和教育问题，提供具有说服力的证据。幼儿园课程的量化评价主要是评价者收集数据化的材料，并对材料进行科学的处理、分析、判断，在此基础上对幼儿园课程计划和实施情况进行评估[③]。

（2）质性评价方法，就是力图通过自然的调查，全面充分地揭示和描述评价对象的各种特质，以彰显其中的意义，促进理解。简单来说，就是用语言文字作为收集和分析评价资料、呈现评价结果的主要工具的评价方式[④]。质性评价方法也被称为自然主义评价方法。它在认识论上反对科学实证主义的基本观点，反对把复杂的教育现象简化为数量，认为这种做法只能提供歪曲的教

---

① 程秀兰. 学前教育评价[M]. 北京：北京师范大学出版社，2016.
② 张华. 课程与教学论[M]. 上海：上海教育出版社，2002.
③ 张晓辉. 幼儿园课程[M]. 北京：北京师范大学出版社，2021.
④ 王春燕. 幼儿园课程概论[M]. 2版. 北京：高等教育出版社，2014.

育信息，且有可能丢失重要信息。它主张评价应全面反映教育现象的真实情况，为改进教育实践提供真实可靠的依据。幼儿园课程的质性评价就是评价者运用访谈、观察等方式了解幼儿园课程实施情况，用文字工具，对幼儿园课程方案、实施情况、实施效果进行评价。

虽然量化评价方法与质性评价方法出现在评价发展的不同时期，代表着不同的认识理念，但作为具体的评价方法，二者各自具有不同的特点，分别适用于不同的评价目标和对象。比如，量化评价方法具有简单、明了的特点，能够直接反映评价对象的特质，适用于某些简单、单纯的教育现象；质性评价方法具有全面、深刻的特点，在某种程度上，它是评价者对教育现象的某种解读，更适用于评价复杂的教育现象。因此，从实践出发的教育评价应该把二者有效地结合起来，按照评价目的与评价对象的不同特点，选择适当的评价方法，以获得全面、准确的评价信息。

三、幼儿园课程评价的基本原则

幼儿园课程评价是幼儿园教育评价的下位概念。因此，《幼儿园教育指导纲要（试行）》中有关幼儿园教育评价的基本原则同样适用于幼儿园课程。

（一）评价目的应着眼于课程改进与幼儿发展

幼儿园课程评价的目的在于发现课程中的问题、找出原因、提出改进的建议和措施，解决问题，调整、改进和完善课程，不断提高教育质量。课程评价的根本任务是为了发现课程中的问题、找出原因、提出改进的建议和措施，解决问题，完善课程。课程评价本质上应该是一种"对事不对人"的评价，因此，要着重发挥其诊断、改进课程的作用，不宜把评价仅仅作为对教师工作或幼儿发展水平的鉴定手段。如果忽略课程评价的主要目的，处理不好，就会使评价对象产生消极抵触情绪和应付行为，产生不良效果。

在涉及幼儿的学习情况与发展水平的课程评价时，应特别注意：要全面了解幼儿的发展状况，防止片面性，尤其要避免只重知识技能的掌握，忽略情感、社会性和实际能力的倾向。注意多渠道、多方面地搜集资料，包括对幼儿连续的定期观察和记录、家长提供的资料、幼儿的学习作品等，客观地加以整理和分析。除用作课程设计和课程改进外，要慎用评价结果。与家长沟通情况，要考虑怎样才能有利于家园合作，共同促进幼儿的发展。特别注意不要伤害家长的教育热情和对幼儿的信心。

（二）评价主体应以教师自评为主，多元主体协同参与

《幼儿园教育指导纲要（试行）》指出：管理人员、教师、幼儿及其家长均是幼儿园教育评价工作的参与者，幼儿园教育工作评价实行以教师自评为主，园长以及有关管理人员、其他教师和家长等参与评价的制度。幼儿园课程实践要经过设计→实施→评价→研讨→再设计的循环往复而不断发展、不断完善的过程。作为"这一轮"（即已经和正在进行的）课程活动的设计者和实施者，在课程评价中，教师的工作会被当作主要的评价对象。但作为"下一轮"课程活动的设计者和实施者，教师也必须作为评价主体参与课程评价工作。这就是说，幼儿园课程评价的过程是教师运用幼儿发展知识、学前教育原理等专业知识审视教育实践，发现、分析、研究、解决问题的过程，也是他们不断学习、不断提高的重要途径。评价应有利于调动和发挥教师、园长及其他有关人员改进课程的主动性、积极性和研究精神，这是课程评价的总原则。

（三）评价过程应客观、真实，评价方法应定性与定量结合

课程评价应与课程实施融为一体，贯穿于课程的各个阶段，应是在活动过程中开展的，是动

态的、形成性的。日常生活中对幼儿的自然观察是教师评价的重要方式。

《幼儿园教育指导纲要（试行）》强调，"评价应自然地伴随着整个教育过程进行。"幼儿发展状况的评估在日常活动和教育过程中采用自然的方法进行，平时观察所获得的具有典型意义的幼儿行为表现和所累积的各种作品，是评价的重要依据。

> **拓展阅读 3-7**
>
> **新西兰"学习故事"**[①]
>
> "学习故事"是一套由明确价值观引领的形成性儿童学习评价理念和实践，具有双文化特性（新西兰本土毛利文化与外来多元文化）和以社会文化建构理论为理论基础的新西兰国家早期教育课程"Te Whāriki"中提出的儿童观、学习和发展观、课程观、课程原则、学习和发展线索（可以理解为学习领域）以及预期学习成果等，引领着教育者围绕为什么评价、评价什么、怎么评价等与评价相关问题的思考。为促进学习而进行评价的过程，即"每天教学实践的方式就是，我们（儿童、家庭、教师、其他人）观察儿童的学习（注意），尽力去理解它（识别），然后好好地利用我们观察和分析的信息来理解和支持儿童的学习（回应）"，并在学习故事中呈现出。
>
> 注意：对一个重要学习事件进行的描述。
>
> 识别：对学习进行的分析和解读，如"什么样的学习有可能在这一刻发生了"。
>
> 回应：计划和设想可能进一步促进儿童学习的"机会和可能"。
>
> 教师在"注意、识别、回应"的过程中，从"准备好"——关乎学习动机和自我认知、"很愿意"——关乎对学习场合的识别以及与周围人事物的关系和互动、"有能力"——关乎知识技能储备这三个维度分析解读儿童的学习过程，识别这个学习事件对于儿童自身学习和发展的价值，对于他们周围人和环境的价值，以及他们在学习过程中所运用和发展的知识技能，并在此基础上设计和计划可能拓展和延伸儿童学习的机会和可能。

（四）评价具有客观性，结果应得到切实、恰当地运用

科学的评价首先要有正确的指导思想和评价标准。客观地进行评价就是不抱成见、没有偏见，以统一的标准平等地对待人和事，把通过观察、测量、访谈、调查等方法从各方面收集的资料和数据，如实地加以描述，并以正确的教育观做出分析和判断。要做出客观的评价，最重要的就是确保收集到的资料和数据的真实性。幼儿园课程评价的指标要与《幼儿园工作规程》的精神和原则相一致，防止用不适宜的评价指标干扰幼儿园课程。幼儿园课程评价虽然涉及儿童发展瓶颈，但儿童发展评价不能代表一切，更不能代替对课程本身的评价，不要把二者等同起来。课程评价应讲求实效性，为改善和提高教育质量提供有用的信息，防止形式化。

总之，有效的幼儿园课程评价主要取决于评价者的专业素养与技能，如果评价者对有关学前教育政策、幼儿园课程理论、幼儿发展与学习的特点、教育学和心理学都能有整统性的了解，再加上勤于思考和探索的态度，相信课程评价必可发挥其积极的作用。

[①] 范铭. 一个游戏引发对"儿童观"的深度反思[J]. 上海教育科研，2018（4）：59-63.

📄 项目要点

1. 幼儿园课程编制常见的两种模式为目标模式和过程模式。过程模式是在批判分析目标模式的基础上，针对目标模式的局限性而提出的。在知识观、儿童观、教师观、教育观等诸多方面，两种模式各执一端。
2. 幼儿园课程目标是学前教育工作者在一定学习期限内对幼儿学习效果的预期，是幼儿园教育目标的具体化。要科学地制定幼儿园课程目标，首先必须研究幼儿、研究当代社会生活、研究学科知识。制定幼儿园课程目标的原则：全面性原则、系统性原则、可行性原则、时代性原则、缺失优先原则。课程目标最常用的表述角度有两种：教师角度与幼儿角度。
3. 幼儿园课程内容是根据幼儿园课程目标和相应的学习经验选择的蕴含或组织在幼儿的各种活动中的基本知识、基本技能行为方式和基本态度。幼儿园课程内容选择的原则有：目标性原则、适宜性原则、基础性原则、兴趣性原则、生活化原则、整合性原则。幼儿园课程内容的组织方式有论理组织与心理组织、纵向组织与横向组织、直线式组织与螺旋式组织；不同组织方式下有学科课程、活动课程、核心课程等课程类型。
4. 幼儿园课程实施指把静态的课程方案转化为动态的课程实践的过程，是教师以课程方案为依据组织幼儿活动的过程。它是达到预期课程目标的基本途径。根据国内外课程学者的归纳，课程实施有三个基本取向，分别是忠实取向、相互适应取向与创生取向。
5. 幼儿园课程评价是指通过收集和分析比较系统全面的有关资料，对幼儿园课程方案、实施过程以及效果等有关问题的价值或效益做出科学判断的过程。幼儿园课程评价的目的分别指向幼儿发展、幼儿园教师专业发展、改进课程与教学等。幼儿园课程评价的基本要素包括主体、客体、标准与方法。其中，幼儿园课程评价的客体包括课程方案评价、课程方案实施过程评价、课程方案实施效果评价。幼儿园课程评价应遵循的原则有：评价目的应着眼于课程改进与幼儿发展；评价主体应以教师自评为主，多元主体协同参与；评价过程应客观、真实，评价方法应定性与定量结合；评价具有客观性，结果应得到切实、恰当的运用。

📑 关键术语

课程评价　幼儿园课程评价　评价主体　评价客体　评价标准　评价指标　诊断性评价　形成性评价　终结性评价　质性评价　量化评价

💡 复习思考

1. 什么是幼儿园课程评价？
2. 简述幼儿园课程评价的功能。
3. 谈谈你对幼儿园课程评价客体的认识。
4. 结合实践，谈谈幼儿园课程评价的原则。
5. 搜索一所幼儿园的课程总方案，初步诊断该幼儿园的课程理念、目标、内容、结构、实施与评价。

项目四 —— 幼儿园教育活动设计

项目背景

幼儿园教育活动是幼儿园课程的实施载体，是实现幼儿园教育目标的基本形式。《幼儿园教育指导纲要（试行）》中指出："幼儿园的教育活动，是教师以多种形式有目的、有计划地引导幼儿生动、活泼、主动活动的教育过程。"从中可以看出幼儿园教育活动是对幼儿进行德、智、体、美等全面发展的教育，是实现幼儿园保教目标的基本途径。在幼儿园课程中，教育活动的设计和实施在结构化程度上由低到高，形成一个连续体，所有的教育活动都可以在此连续体上找到相应的位置。

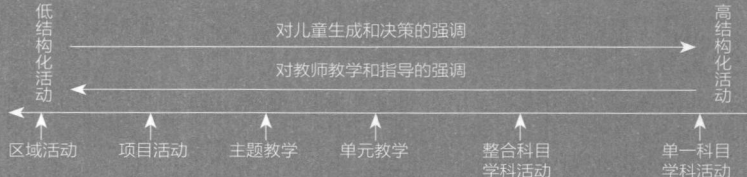

在某幼儿园的一次教研活动讨论中，教师们围绕"什么样的教育活动最能促进幼儿的全面发展？"展开了激烈的争论。部分教师认为："项目活动和区域活动最有效，可以让幼儿根据自己的兴趣选择内容进行探究。"也有教师说："单元主题活动更适合幼儿，能保证知识的内在统筹性，促进幼儿全面发展。"从教多年的一名老教师说："领域教学能最大程度地培养幼儿的能力，帮助幼儿掌握科学系统的知识。"园里的教师们各执其词，你认为哪种教育活动最能促进幼儿的全面发展呢？领域活动、单元主题活动、项目活动及区域活动各有什么特点？如何设计？这些将是本项目要探讨的内容。

学习目标

① 体验设计幼儿园教育活动方案的成就感。

② 理解领域活动、单元主题活动、项目活动及区域活动的含义、特点与设计原则。

③ 能根据领域活动、单元主题活动、项目活动及区域活动的设计要点，开展相应的实践活动。

思维导图

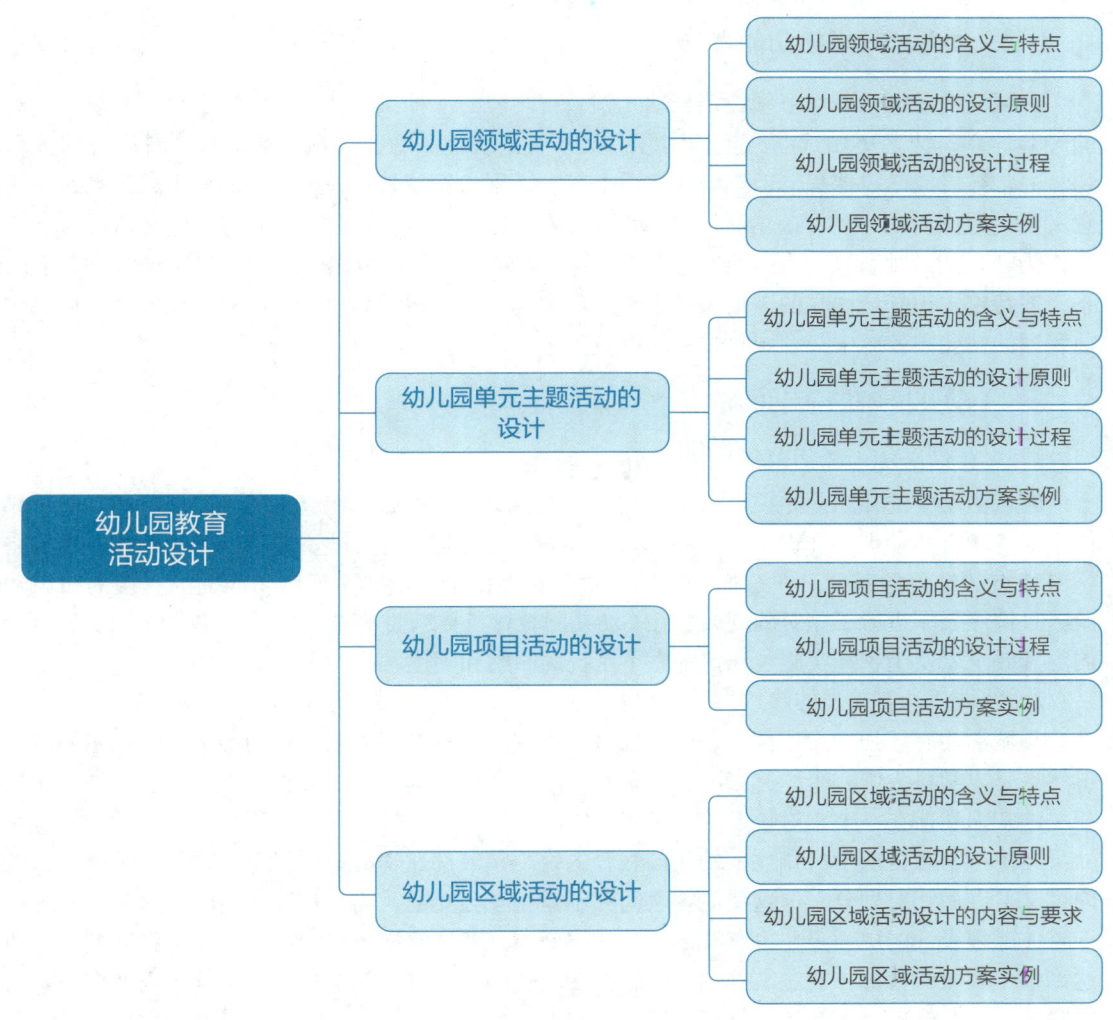

任务1 幼儿园领域活动的设计

导入情境

在一次调研活动中,一位老师谈到这样的困惑:"以前幼儿园主要是领域活动,家长说幼儿还能学到些知识;现在搞主题活动,却发现许多幼儿一个学期下来也没学会什么,不会几首儿歌,也不会画画了。虽然知道的东西多了,但每样东西都是浅尝辄止。活动过程中,幼儿经常是热火朝天、开开心心,但乐完之后发现没学到多少东西。"对此,许多家长也经常抱怨。

你如何看待上述现象?作为未来教师的你,谈及"领域活动"时,会想到什么呢?面对单元主题活动、项目活动等,我们应该如何利用领域活动自身的长处设计活动呢?

> 参与式学习

一、幼儿园领域活动的含义与特点

（一）幼儿园领域活动的含义

领域活动是按幼儿学习领域划分幼儿园教育内容的一种课程类型，它把学科体系改造为幼儿的经验体系，使之更贴近幼儿生活实际，又不失系统性。幼儿园领域活动与学科课程的关系密切，通常被看成学科课程。但二者在实质上存在区别。领域是指一种特定的范围或区域，是相对意义上的范围，是一种"前学科"，指明幼儿学习的知识内容的领域。而学科包含两种含义：一是作为知识的"学科"，二是围绕这些"学科"而建立起来的组织。可见学科是绝对意义上的体系，按特定知识领域内在的逻辑体系来组织和实施。尽管领域与学科具有实质性区别，但是在当前我国的幼儿园教育中，领域教学活动也被称之为学科教学活动。

（二）幼儿园领域活动的特点

1. 各领域活动中的知识经验有较强的系统性

领域活动中的知识是主要以表象或初级概念为基础和核心组织起来的经验层次的"前学科"体系。各领域活动中的知识不只是一个知识系列，它还是充分反映不同年龄阶段幼儿发展特点和学习特点的经验的系列。在这样一个系列中，它提供了与幼儿生活密切相关的有用的知识和经验，且按照领域进行了相对的划分，在《幼儿园教育指导纲要（试行）》中对各领域知识的目标、内容和要求以及组织和实施、评价都做了系统的归纳和阐述。

2. 领域活动有较强的渗透性

领域活动有较强的渗透性，它包括领域内内容的渗透和领域间内容的渗透。幼儿园领域活动虽然也是以学科为中心组织起来的，但是经过改造之后，其知识的分类并不严格、精细，而是把相关的知识囊括在一个相对较大的"领域"之内。

与中小学教育的学科相比，幼儿园教育的每个领域都比学科宽广得多。在一个领域中，教育内容又可以做相对划分，但这些内容之间并不是相互独立的，而是相互渗透的。这种渗透既存在于整体课程设计的层面上，也存在于活动的层面上。领域渗透体现为：在某一个领域教育活动中达到多个领域的目标；通过其他领域的教育活动达到本领域的教育目标；本领域内教育内容的有机联系，相互渗透。相互渗透是领域活动课程发展的高级阶段，它在保持领域完整性的同时，更多地关注幼儿发展的完整性、整体性。

3. 领域活动强调与幼儿的生活相联系

《幼儿园教育指导纲要（试行）》明确指出教育内容的选择要"贴近幼儿的生活来选择幼儿感兴趣的事物和问题"。在幼儿园领域活动中，幼儿学习的主要是"前学科"，这种"前学科"主要是以表象或初级概念为基础和核心组织起来的经验层次的知识，这同时也决定了幼儿所学习的"前学科"与幼儿的生活之间充满了千丝万缕的联系，因此幼儿园领域活动必须与幼儿的生活紧密联系。同时，直观形象的事物和幼儿自身的直接经验是幼儿园领域活动必不可少的基础，但它又并非幼儿生活经验的简单堆积。例如，幼儿在学习"立方体"知识时，就需要调动其对于形状的相关概念。总之，领域活动在密切联系幼儿的生活基础上，以"归纳"为基本方法，通过大量的实例，再在幼儿获得直接经验的基础上，帮助他们整理和提升经验，以形成一些简单的、粗浅的、系统化的知识经验。领域活动更要重视知识经验之间的整合，以贴近幼儿的整个生活实际。

4. 领域活动具有较强的计划性和可操作性

幼儿园领域活动的目标是教师预先制定的，活动设计是为了实现教学目标，整个活动的开展以教师的计划为依据，最后根据活动效果和活动目标达成度来进行活动评价。

由于幼儿园领域活动是一种"前学科"，具有一定的系统性，逻辑严密，因此在实施过程中具有较强的可操作性。相较于单元主题活动、项目活动等结构化程度较低的活动而言，领域活动整体而言结构化程度较高，对于没有太多教育教学经验的教师而言，也可以在教师参考用书和教材的指导下分门别类地实施教育教学。

二、幼儿园领域活动的设计原则

（一）领域活动的难易程度要考虑幼儿的年龄特征

在领域活动中，教师对教育活动的计划必须准确地把握幼儿的年龄特征，使之与幼儿的发展水平相符合，在此基础上促进幼儿身心和谐发展。具体而言，其包括两层含义：一方面，领域活动的设计应当适应幼儿的发展水平，充分考虑幼儿的年龄特征，活动的目标及内容的选择都应以幼儿的发展水平为基础。同时，教师应努力把握幼儿身心发展的规律，把握领域活动内在的教学规律，在充分考虑幼儿年龄特征与领域活动特点的情况下，使所设计的领域活动能最大程度地促进幼儿身心发展。另一方面，领域活动的设计应始终贯彻以"发展"为设计的核心，活动的目标及内容都应保持在维果茨基的"最近发展区"内，使幼儿在原有基础上得到充分发展。例如，关于地球引力的作用，尽管认识地球引力是幼儿科学领域中一个关键经验，尽管幼儿能亲自感受到磁铁那种相互吸引的、看不见的力量，那么，他们是否能将这种感知迁移，对地球引力形成理解，使他们相信强大的地球引力能吸住地上的人、房屋和学校……，因此住在地球上面的人不会掉下去，我们身体的活动需要用能量来抵制地球引力的牵引。研究表明，尽管我们可以设计一些有趣的实验，但是对幼儿来说理解还是很困难的。而同样是科学领域中关键概念的磁铁则不然。磁铁会吸引钢铁，也会吸引幼儿的注意力。虽然我们不能看到或者感觉到磁铁的吸引力，但是能看到或者感觉到它发生的作用。幼儿在通过实验让磁铁的力量发挥作用的时候，他们就会相信这种看不见的力量真实存在。

（二）领域活动的次序要考虑幼儿的发展顺序

幼儿的发展总体来讲是按照一定的顺序进行的，教育中要做到不"陵节而施"，充分考虑到幼儿的发展顺序性，在幼儿一定的发展阶段施以相应内容的教育。

> **案例**
>
> 数学学科中幼儿分类学习
>
> 数学分类活动类型从简单到复杂，有以下几种：
>
> 1. 按物体的一个特征分类。物体的外部特征（如颜色、形状、大小等），幼儿都能直接感知，因此按物体外部的某一特征分类，幼儿比较容易掌握。例如，把一盒各种颜色的珠子按颜色差异分别放在不同的小盘里。
>
> 2. 按物体的两个特征分类。这种分类形式要求幼儿能从两个角度来划分物体的类别。例如，当分类要求是将黄色的圆形纸片放在一起时，幼儿只有找出黄色的而且是圆形的纸片才符合要求。
>
> 3. 按照物体的一个特征的肯定与否定的标准分类。所谓肯定标准是指符合某一特征的所有物体；所谓否定标准是指不符合某一特征的所有物体。因此其概括性和抽象性都更高了一层，学习的难度也更大了。例如，要求按绿色（肯定）与非绿色（否定）的标

准分类时，非绿色不是单指非绿色的某一种颜色，而是指除绿色之外的所有颜色。

4. 多重分类。多重分类是指对一组物体可以确定多种标准进行分类，一个物体可以划分到不同的类别中。例如，一堆衣服可以按穿的季节进行分类，也可以按成人装和童装、男装和女装、棉织品和非棉织品进行分类。

5. 层级分类。它是按照物体的某种特征，多级次地将物体连续分类。例如，一盘纽扣可以先按大小分成两类，接着将分成的两类各按颜色特征继续分类，再按纽扣的形状或者扣眼的多少分类等。

6. 交叉分类。当某些物体同时具有两个集合所具有的特征时，它们就成为两个集合的相交、重合部分。我们把同时属于两个集合的这部分物体所形成的集合称为这两个集合的交集。交集分类就是要求幼儿能将属于两个集合相交部分的物体放在一起。

从分类这一内容，就可以看出数学内容本身存在一定的逻辑性，因此，数学教育活动内容的组织与安排，既应该体现教育内容的系统性和内在逻辑性，又要和各年龄班幼儿的认识特点和接受水平相适应。例如，小班可以学习按物体的一个特征进行分类，而交叉分类这一教学内容的难度最大，应放在大班末期进行。有时，教师在设计教育活动时，甚至需要将一项内容或要求分解为若干相互衔接、由浅入深的具体内容，才能与幼儿的学习能力相适应。例如，小班幼儿学习分类，开始时可让幼儿学习将相同的实物放在一起，接着可让幼儿学习按标记对实物（或图形）进行分类，以后可以让幼儿先进行分类，再选择相应的标记表示分类的结果。这样，才能取得比较好的教学效果。

（三）领域活动应面向全体幼儿并兼顾个体差异

幼儿的发展是一个持续、渐进的过程，每个幼儿在沿着相似进程发展的过程中，各自的发展速度和到达某一水平的时间不完全相同。因此，在领域活动中，教育活动可以以全体、小组或个体等不同的形式开展，教师要保证活动过程中充分理解和尊重幼儿发展进程中的个体差异，切忌用一把"尺子"衡量所有幼儿。尽管教师预设的教育计划不可能完全满足个体差异，但是教师可以通过活动前精心设计、活动中认真观察、活动后客观分析，尽可能地使领域活动既满足全体幼儿的需求又兼顾个体差异。例如，一位教师在组织幼儿进行小鸡、小鸭的比较观察活动中，"介绍各自所带的食物""小鸡、小鸭的比较观察""观看小鸡出壳的录像"采用集体活动，而"给小鸡、小鸭喂食""观察小鸭游泳""分享小鸡、小鸭的趣事"则采用小组活动进行，较好地兼顾了幼儿的不同需要。

三、幼儿园领域活动的设计过程

幼儿园领域活动设计是一个广义的概念，既包含领域活动目标的制定、领域活动内容的选择以及领域活动过程的设计等。目标一般是教育活动设计的起点，即先确定各领域的活动总目标，然后是学年目标和教育计划，学期目标和教育计划，月目标和教育计划，周目标和教育计划，日目标和教育计划，具体的领域活动设计（包括活动目标和活动内容等），最后根据目标设计活动过程，并进行分析和评估，以确定或修改计划（图4-1）。

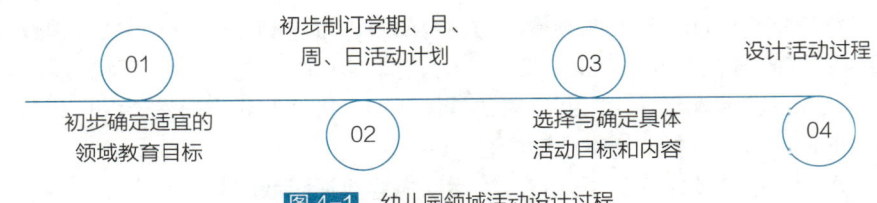

图 4-1　幼儿园领域活动设计过程

（一）初步确定适宜的领域教育目标

通过学习有关政策，如《幼儿园教育指导纲要（试行）》《3～6 岁儿童学习与发展指南》等，综合考虑本班幼儿具体情况、可以利用的教育资源、自身已有经验等，初步确定适合本班幼儿的领域教育目标。

（二）初步制订学期、月、周、日活动计划

在制定了适宜的领域教育目标的基础上，结合本园的相关规定、幼儿可能的需要与兴趣、可以利用的教育资源、自身已有经验等，初步制订学期、月、周、日活动计划。

学期活动计划是指导幼儿园一个学期班级教育教学工作全面、有效开展的规划。月活动计划是在总结上个月幼儿园计划执行情况的基础上提出实现学期目标课程计划的实际步骤。周活动计划是一周之内全部教育活动及相关工作的具体方案，是当月幼儿园课程计划中某些内容的具体化。日活动计划则是指对幼儿园一日生活中全部活动的设计规划，是周课程计划中每天、每项内容的详细实施方案。不同活动计划既要以领域教育目标为基础，同时也要具有一定弹性。

（三）选择与确定具体活动目标和内容

1. 制定活动目标

活动目标指某教学活动所能达到的预期结果，是整个教学活动计划的核心部分。幼儿园领域活动目标主要阐明期望幼儿通过这一活动能达到的目标，其制定首先要考虑符合《幼儿园教育指导纲要（试行）》中各领域的目标设定；其次，要考虑幼儿园各年龄班的目标及具体的学期目标；最后，要结合幼儿园本班一段时间以来的具体活动安排或幼儿当前的发展设定适宜的活动目标。

一般而言，活动目标包括情感态度目标、认知目标、行为和技能目标。情感态度目标指活动过程中幼儿的情绪情感的体验或形成某种积极的态度，常用"乐意、愿意、兴趣、感受、喜欢、热爱、萌发"等词语。认知目标指活动要完成的具体任务或要掌握的知识点，常用"认识、了解、知道、理解、领会、记住、说出、区别、比较"等词语。行为和技能目标指活动过程中行为和技能的形成，常用"学会、运用、遵守、掌握、能够、区别、比较、判断、创编、表现、制作"等词语。

在确定活动目标时需要注意以下几点：①活动目标的表述应该具体清晰，具有可操作性。避免用"提高幼儿的口语表达能力""使幼儿体验参与数学活动的乐趣""理解国旗的含义及爱国旗"等笼统、操作性低的语言描述。②活动目标表述的角度要统一，尽量从幼儿的角度进行表述，指出幼儿在活动后应该知道的和能够做到的表现。③活动目标表述中应突出重点。每一个教学活动都有可能促进幼儿多方面的发展，在设计时只需要选择其中最具有代表性的方面加以表述，避免主次不分。④活动目标应表述结果，避免表述过程。

2. 组织活动内容

活动内容是实现活动目标的载体，与活动目标紧密相连。一方面，初步选择与确定的活动目标会影响活动内容的选择与确定；另一方面，活动内容又会反过来制约甚至决定最终达成的目标，包括事先预定的目标，而活动过程中发生的一些意想不到的新目标，又会进一步影响活动内

容的选择与最终确定。因此，幼儿园领域活动内容的组织首先要考虑符合《幼儿园教育指导纲要（试行）》中各领域的内容设定；其次，要考虑幼儿园各年龄班的活动内容及具体的学期活动内容；最后，要结合幼儿园本班一段时间以来的具体活动安排、幼儿当前发展的现状等具体情况，依据预先制定的活动目标选择并组织活动内容。

在组织活动内容时需要注意以下几点：①活动内容要注意活动的教育潜能，内容不仅要包括较多的教育内容，同时还要包括丰富的教育资源。②活动内容是否符合幼儿的年龄特点，是否符合幼儿学习与发展的需要，是否与已有的经验相匹配，知识是否有连续性。③领域活动的内容要符合本地、本园的实际情况，包括当地的风土人情、文化传统和教学资源等，充分挖掘活动资源，使活动更加贴近生活。④内容的选择要注意领域知识、技能以及领域本身的逻辑性、系统性和基本规律。⑤活动内容能够引发幼儿的学习兴趣，并且能反映时代发展特征，有助于幼儿的长远发展。

（四）设计活动过程

活动过程是活动方案的主体部分，是教师与幼儿在共同实现教学任务中的活动状态变换及其学习流程，由相互依存的教与学两个方面构成。一般结构可分为活动开始部分、活动基本部分、活动结束部分和活动延伸部分。

在设计活动过程时需要注意以下几点：①教师要尽量设计一些有趣的游戏活动来激发幼儿参与的兴趣，发挥幼儿的自主能动性，帮助幼儿通过游戏活动并在游戏活动中了解与掌握相关知识，获得发展。②注意领域之间的相互联系，在关注内容中蕴含的本领域教育价值和意义的同时，注意挖掘其中蕴含的其他领域的教育价值与意义，尽量体现领域之间的相互渗透。③活动过程的设计要有一定弹性，特别是问题的设计应以开放式问题为主。

四、幼儿园领域活动方案实例

大班社会活动：做事不拖拉[①]

（一）设计意图

在幼儿园，我们经常会为某些幼儿做事拖拖拉拉、慢慢吞吞而苦恼。分析原因：一是幼儿年龄较小，他们对时间的观念比较淡薄；二是现在的孩子大多是独生子女，在家有大人宠着，没有养成良好的学习、做事习惯。大班幼儿即将升入小学，改掉他们做事拖拉的习惯、提高做事的效率，是幼小衔接的重要内容。于是我从幼儿生活中的典型个案取材，自编了故事《拖拖的一天》，并设计了本次活动。

（二）活动目标

（1）理解故事内容，知道做事不能拖拉。
（2）体验一分钟能做的事情，初步建立时间观念，懂得做事不拖拉。
（3）在游戏中形成珍惜时间的意识，养成做事不拖拉的习惯。

（三）活动准备

（1）经验准备：家园配合填写"自己的事情自己做"时间记录表。
（2）物质准备：
①Flash课件，内容包括动画故事《拖拖的一天》及"一分钟"动画闹钟。
②自制"藏拖盒"一只；幼儿每人一支记号笔；红、绿纸各一张；珠子、蚕豆每人若干。

[①] 王丽新．幼儿园课程、说课与评课［M］．北京：北京理工大学出版社，2017：83-85．

（四）活动过程

1. 欣赏故事"拖拉"

（1）播放动画故事《拖拖的一天》。

（2）提问：你们喜欢拖拖吗？为什么？

（3）分析讨论，理解故事。

①拖拖做哪些事拖拖拉拉？他是怎么做的？怎么说的？

②拖拖这样做对他有哪些影响？

③他为什么会拖拖拉拉的呢？

小结：拖拖做事总是拖拖拉拉、慢慢吞吞的，既影响自己的身体健康，也影响别人做事、浪费别人的时间。小朋友们做事情绝对不能拖拖拉拉。

2. 回顾自身找"拖拉"

（1）提问：你们是怎么做事情的？同样的一件事，你们用的时间是一样的吗？

（2）出示"自己的事情自己做"时间记录表。

①相互交流各自的时间记录表，教师记录幼儿做事的时间。

②共同讨论为什么会不一样，是做事用的时间长的拖拉了，还是做事用的时间短的拖拉了。

小结：做同样一件事，有的小朋友用的时间比别人少，有的比别人多，看来，在我们小朋友中也有人像拖拖一样，做事拖拖拉拉的。

3. 体验时间不"拖拉"

（1）安静感受一分钟。

①提问："一分钟是长还是短？"幼儿讨论交流。

②播放"一分钟"动画闹钟，让幼儿安静感受一分钟。

③再次讨论一分钟是长还是短。

（2）游戏体验一分钟。

游戏："穿珠和夹蚕豆"。

规则：一分钟穿10个珠子，若有剩余时间可夹蚕豆。

①幼儿第一次游戏。

提问：你们完成任务了吗？通过游戏，你们感觉一分钟长吗？

讨论：怎样在一分钟内穿10个珠子、夹更多的蚕豆呢？老师再给你们一次机会。

②幼儿第二次游戏。

提问：这一次你们完成任务了吗？你们比第一次有进步吗？为什么会进步？

小结：一分钟的时间，如果你们没事情做，就会觉得长；如果你们有事情做，就会觉得很短。一分钟虽然很短，但通过努力，也可以完成一些事。只要你们抓住每一秒，做事不拖拉，一定能又快又好地完成任务。

4. 规范行为改"拖拉"

（1）说一说。

①讨论：在平时的生活中，我们应该怎样做事情？

②交流自己哪些事情做得快、哪些事情做得慢。

（2）画一画。将自己做得快和做得慢的事情分别画在绿色和红色的纸上。

（3）藏一藏。将"做得慢的事"藏进教师的"藏拖盒"里，并大声说"再见"；对"做得快的事"说一句"我会继续努力"。

小结：在平时的生活中，我们有好多事情要做，但因为有的人动作快、有的人动作慢，因此结果也就不一样。但只要你们抓住每一秒、抓住每一分钟，做到不拖拉，就一定能学到很多本领。再过一段时间，你们就要上小学了，请你们从现在开始，做一个珍惜时间的人，又快又好地做每件事。

（五）活动延伸

（1）请幼儿回家后继续记录"自己的事情自己做"时间记录表，看看自己的进步。

（2）在各项活动中认真练本领，做到做事不拖拉。

附：

"自己的事情自己做"时间记录表

事情	所用时间
吃饭	
穿衣	
洗脸	
整理书包	
……	

关键术语

学科课程　幼儿园领域活动　领域教育目标　领域活动方案

复习思考

1. 简述幼儿园领域活动的特点。
2. 论述幼儿园领域活动的设计原则，并寻找实践案例。
3. 试分析幼儿园领域活动的教育价值与局限性。

任务2　幼儿园单元主题活动的设计

导入情境

近年来，随着国外幼儿园课程模式的引进，国内许多幼儿园纷纷尝试开展各种类型的主题活动，如蒙台梭利教育中的主题活动、瑞吉欧的方案教学等。冯老师有这样的困惑：这些活动的共同点在于以主题的形式开展教育教学，那么，什么是单元主题活动？如何设计单元主题活动呢？

参与式学习

一、幼儿园单元主题活动的含义与特点

（一）幼儿园单元主题活动的含义

"主题"一词，"意指课程的某一单元、某个时段所要讨论的中心话题……幼儿园课程中的主

题，往往不只是中心议题本身，它还包括中心议题蕴含的或与中心议题相关的问题、现象及事件等。①"幼儿园单元主题活动是指教师和幼儿在一定的时间里，围绕一个具有内在脉络和价值关联的中心内容（主题）组织的教育教学活动。单元主题教学活动打破了学科之间的界限，将各种学习内容围绕一个"中心"有机地联系起来，从幼儿的兴趣和需要出发，紧密跟随现实生活发生的新变化和新形势，围绕着一个主题展开一系列的活动，让幼儿通过对这一主题的探索和学习，获得与该中心相关的比较完整的经验②。教育内容的编排和组合，教育手段和方法的选择，都围绕主题进行，并以主题为中心构成一个有机整体。主题教学活动吸纳了方案教学的教育理念，体现了预设课程与生成课程的统一。例如，教师针对班上部分幼儿挑食、厌食、进餐慢的现象，开展了"饭菜香喷喷"这一主题，以食物为主要研究内容，幼儿可以在活动中了解不同的食物种类，如米、面、肉、菜等，注意到食物可以有不同的搭配，知道各种食物的营养价值。本主题旨在通过一系列探索活动，引导幼儿明白均衡饮食的重要性，从小养成不挑食、不浪费粮食等良好的饮食态度与习惯。由这个主题又延伸出了几个小主题，如观察实践活动——"玉米的秘密"、品尝活动——"玉米香喷喷"、交流分享活动——"玉米食谱"、亲子活动——"玉米烹调大比拼"、宣传活动——"玉米营养多"等主题活动的开展，实际上也是幼儿园各科课程相互整合的观念。因为在此活动中，涉及多个学科的知识，比如音乐、美术、手工、科学等。这也与幼儿的认知特点相符合，因为我们在处理问题的时候，不会将某个问题分割为不同的知识领域，而是在头脑中将各科知识进行整合分析。

（二）幼儿园单元主题活动的特点

1. 打破学科界限，使课程具有整合性

主题活动打破了学科之间的界限，采用一种有机整合的方式，将各种学习内容用一个中心话题有机地连接起来，让幼儿通过该主题的学习，获得与主题相关的比较完整的经验。目前，五大领域仍然是广义上的分科课程思路，主题活动的内容组织形式能够使五大领域的知识尽量回归到事物本身，从而实现领域间的融合与渗透，实现课程内容的整合。《幼儿园教育指导纲要（试行）》指出："幼儿园的教育内容是全面的、启蒙性的，可以相对划分为健康、语言、社会、科学、艺术等五个领域，也可作其他不同的划分。"如果按照《幼儿园教育指导纲要（试行）》中指出的五大领域将幼儿园教育进行分类，可以用图4-2来说明该特点。

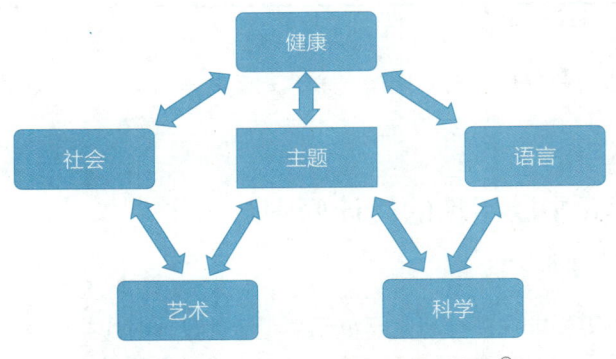

图4-2 单元主题活动的横向结构示意图③

---

① 虞永平. 论幼儿园课程中的主题[J]. 学前教育研究，2002（6）：13-15.
② 袁贵仁. 中国教师新百科：幼儿教育卷[M]. 北京：中国大百科全书出版社，2003：379.
③ 冯晓霞. 幼儿园课程[M]. 北京：北京师范大学出版社，2001：207.（有修改）

图4-2中的"主题"和"五大领域"之间是用双箭头直线相连的,这说明了"主题"和各个"领域"之间是相互影响的,如主题的选择与展开受到领域目标、内容等的影响,同时主题又会反过来影响领域目标、内容等方面的实现情况以及各领域之间的联系情况等。

需要说明的是,在单元主题活动中,主题虽然会或多或少地涉及各种学习内容,如这里所说的五大领域,但具体到某一"主题",不同学习内容(如不同领域等)在主题中所占的比重并非均等,可能会有所侧重。这是由"主题"自身的特点以及当时可以利用的教育资源,幼儿的需要、兴趣等多种因素决定的。此外,各种学习内容之间的联系必须是自然的、水到渠成式的、实质性的和内在的有机联系,避免将各种学习内容简单堆积到一起的"拼盘"现象。

2. 营造问题情境,使课程更具探究性

由于主题活动有一个中心议题,幼儿的各种学习都是由该中心引起的,因此在一般情况下主题扩展出的活动都是对该主题及其所含现象、事件、问题的探究甚至研究,这使得整个活动就像是围绕某个问题进行的系列研究。而通过营造问题情境,启动或推进主题也是主题活动常用的方法之一。

3. 主题灵活开放,使课程具有一定生成性

每一个单元主题教学的设计、开发和实施都应当是有计划进行的。同时,单元主题活动还表现出了灵活性。单元主题活动是在幼儿已有经验和学习活动过程的学习状况有充分了解的基础上而开展的。主题活动在结构上往往比较开放,一般一个主题活动由一个内核和数条扩展链构成。简单地说,内核就是中心话题,是主题活动围绕的核心;扩展链是指主题内容的展开线索,主题通过扩展链层层展开。教师要细致考虑到与主题有关的各种可能性,在活动中及时捕捉幼儿活动的信息,并及时做出反应,调整扩展链。

4. 活动形式多样,使幼儿学习具有建构性

《3~6岁儿童学习与发展指南》中明确指出:"要充分尊重和保护幼儿的好奇心和学习兴趣,帮助幼儿逐步养成积极主动、认真专注、不怕困难、敢于探究和尝试、乐于想象和创造等良好的学习品质。"主题活动的实践形式包括教学活动、游戏活动、生活活动及其他形式的幼儿实践活动,主题的推进与发展是教师的知识经验与幼儿的兴趣需要之间相互作用的结果,师幼共同建构各自的经验,实现教学相长。在开展单元主题活动时,教师应鼓励幼儿通过个别或小组的探索、游戏等方式进行学习,使幼儿在与材料和他人的互动中建构起经验,而不是被动地接受知识。

实践活动

以小组为单位,选择一所幼儿园实地调查其单元主题活动开展情况,分析其优缺点,并提出针对性建议。

二、幼儿园单元主题活动的设计原则

(一)以幼儿发展为本

以幼儿发展为本原则要求在进行幼儿园单元主题活动设计时应自觉以幼儿为中心,主要关心幼儿是如何进行学习的、怎么才能更好地有效学习。传统教育教学观认为,教师决定着幼儿学习知识的多寡、效果的优良,从而使得教师成为幼儿园教育教学活动设计时、实践过程中所关心的主体,将教师塑造成为知识的秉持与传授者,幼儿成为知识的被动学习与接受者,最终使得幼儿养成消极、被动的学习态度。我们只有将幼儿视为主题活动设计时的主体、学习的中心,将教师视为幼儿活动探索的引导者、支持者和促进者,积极创设有利于幼儿探究的活动环境、提供丰富

的材料，鼓励幼儿积极主动参与活动，在活动探索中发现、提出和解决问题，从而才能满足幼儿的兴趣、激发幼儿的学习潜能、达成教育及活动的目标。

（二）科学性和整合性相统一

幼儿园的单元主题活动设计要凸显科学性，时刻关注单元主题活动的设计是否符合幼儿的年龄特点，并在设计中随时进行比对。若以年级或园级为单位设计单元主题活动时，要关注三个年龄段之间活动的衔接与区别是否明显。主题单元背景资料和主题单元目标应在难度、内容侧重点方面区分得更加清楚。尤其是中班和大班的内容，应建立在上一阶段学习相同主题时已有的经验基础上。

课程是一个整合的系统工程。每一个教育活动的设计都应坚持整合性的原则。单元主题活动的整合性原则主要体现在活动目标和内容上的整合。关于活动目标的整合，要求我们基于幼儿身心和谐全面发展的总目标，并将其贯穿于幼儿园一日活动中，实现知识与技能、过程与方法和情感态度与价值观三方面目标的有机统一，最终实现幼儿的全面发展。关于活动内容的整合，强调在对幼儿园单元主题活动进行子主题和活动内容的选择及规划时，要淡化领域界限，强调知识间有机统整联系，并按照幼儿生活经验及成长的逻辑来组织和开展系列活动，进而实现幼儿身心和谐、全面整体的发展。同时，单元主题活动设计、实施及活动结束后的评价，还应注意各种课程资源、教育教学方法、手段和对幼儿评价等方面的整合。

（三）注重活动性与发展适宜性

幼儿是爱动的、爱表现的，因此在活动设计时应基于幼儿自身及社会现实生活，尽可能地提供学习的材料与机会，创设一个富有教育性的环境，给予幼儿更多的主动参与、自主探索和亲身实践的机会，强调幼儿在活动的过程中建构经验、获得发展，调动幼儿的学习积极性，促进幼儿身心和谐发展。

维果茨基的"最近发展区理论"，认为儿童的发展有两种水平：一种是儿童的现有水平，指独立活动时所能达到的解决问题的水平；另一种是儿童可能的发展水平，也就是通过教学所获得的潜力。两者之间的差异就是"最近发展区"。幼儿园单元主题活动的设计应着眼于幼儿的"最近发展区"，为其提供带有相应难度的内容，调动幼儿的学习积极性，发挥其潜能。

（四）可行性与地域性相结合

教学的主体是幼儿和教师，因此在单元主题活动设计时不仅要考虑幼儿的各种需求，还应该考虑各种因素。设计前，教育者捕捉到幼儿的需要和兴趣点，体现以幼儿为本的原则，但还需对这样的需求和兴趣点进行一定的分析，分析开展这一主题所需要的条件，包括地域差距、物质环境、材料获取、教师自身能力、幼儿的已有经验等，把这些因素做充分的分析之后，再确定这个主题实施的可行性。例如，大海的主题，幼儿对海本身就具有强烈的兴趣，从兴趣的视角出发，这样的主题具备可行性，但在没有大海的地方实施就不具备地域性，如在大山中的很多幼儿都没有关于海的直接经验，没有海洋资源的物质条件支持，没有储备的已有生活经验，这样的主题就只是空洞的语言说教，幼儿不但没有获得经验的提升，还使活动无法向更深层次推进。具有可行性的主题需要具备一定的地域性，可行性高的主题会是一个有价值的主题，在这样的主题中物质材料都可以转换成教育媒介，幼儿操作材料就可以获得直观的体验，在与材料的相互作用中增加生活的经验，获得认知的发展。

三、幼儿园单元主题活动的设计过程

（一）主题的选择与开发

"主题"是单元主题活动的核心。它既表明幼儿将要参与的系列活动，又表明他们将从中所获得的关键经验，同时又是教师选择组织学习内容、展开教育过程、创设教育环境的引航灯。因此，选定"主题"是开展主题活动的逻辑起点，也是主题是否有价值的依据。

1. 选择主题的出发点

主题活动的主题一般源自幼儿的生活，选择主题可有多个出发点。

（1）从幼儿的兴趣和需要出发。幼儿感兴趣的事物中可能包含丰富的教育价值，教师可以通过谈话、观察等多种形式，了解幼儿的需要、兴趣及已有相关经验。例如，带领幼儿外出散步时，偶尔飘过的一片树叶、头顶飞过的一架飞机都可能成为幼儿关注的热点，一个个是什么、为什么、怎么办的问题可串联、累计、转化成幼儿园单元主题活动自发生成的主题。

（2）从课程目标出发。课程目标的实现需要相应的教育活动加以支持，因此，可从确定的课程目标出发，寻找相应的活动主题。

（3）从现有的"内容"或"材料"出发。由于幼儿园教育活动是一个整体，在进行主题选择时可从已开展过的主题活动、可以利用的教育资源（包括硬件设施、资料、环境等）及学科知识出发，寻找合适的主题。在现实情境中，有一些内容会不期而至，成为难得的"主题"，比如，家长送来了几个大的纸质包装箱，就能够产生出"小小设计师"的主题，教师切不可轻易放掉。

（4）从幼儿自身的生活实践和关注的社会事件出发。幼儿生活的现实世界时刻都在发生各种事件，有些是幼儿直接参与其中的。例如，幼儿自身的生活事件，"牙齿脱落了""出血了""我们的新朋友""青菜发芽了""小兔子生病了"等，这些主题都是发生在幼儿生活中的事件，这些事件是真实的，是最能够吸引幼儿学习兴趣的。有些社会生活中的重大事件，幼儿虽然没有直接参与，但也与幼儿相关，或多或少影响到幼儿的生活，如"北京冬奥会""地震了""交通事故发生了"等，这些事件涉及幼儿学习的多种知识领域，也可能会引起幼儿的关注，发展幼儿的多种情感，促进幼儿多种能力的发展。

2. 主题确定的依据

幼儿园或教师在确定"主题"时，首先要考虑为什么要选择这个主题，并尝试回答以下问题。

（1）幼儿喜欢这个主题吗？这个主题符合他们的兴趣和需要吗？

（2）它蕴含着什么样的教育价值？它可能有助于达成哪些教育目标？当然，有些目标可以直接达到，有些目标则可以间接达到，但无论如何，这些目标都是这个主题本身所蕴含的而不是牵强附会的。

（3）它能够涵盖哪些教育内容？可能引起哪些方面的学习？可以提供给幼儿什么样的学习经验？一个涵盖课程领域较广的主题，有利于幼儿获得均衡的学习经验，也有利于安排各种不同类型的活动。如果主题本身涵盖的领域是非常有限的，可能会导致同类活动的重复。

（4）它的可行性如何？主题所需要的材料容易获得吗？是否容易转化成让幼儿直接参与的具体活动？一个具有可行性的主题，其所需要的活动材料必须容易获得，必须容易转化成具体的活动，让幼儿能够直接参与其中。

（5）它与其他主题活动之间的关系如何？是否有相关的经验进行衔接与连贯？一个主题相对独立，一个主题与另一个主题之间在学习内容上常常没有什么联系，这样使得前后主题之间缺乏衔接与连贯性。适宜的主题产生之后，可以考虑给它起一个能够突出主题活动目的与中心的名字，以此提醒教师关注活动的重点，并帮助幼儿和家长了解幼儿学习的内容。

3. 主题命名

选择了适宜的主题后，就需要考虑给单元主题起一个幼儿能够理解，能够激发他们的探索兴趣，并且能够突出单元主题活动目的和重点的名称，切忌起的名称过于抽象、笼统、概括，如"资源""动物""植物"等名称过于抽象概括，对幼儿缺乏吸引力，可改为"奇妙的水""小兔子真可爱""好吃的蔬菜"等，让幼儿直观感觉到主题与自己相关，是自己感兴趣的，且具有一定的吸引力。

（二）确定主题目标

主题活动目标既是主题活动开展的导向，也是评估主题活动效果的标准。单元主题活动目标的确定需要综合考虑多种因素，如幼儿园总目标、单元主题中蕴含的可能的发展价值和意义、本班幼儿发展水平需要及具体情况等。在主题目标制定中，结合时间轴进一步梳理各层级的目标（图4-3），直观地呈现出各个层级目标之间的逻辑关系，更加科学合理地把控各个层级的目标。

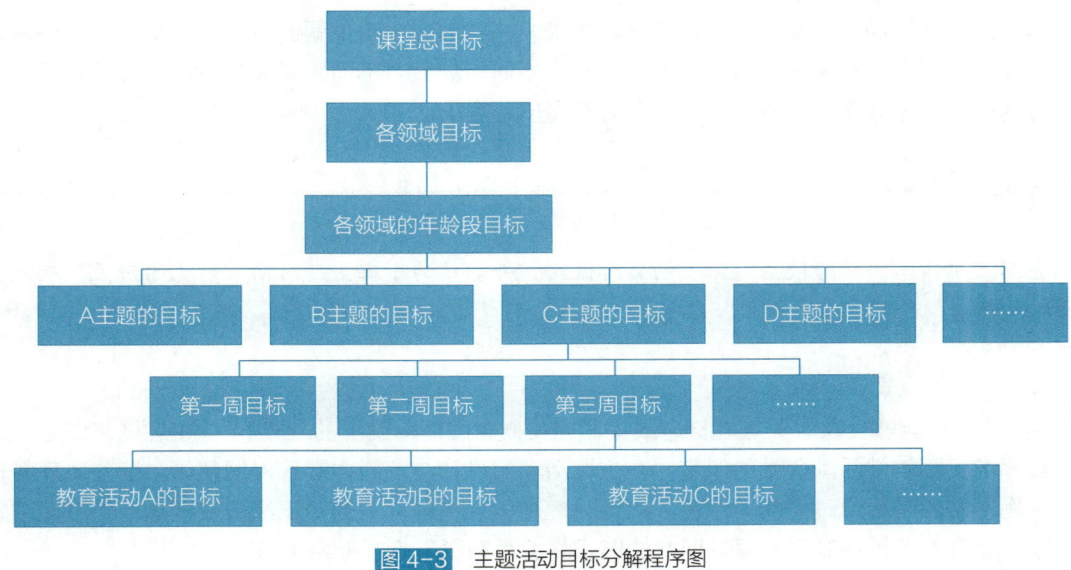

图4-3 主题活动目标分解程序图

相较于具体活动目标而言，主题活动目标是针对整个主题的，因此其涵盖面更广，具有更强的概括性。确定主题目标可从以下四个方面来考虑。

（1）应按照"课程总目标→各领域目标→各领域的年龄段目标→主题教学活动目标→具体活动目标"的方向层层落实目标，下级目标要和上级目标吻合。主题目标的表述应围绕主题，呈现主题的核心内容及幼儿经验的发展点[1]。

（2）特定年龄阶段幼儿发展的一般性目标。一般性目标是指对某一范围内全体幼儿发展的预期结果，《幼儿园教育指导纲要（试行）》中的领域目标、《3～6岁儿童学习与发展指南》中的年龄阶段目标都属于这里所说的一般性目标。例如，根据各年龄段探索科学领域的一般性目标制定出关于水的主题目标，小班重在对水的感知和游戏，中班重在尝试运用一定的方法有目的地感知和积累水的经验，大班重在主动运用各种方法探究水的特征并体验水与人类的关系。具体制定的主题目标如表4-1[2]所示。

---

[1] 邵小佩. 幼儿园课程与教学［M］. 北京：北京师范大学出版社，2015：208.
[2] 上海市教育委员会教学研究室. 幼儿园课程图景：课程实施方案编制指南［M］. 上海：华东师范大学出版社，2013：44.

表4-1 关于水的主题目标

小班：好玩的水	中班：有用的水	大班：有趣的水
①初步感知水会流动、水是透明的等特性 ②喜欢用水玩各种游戏 ③感受玩水的快乐	①在玩水的过程中，积累有关水的特征（无色、无味、有浮力、有渗透性等）的感性经验 ②尝试用水做小实验，养成观察记录的习惯 ③体验人们的生活离不开水，懂得爱惜水的道理	①观察大自然中的水，探究和发现水的不同来源和特征 ②通过各种关于水的实验，养成仔细观察与探究的科学态度 ③了解水与人类的关系，增强节约用水、保护水资源的意识

（3）本班幼儿的"最近发展区"。目标是对幼儿发展结果的预期，合理的预期需要对幼儿的"现有水平"和"理想发展"之间的差距进行研究。

（4）幼儿在不同领域及各年龄段的学习需求。一方面，一个主题的目标应尽量涵盖不同领域的学习任务，可以稍有侧重；另一方面，幼儿在不同年龄段对不同领域的学习需求有所侧重，主题目标的确定要充分考虑不同年龄段幼儿的不同学习需求。

实践活动

查阅幼儿园不同年龄段主题活动的目标设定，并尝试为小班主题活动"好吃的蔬菜"确定主题活动目标。

（三）绘制主题网络图

作为"一种能够反映有关主题概念或主题相关概念的简单明了的方式"[1]，主题网络图是主题核心目标与实际教学活动联结的纽带，在主题活动的设计与实施中起着提纲挈领、统整课程的作用。主题网络图是指通过"脑力激荡"而调动起来的与主题有关的知识经验或概念，经过归纳整理，建立起某种关系和联系，并以网状的形式将关系和联系直观形象地呈现出来[2]。

根据整合机制的不同，主题网络图可分为学科式主题网络图和超学科式主题网络图[3]。鉴于主题活动具有综合性、整合性特征，学科式主题网络图倾向于将主题课程划分为健康、语言、社会、科学、艺术五个领域，并以此为标准对活动进行分类、归纳（图4-4）；而跨领域的综合活动则无法被囊括在学科式主题网络图中。超学科式主题网络图的内容展开以要素、问题、情境、活动等方面为依据，便于打破领域间的界限，更能彰显幼儿的认知规律和主题活动的特点。

超学科式主题网络图多采用瑞吉欧的做法，教师与幼儿一起通过头脑风暴的方式，不断修订和完善主题活动的目标和经验，依次分解主题、次级主题……各层级主题间应具有逻辑关系，且避免重复。具体来说，需要进行以下五个步骤。

（1）脑力激荡。指不受任何限制地自由联想，写下能想到的任何与主题有关的字词，这些字词尽可能具体。

---

[1] Judy Herr, Yvonne R. Libby Larson. 创新课堂：儿童创造力开发主题活动62例[M]. 程黎，等，译. 北京：中国轻工业出版社，2003：4.
[2] 虞永平，原晋霞. 幼儿园课程[M]. 北京：高等教育出版社，2014：126.
[3] 刘霞. 幼儿园主题教育课程中主题网的功能与基本类型[J]. 学前教育研究，2011（3）：35-37.

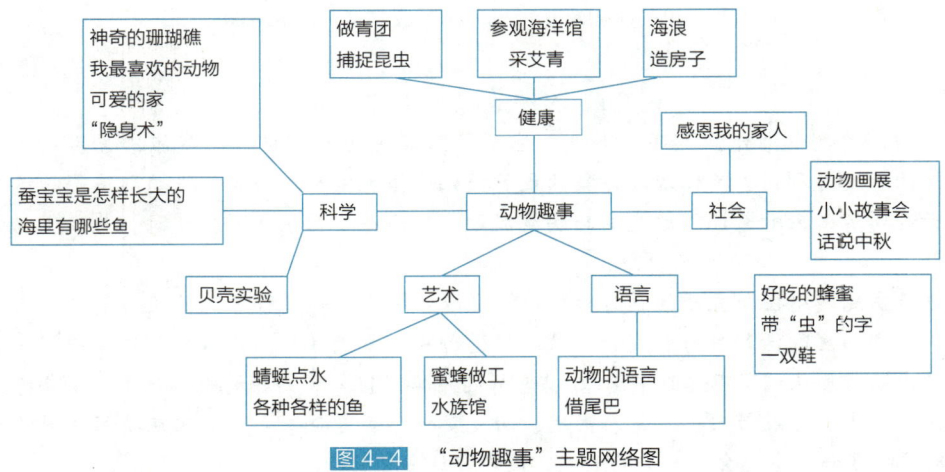

图4-4 "动物趣事"主题网络图

（2）归类。将不同字词按照一定的标准归类，如果不能归类，可在后期通过查阅资料来补充。次级主题的个数通常取决于主题内核的大小，而主题内核的深度、广度与师幼对主题的挖掘与探索密切相关。一般而言，次级主题个数在3~5个较为适宜，并随着幼儿的探究而灵活调整。

（3）命名。为每组字词选择一个最合适的概括性词语，对其进行命名。

（4）联网。将一组组的字词，使用网状形式联系起来，写在纸上。绘制主题网络图时，以主题为中心，将各次级主题及其内容用直线呈放射状绘于纸上，如图4-5所示的"美味的饺子"的主题活动网络图中，一级主题用心形绘制，二级主题用方形绘制，具体活动内容用椭圆形绘制，这样一目了然、非常清晰。

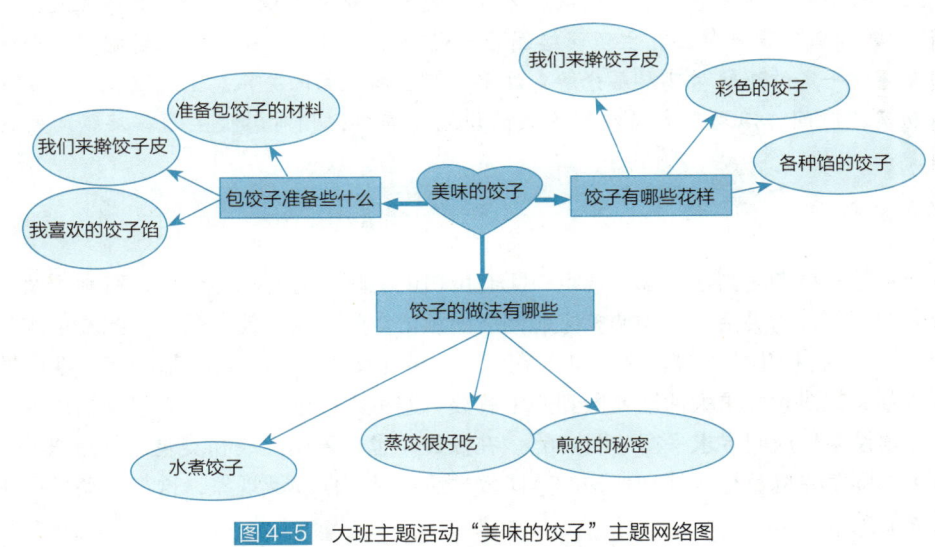

图4-5 大班主题活动"美味的饺子"主题网络图

（5）修改、完善。与其他教师进行交流，互通有无，分享观点，完善主题网络图。还可以设置一些空的子主题，为主题留有生成的空间。

> 拓展阅读 4-1

建构主题网络图容易出现的问题[①]

主题网络图起着承上启下的作用。它既是落实主题活动目标的载体，也为主题课程资源的开发与利用、具体活动方案的设计提供依据和框架。因此，主题网络图的结构和展开逻辑势必影响着课程的走向与实施成效。教师在建构主题网络图时，易出现以下问题：

一是主题网络图与主题活动目标脱离。主题网络图在一定程度上被认为是主题内容的缩影，须与主题活动目标相契合，从而促进预期目标的实现。例如，围绕"中国"这一主题，某教师从"了不起的中国人""多样的中华文化"和"开放的冬奥会"三条线索着手，具体内容涉及节日、建筑、武术、四大发明、冬奥会等方面，但在撰写主题活动目标时忽略了与"冬奥会"相关的表述，使内容偏离了目标。

二是主题网络图以五个领域为展开维度，违背幼儿学习的整体性特点。此种展开方式注重学科知识的系统性，旨在让幼儿掌握各学科的知识、技能，但不利于活动的整合并易演变为学科教学。

三是主题下的同一层级的次级主题层次混乱，且非相互独立的关系。例如，在小班"牙齿真漂亮"主题网络图中，有"牙齿的生长""牙齿的秘密"和"牙齿的保健"三个同一层级的次级主题，而"牙齿的秘密"应属于上一层级主题，包含牙齿的生长与保健。

四是主题网络图中主题活动开展的先后顺序颠倒。主题课程是指在一定范围内，围绕一个中心话题开展的系列活动。这些活动开展的时间顺序应遵循"基于幼儿经验—丰富和拓展幼儿经验—巩固和提升幼儿经验"的基本逻辑，避免随意拼凑。

五是将主题网络图等同于主题实施方案，突出表现为主题网络图的次级主题以"第一周""第二周"等来命名。主题网络图应始终以"主题"为核心，深度挖掘主题的内涵，并遵循一定的逻辑对其层层分解，注重各级主题之间的关系。主题实施方案是对主题活动实施时间、活动形式与组织方式的规划与安排，相对忽视主题各层级间的内在关系。

在审视主题网络图时需注意以下几点：①有留白的意识。有意识地留白，有利于及时捕捉幼儿想要探究的问题，为灵活、机动调整主题网络图预留空间，从而使主题网络图真正成为师幼共建的"产物"。②把握生成的度。关注幼儿在课程中的主体性并非否定教师的能动性。根据既定目标，对主题关键线索和重大活动要做到心中有数，避免因过于强调生成而忽视主题本身的教育价值，应在预设与生成间寻求平衡（图4-6）。在操作中也可采用虚线和实线加以标识。③注重各领域的均衡。围绕主题目标延伸和架构的具体教学活动时有偏领域现象，这与活动目标从属的领域有比较大的关系。

[①] 宋梅. 幼儿园主题网络图审思：内涵、问题与策略［J］. 幼儿教育研究，2023（3）：26–29.

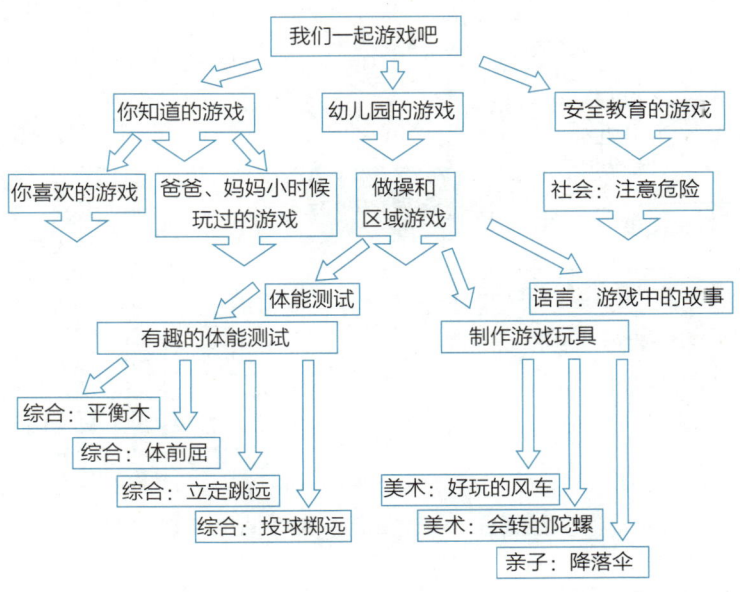

图 4-6 "我们一起游戏吧"主题网络图[1]

实践活动

以小组为单位，绘制小班主题活动"好吃的蔬菜"主题网络图。

（四）开发主题课程资源

课程资源是将课程内容变成具体活动的保障。有什么样的资源就有什么样的课程，从某种意义上说，课程资源直接决定课程的内容与幼儿获得的经验。课程资源包括物质资源和人力资源。幼儿园的环境、空间、材料，幼儿园中的教职工、幼儿同伴，幼儿家庭甚至社区等，都是课程资源的重要组成部分。比如，大班上学期"种子的秘密"主题任务一般在秋天开展，教师也通常在这个主题活动中组织秋游，带领幼儿走进大自然。起初，教师只是随意寻找周边的公园，资源与主题活动目标的契合度并不高；后来，整体考虑主题活动目标，关注物种的丰富性，将秋游地点改在中山植物园，但是多样的物种给教师带来挑战，教师专业知识的欠缺使得很多种子和植物难以成为课程资源；最终，结合家长资源，将秋游地点定在了南京林业大学，拥有植物学专业背景的大儿童和高校教师作为志愿者，分成几个小组带领幼儿认识种子，激发了幼儿的兴趣，丰富了幼儿的经验[2]。

教师可通过环境布置、区域活动创设、游戏、家园互动等板块，呈现主题活动从生成、实施到结束的脉络，并引导幼儿在直接感知、实际操作和亲身体验中获得成长与发展，如图4-7所示。

---

[1] 赵旭莹，周立莉. 幼儿园综合主题活动——设计技巧与优秀案例［M］. 北京：中国轻工业出版社，2014：177.

[2] 夏萍萍. 从"检核"到"鹰架"——以课程审议引领主题活动实施［J］. 幼儿教育，2023（1）：24-27.

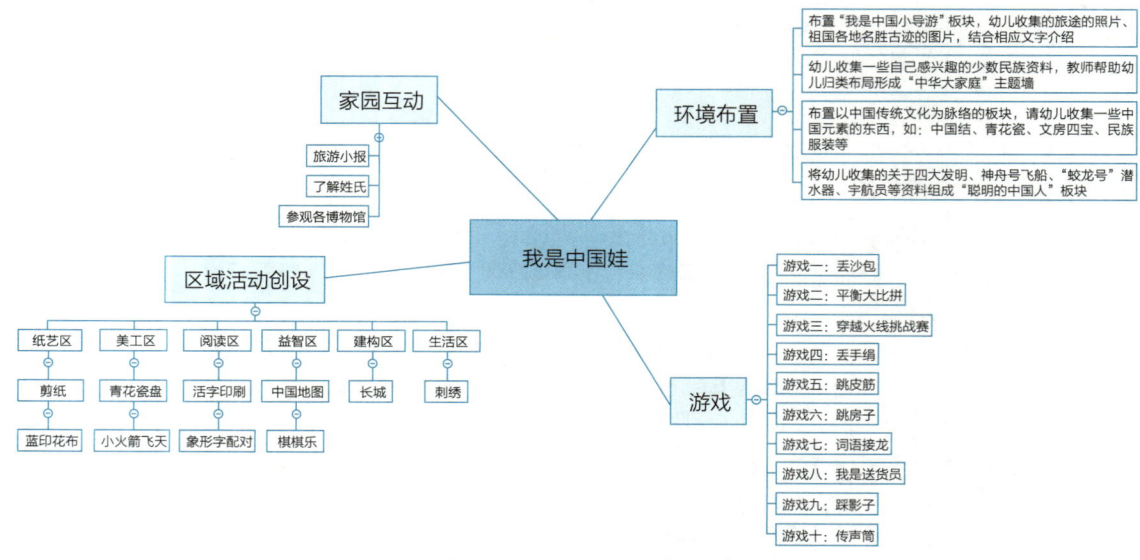

图 4-7 大班主题活动"我是中国娃"环境创设

（五）设计具体活动方案

实践活动

依据自己所制定的"好吃的蔬菜"主题网络图，选择其中一个具体活动撰写方案。小组成员间相互评价该具体活动方案的优缺点。

主题教学活动的实施是通过一系列具体活动的开展而实现的。因此，依据主题网络图设计具体活动方案是保证单元主题活动有效开展的重要环节。比如，一个完整的教学活动方案设计必须包含活动名称、活动目标、活动准备和活动过程，此外还可以设计"活动重点、难点""幼儿情况分析""教育建议"或"活动延伸""活动反思"等部分。

（1）活动名称：指教育活动的具体类型、适合于何种年龄段以及具体内容是什么。活动名称要确保有趣味性、直观及简洁。

（2）活动目标：指通过教学活动所要达到的预期结果，要说明幼儿能够获得哪些知识和经验，培养哪些情感和态度，掌握哪些技能和方法等。在确定活动目标时，教师应综合考虑《幼儿园教育指导纲要（试行）》《3~6岁儿童学习与发展指南》中各年龄段儿童学习和发展目标，以及本班幼儿的现有经验基础和能力水平等，从"认知""情感""技能"三个方面确定。

（3）活动准备：指本次活动需要为幼儿做好的准备，包括经验准备（如知识准备、语言准备等）和物质准备两方面。

（4）活动过程：

①开始部分，即"导入"环节，主要是为了集中幼儿的注意力和激发幼儿的学习兴趣，通常采用呈现实物、创设问题情景、猜谜语、讲故事或直接告知教学内容和任务等方式，时长不宜超过三分钟。

②基本部分（即主体部分），通过提问、讲解、演示、讨论等方式保证幼儿学习上的层层递进。

③结束部分。

（5）活动延伸：指计划中的教学结束之后，还可以进行的教学活动或者生活活动、游戏活动等，以便幼儿有机会联系和巩固所获得的经验，或进一步探究尚未解决的问题。

案例

"我们一起游戏吧"主题活动之"有趣的体能测试——平衡木"[①]

（一）活动目标
1. 感知体能测试的有趣，体验多种运动的快乐。
2. 巩固身体平衡能力，能积极参加各种平衡练习活动，动作较协调。

（二）活动准备
1. 经验准备：进行过平衡游戏。
2. 材料准备：露露罐，剪刀，硬纸板，线，笔，画纸，颜料等。

（三）活动过程
1. 谈话活动，与幼儿聊一聊平衡游戏，激发幼儿参与活动的兴趣。

（1）教师："小朋友们，刚才我们做操的时候，你们看到了楼下的小班小朋友在干什么吗？你在小班的时候测过体能吗？什么让你们感觉到困难？"

（2）小结："测体能包括直线往返跑、走平衡木、立定跳远、投球掷远、双脚连续跳、体前屈。"

（3）大家来投票。教师发现走平衡木、立定跳远、投球掷远、体前屈最让小朋友觉得困难。

2. 讨论："如何让自己的身体更平衡？"激发幼儿对平衡游戏的兴趣，减弱对平衡木的恐惧心理。

（1）教师："刚才我们投票后发现什么了？那我们从最容易的平衡木游戏开始怎么样？"

（2）讨论："什么样的游戏能练习身体的平衡？"（分小组讨论）

（3）教师请每组的代表来说一说想法。

（4）提问："我们说了那么多游戏方法，你们猜猜，哪个游戏更有趣，又能让我们的平衡能力提高得更快呢？"

①引导幼儿分组第一次猜想，并将想法记录下来。
②分组讨论，并记录。
③教师请幼儿把小组的想法介绍给大家，并展示记录图。

3. 小结："我们一起来回忆一下大家想出的好办法：走地上的线；走地上的点；用露露罐做一个平衡木；用硬纸板剪一个小长条；走地上的砖。"

教师："我们说了这么多办法，得去验证一下，才能知道到底能不能使我们的平衡能力增强。"引导幼儿分头行动，收集材料。

（四）活动延伸
分组制作锻炼平衡的工具，并检验猜想。

[①] 赵旭莹，周立莉. 幼儿园综合主题活动：设计技巧与优秀案例[M]. 北京：中国轻工业出版社，2014：182-184.

四、幼儿园单元主题活动方案实例

大班单元主题活动"神秘洞"①

（一）主题的选择与开发

大家可曾注意到"洞"在哪里？可曾好奇这些"洞"的存在？首先，人的身上有许多洞。眼睛是"洞洞"，鼻孔、嘴巴是"洞洞"，耳朵、肚脐也是"洞洞"，甚至拿放大镜看我们的皮肤，上面都有一个个小小的"洞洞"。人每天还要吃许多有"洞洞"的蔬菜、水果、点心和零食。"洞洞"是多么神奇的东西！

仔细观察，人们的周围也有许多"洞"。教室的墙壁上、天花板、地面上、角落里、商店的服务台、餐馆的洗手间、银行的提款机，还有各种购票机等，由此可见，"洞"的踪影无处不在。

在幼儿获得了各式各样有关"洞"的概念后，更重要的是将此转化上升为概念，并在生活中运用。幼儿具有很强的模仿和创造力，用游戏的方式可以让幼儿感受"洞"的趣味性、娱乐性。通过提供多样、有趣的空间与素材，任幼儿发挥，满足幼儿的表现需求。

（二）主题目标

（1）观察生活中的洞洞，探究和发现洞洞的不同来源和特征。
（2）通过各种关于洞洞的活动，养成仔细观察与探究的科学态度。
（3）了解洞洞与人类的关系，增强保护自身身体及环境的意识。

（三）主题网络图（图4-8）

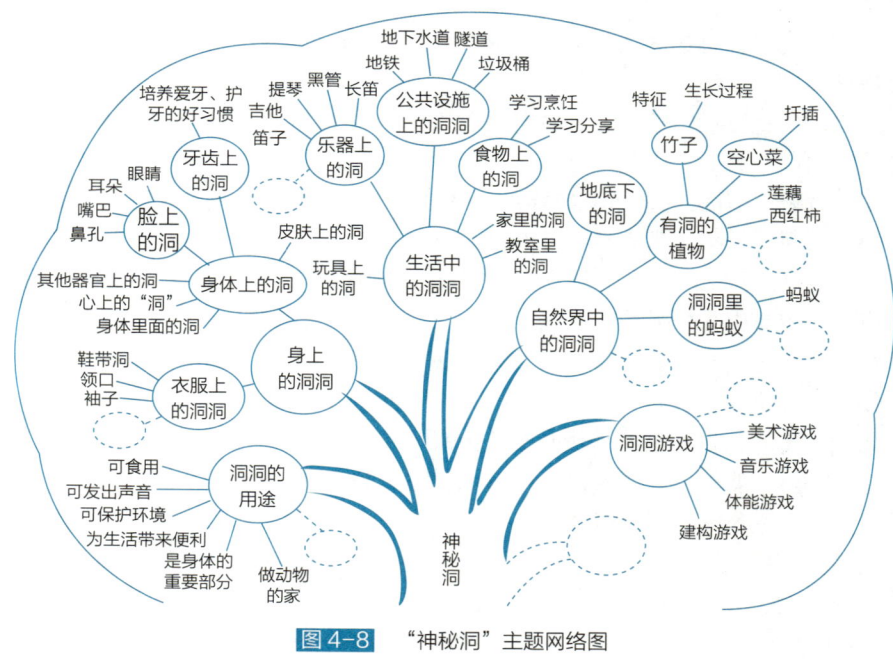

图4-8 "神秘洞"主题网络图

图4-8中，用粗线表示的是在预成设计的活动中已经涉及，幼儿在活动过程中可以获得相关经验。用细线表示的是提供的活动已经引导幼儿关注这方面的信息，但是没有

---

① 周兢，张杏如. 幼儿园活动整合课程教学指导用书（大班·上）[M]. 南京：南京师范大学出版社，2009：55-110.

组织专门的教育活动让幼儿学习，存在着生成新活动的空间。用虚线框表示的是给教师提供了一定的条件，教师可根据幼儿的最近兴趣和经验走向，与幼儿一起发展出更合适的部分课程。

（四）主题活动内容（表4-2）

表4-2 "神秘洞"主题活动内容

具体活动名称	涉及领域	活动目标
"洞在哪里"	语言、科学	在活动中体验和同伴一起找洞洞的乐趣；能尝试以小组的方式介绍自己发现的洞洞
"洞洞故事书"	语言、科学	尝试根据洞洞用途进行简单的分类；学习分类制作《我的洞洞小书》；看图说故事并表演故事
"我身上的洞洞"	语言、科学	了解身上有洞的器官及其功能；通过观察画出脸部洞洞的基本特征
"听，洞洞在唱歌"	科学、艺术	探索环境中会发声的洞；运用肢体动作进行表达
"看不见的洞洞"	健康、社会	知道龋齿产生的原因；懂得怎样爱护自己的牙齿 学习正确使用牙刷和牙膏
"千里眼"	语言、科学	积极探索玩具洞里的秘密；体验发现秘密的惊喜与快乐；尝试制作望远镜
"唱唱'神秘洞'"	艺术	学唱歌曲并感受乐曲的欢快气氛；尝试仿编《神秘洞》歌词
"洞洞里的动物"	科学、艺术	了解一些住在洞里的动物；知道洞中动物的生活习性及其特征；想象并绘画地底下的世界
"蚂蚁小实验"	科学	了解蚂蚁的觅食特征；学习观察记录的方法
"洞洞窗花"	艺术	了解窗花是我国传统的民间艺术；欣赏并观察不同的窗花艺术；学习用剪洞的方法制作窗花
"洞洞食物大拼盘"	社会、健康	发现并认识有洞洞的食物；制作水果、蔬菜、点心大拼盘
"蚂蚁王国"	科学	了解蚂蚁巢穴的特点及各个室的作用；感知蚂蚁王国的分工协作精神
"蚂蚁打洞"	科学、语言	想象并绘画出蚂蚁的巢穴；有重点地讲述自己的绘画内容
"会长大的洞"	科学、艺术	了解竹子和竹笋的特征及生长过程；分享用竹叶进行创意拼贴的快乐；学习扦插种植空心菜，并懂得照顾它
"爱吃的洞"	语言、社会	尝试学习将垃圾分类；了解、关心环境卫生，要从自身做起；大胆用身体动作进行表现
"爱喝水的洞"	社会、科学	了解下水道处理污水的过程；知道下水道对环境保护的意义
"魔笛，嘀嗒嘀"	科学、艺术	探索生活中有洞的乐器；感受气流与声音的关系；学习制作笛子的技能
"洞洞玩具来约会"	语言、社会	探索洞洞玩具的玩法；懂得爱护大家的玩具并遵守游戏规则
"钻山洞喽"	艺术、健康	感受音乐的渐快和渐慢；随音乐变化动作的速度
"碰到了好多洞"	语言、社会	仔细观察画面的细节；学习用连贯的语言讲述画面内容

（五）具体活动方案——以"神秘洞"中的《蚂蚁王国》为例

1. 活动目标

（1）了解蚂蚁巢穴的特点及各个室的作用。

（2）感知蚂蚁王国的分工协作精神。

2. 活动准备

一个已经打好洞的"蚂蚁工坊"；事先查找与蚁巢有关的资料。

3. 活动过程

（1）引导幼儿观察蚂蚁工坊：出示蚂蚁工坊。蚂蚁是怎么打洞的？它打出来的洞是怎么样的？

（2）请幼儿仔细观察蚁巢的特点：你看到了什么？蚁巢跟我们看到过的其他动物的洞有什么不一样？它们是怎么安排自己的房间的？

（3）观察蚂蚁的工作，了解蚂蚁的分工。蚁巢里的蚂蚁有什么不同？教师介绍蚂蚁种类：工蚁、兵蚁、蚁后。

（4）延伸活动：观察蚂蚁王国。

温馨提示：如果没有蚂蚁工坊，教师可以收集"地底下蚂蚁"图或教师画的图片。

4. 学习经验延伸

（1）区域活动：

①科学活动区：投放"蚂蚁工坊"以及与蚁巢有关的资料在此区域，请幼儿将自己观察到的蚁巢及不同种类的蚂蚁活动记录下来。

②角色活动区：提供蚂蚁头饰若干，请幼儿分别扮演蚁后、工蚁、兵蚁的角色，老师扮演入侵者，按分工的不同进行合作表演。

（2）日常活动：观察生活周围的小蚂蚁的生活。

附：蚂蚁工坊

蚂蚁工坊（AntWorks）是一种新型蚂蚁饲养场，蚂蚁不是生活在那种肮脏的或沙地的环境里，而是一种干净的海草提炼出的胶状物里，这种胶体含供蚂蚁维持生命的糖分、水和营养物质。放一些蚂蚁进去，扣上盖子，就可以清楚地观看这些蚂蚁在蓝色黏性物质里"打隧道"的情景。在放大镜下，甚至可以看到蚂蚁令人惊奇的尖爪，以及它们身上的毛发。

关键术语

综合课程　幼儿园单元主题活动　主题网络图　主题课程资源

复习思考

1. 简述幼儿园单元主题活动的特点。
2. 论述幼儿园单元主题活动的设计原则，并寻找实践案例。
3. 阅读以下材料，思考：若你是李老师，你会怎么做呢？

小班的李老师在开展"五彩的春天"这个单元主题活动时，发现活动方案的内容对于小班幼儿来说过难。但是，幼儿园为了各个班级能够顺利开展主题活动，已经提前买好了教具，若临时修改，可能会来不及准备，而且由于幼儿园在这方面已经花费不少，若李老师现在提出，她也担心园长会对她有不好的印象。

任务 3　幼儿园项目活动的设计

导入情境

在幼儿园教育活动形式与内容、情境创设、教育评价缺乏一定的生成性、真实性与多元性的背景下，项目活动可以成为幼儿园活动实施的一个重要补充模式。在实践中，部分幼教工作者困惑于项目活动究竟是否适用于幼儿园活动，项目活动又能给幼儿园活动带来什么。本任务将根据以上问题系统探讨幼儿园项目活动设计的相关内容。

参与式学习

一、幼儿园项目活动的含义与特点

（一）幼儿园项目活动的含义

项目活动（Project-based Learning）又称方案教学、方案活动、项目课程。项目是指一系列独特且复杂的、围绕某一目标相互关联的活动。项目活动源于管理学，是围绕项目开展的特定活动，它将项目分解成更易管理和操作的若干部分，通过一系列活动最终达成目标。幼儿园项目活动是以幼儿的经验和兴趣为基础，以真实的问题驱动为导向，以持续性探究为中心，以可展示的成果为旨归的一种活动组织方式。当幼儿处于这种充满高度自主性和交互性的学习环境中时，其身心的全面发展是最为理想的。

（二）幼儿园项目活动的特点

幼儿园项目活动基于共同探究的主题，展开多维的互动，既可以让幼儿在团体中获得完整的经验，实现自主建构，又能够通过多样的记录反思整个学习过程，促进幼儿的成长和教师的专业发展。综合起来，幼儿园项目活动具有以下特点。

1. 幼儿是主动的建构者和学习者

美国著名学者丽莲·凯兹和加拿大儿童教育家西尔维娅·查德（Sylvia Chard）认为，方案是一个或一群孩子针对主题所做的深入研究。儿童在深入研究主题的过程中，不断发现知识、理解意义，使自己的心灵结构处于不平衡—平衡—新的不平衡……项目活动强调并注重发展幼儿的主动性、独立性与创造性，鼓励幼儿自愿参与、主动探究、自主建构、自由想象、积极创作并大胆表现。在项目活动中，幼儿的"学"的主体地位处于显性状态，教师的"教"的主体地位处于隐性状态，活动的选择与开展以幼儿的内在动机为主，项目选择权由幼儿、幼儿专家、教师共同负责。

2. 活动内容的多样性与生成性

瑞吉欧教育体系的创立者马拉古奇（L. Malaguzzi）说："我们确实没有什么计划与课程，与幼儿在一起，三分之一是确定的，三分之二是不确定的或新的事物。"由此可见，项目活动没有预先设计好的教材或蓝本，它是师生共同创设下的弹性活动，具有非规定性和低结构性的特征。一般而言，项目活动的内容选择主要来源于幼儿、教师和环境三个方面，以幼儿的现实生活为项目活动内容的主要源泉，以密切联系幼儿生活的各种活动为主要载体。正是因为内容来源的多样性，使得项目活动既可以保证其内容不仅贴近生活而且内涵丰富，又能够整合幼儿学习活动的多个领域。

幼儿园项目活动不是机械地执行静态的预设内容，而是在预设内容的基础上动态地调整计划，注重幼儿在活动开展过程中提出的问题，将幼儿的想法和问题巧妙地结合在预设的内容中，生成新的教育情境、新的教育目标以及新的主题。特别需要注意的是，生成并不排斥预设，生成与预设是相辅相成的，充分的预设为生成高质量的项目活动奠定基础，有效的生成有助于培养幼儿的学习能力和创造性，促进幼儿掌握预设的活动内容。

3. 注重个别差异与合作共存

项目活动区别于其他活动的一个重要特征在于，其强调尊重幼儿之间存在的差异，并认为这种差异蕴含着丰富的价值，对项目活动的顺利开展提供了重要线索。正是由于幼儿之间差异的存在，项目活动的开展才能从不同角度进行探究，才能使项目活动创造性的火花不断迸发。裘迪·哈里斯·赫尔姆（Judy Harris Helm）与丽莲·凯兹认为，项目活动的主要特征就是对有价值的问题或内容进行深入探究，寻找相关问题的解答。探究的主体可以是全班、小组或个体，探究的主题则来自幼儿、教师或双方共同提出的问题[1]。由此可见，项目活动是在相互合作、碰撞和对话中丰富对活动内容的探究和认识。

4. 项目活动的评价具有动态性

项目活动的最后往往以可展示的成果作为幼儿的探究发现。幼儿不仅是活动的主要参与者，也是活动后交流展示及评价的主体。幼儿以各种方式分享交流所获得的新的知识、经验和能力，如图画、游戏、音乐、故事等，展示项目活动的过程，从而使自己的经验不断拓展、提升。同时，教师也会从不同的视角来记录幼儿的表现，包括轶事记录、观察记录、常规记录等，通过详细的记录来评价幼儿的活动过程。

二、幼儿园项目活动的设计过程

幼儿园项目活动给幼儿教育的僵化观念和制度带来了巨大的冲击，设计幼儿园项目活动需要将项目的思想观念转化为行动。课程实施者需要更新传统教育中二元对立的教育观念，幼儿教师与幼儿之间应建立以工作为基础的"言之有物"的关系，幼儿之间需要以小组合作的形态开展活动。项目活动的具体展开方式基于不同的研究和实践背景，不同学者有不同的观念（表4-3）。为了更直观地理解，这里将项目活动粗略分为三个阶段，即计划和启动阶段、展开阶段、总结和反思阶段。

表4-3 项目活动展开方式的相关研究[2]

研究者（机构）	项目活动展开方式
瑞吉欧·艾米莉亚	项目开始：确立主题、编制主题网络 项目进行：创设情境、预设目标、开展活动 项目结束：分享展示
丽莲·凯兹	开始项目活动：由教师或幼儿引发主题、讨论主题的可行性、共同预设并绘制主题网络图 发展项目活动：实地参观访问、探究活动、书写绘画建构舞蹈等表达活动、调整网络图 结束项目活动：项目报告、高潮活动、项目评估
巴克教育研究所	项目启动、设计驱动问题、规划项目评价、规划并管理项目过程、实施项目评价
刘景福、钟志贤	选定项目、制订计划、活动探究、作品制成、成果交流、活动评价

---

[1] 裘迪·哈里斯·赫尔姆，丽莲·凯兹. 小小探索家：幼儿教育中的项目课程教学［M］. 林育玮，洪尧群，陈淑娟，等，译. 南京：南京师范大学出版社，2004：2-3.

[2] 肖菊红，戴雪芳. 幼儿园项目活动研究综述［J］. 江苏教育研究，2019（16）：5.

续表

研究者（机构）	项目活动展开方式
谢应琴	情景设置、确定项目、制订计划、组织实施、协作学习、项目评价
储春艳	提出问题、设计项目、创设环境、探究学习、展示评价
唐晓慧、陈晓雨、胡君梅	项目设计、小组分工、开展探究、成果展示、交流评价

课堂思考

教师由传统的课程转向项目教学的课程，必定需要一定的适应过程，如何保证教师的教育行为得当？一旦教师的教育行为失之偏颇，由谁来指导教师？

（一）计划和启动阶段

计划和启动阶段的主要目标是通过收集幼儿已有的相关信息、想法和经历，在参与的幼儿中建立起共同的基础，以生成项目主题。在这一阶段，教师需帮助幼儿建立起对项目的共同认识，并设计一系列问题以引导幼儿讨论、思考，并将幼儿现有的概念与理解形成一个主题网络图。例如，在校车项目中，幼儿讨论他们的经历时往往会注意那些大家共有的东西：等车、上车、找座位、乘车穿过镇子，在学校下车。同时也会交流那些不太常见的经历，如最早或最后一个上车；正好错过校车，不得不通过其他途径到学校；观察司机与警察的争论；乘车途中车子坏了。具体而言，该阶段的进展过程包括以下三个部分。

1. 主题的产生阶段

由于3~6岁幼儿所累积的多样化经验较少，因此在项目主题产生的过程中，教师应寻求和利用幼儿的兴趣或问题作为项目主题生成的基础，教师和幼儿作为项目活动中共同的决策者和建设者，共同确立项目活动中的阶段性活动主题，一般主题包括幼儿的共同经验、幼儿的兴趣、幼儿好奇心所引发的主题以及教师引发的主题。例如，"蜘蛛记"项目课程来源于幼儿在山坡上发现了蜘蛛和大小不同的网，他们观察了很久，表现出探究兴趣。

2. 主题网络图绘制阶段

项目主题网络图的编制是一个循序渐进的过程，随着项目的推进和幼儿兴趣的变化，主题网络图需要不断进行调整；待项目结束后，主题网络图还可以作为评价的依据之一。项目活动主题网络图绘制过程一般包括头脑风暴、拉近技术及特殊化三个步骤。头脑风暴是指一群人围绕一个特定的兴趣领域产生新观点，并将各种观点相互关联起来，由此编制出主题网络图。拉近技术则是通过寻找与主题相关联的内容来确定子主题，以"医院"的主题网为例，"救护车"可以被"拉近"成为另一个新的主题网，即可从中分化出轮子、指示灯、喇叭、紧急救护设备等。特殊化是用来决定主题范围的一种技巧，如：兔子—动物—生物。

3. 主题可行性分析阶段

以教师和幼儿共同组成的"项目活动研究小组"集体审议主题是否可行，并围绕确定的主题寻找相关资源（蜘蛛网、有关蜘蛛的知识等），寻找可能进行探究的问题与机会，共同评估该项目实施的可能性，然后形成活动计划。

（二）展开阶段

为有效推动项目活动的展开，促进幼儿的主动学习，在幼儿园项目活动的展开阶段可以采用以下实践策略。

1. 重新检视幼儿生成的网络图

重新检视并在此过程中扩展问题是为了鼓励幼儿针对项目主题做更深入的思考，使之与技能及概念更好地结合。当幼儿有任何新发现时，就会将信息融入讨论中，增加网络图的内容，帮助他们认识到自己对于主题的相关知识正在增长，从而使幼儿对项目产生新的兴趣。同时，在检视的过程中，幼儿也有可能提出部分问题不适合或对哪些相关问题丧失兴趣等，教师可提供给幼儿一些与主题相关的非结构化活动，如戏剧表演、绘画等。通过讨论，使项目活动所要探究的问题更加明确、具体。

2. 家长参与

项目活动的开展离不开家长的支持，由于幼儿园可供使用的资源有限，教师应充分利用家长资源作为项目活动有效开展的重要保障。一方面，教师可以主动询问家长是否有任何与主题相关的资源可供幼儿学习；另一方面，幼儿逐渐有机会在家里进行延伸学习。与家长沟通项目活动中某个特殊的概念，呼吁家长与幼儿在家中互动交流，帮助幼儿巩固正在学习的事物并培养幼儿的好奇心和解决问题的兴趣。

3. 深入探究

在项目活动中，可以开展不同类型的活动进行探究，通过不断衍生的"问题链"推动项目活动持续开展，保证开展的活动能够引起幼儿的学习热情和积极反应，使幼儿找到问题的答案。丽莲·凯兹等人将项目活动分为以下三类。

（1）建造活动。建造活动是指幼儿使用各种建筑和结构材料（如积木、积塑、金属结构材料、沙土、雪、石子等），进行建筑和构造（如排列、拼搭、接插、穿编、螺旋等）的活动。当幼儿开展建造活动时，他们会问有关设计和建造的各种问题，会讨论他们的模型应包括什么，并会为实现目标而不断尝试。例如，在制作救护车的模型时，幼儿通过讨论自己正在解决的问题——如何把轮子装上去？模型要多大？如何把所有必要的部件都安装到里面等？最后满意地完成整个制作。

（2）调查活动。调查活动是指以问题为出发点，有目的地走进真实情境，通过观察、测量、访问等方式，多感官参与，主动思考并寻找问题答案，帮助幼儿认识客观事物的特性，以便幼儿解决问题。在介绍完主题后，教师应鼓励幼儿在解决已设定问题的过程中继续研究，以获得新的信息，扩大自己的基本知识。调查中幼儿会不断产生新想法，发现新奇事物，并进行交流、分享、思考、实验等一系列活动，但是当幼儿对某一事物观察、思考之后，经验之间的联系如何建立？经验的拓展活动如何继续？已有经验与新经验如何有效衔接？这些都需要教师的引导。然而，教师的引导是与幼儿共同携手的过程，是雪中送炭，是济困解危，而不是画蛇添足、代替包办。

> **案例**
>
> 幼儿园里，小朋友们关于参观超市的讨论起初只是围绕着超市里有什么商品来谈，讨论中有位幼儿兴奋地说道："爸爸喜欢喝茶，爷爷喜欢喝酒……超市里有卖茶叶的、有卖酒的。"随后，其他幼儿一个接一个地回答自己想到的超市商品，老师灵机一动，与幼儿商量购买10元以下的商品，需要购买的商品由幼儿与家长讨论决定。就这样，有趣的超市小调查就在师生的思想碰撞中产生了。

（3）戏剧表演活动。戏剧表演活动是指幼儿在真实的戏剧活动场景中，演出与项目活动主题相关的角色，以解决项目活动中的问题为导向，引导幼儿发现真实问题，并通过自己的反思解决问题，促进幼儿更好地理解项目的主题，并获得全面发展的活动。例如，在探究救护车怎样运作以及在某段时间里出行接诊的一般情况时，幼儿通过开展戏剧表演活动，扮演救护车驾驶员的工作，包括如何去接人、把他们送回家或送到另一家医院、怎样供氧气或怎样把手臂骨折的病人放到担架上等，通过真实情境的演练而不断习得新经验。

（三）总结和反思阶段

总结和反思阶段的主要目标是通过举办作品展览等多种形式的活动与他人（如同伴、教师、家长等）分享成果和进行交流，将项目活动推向高潮。这一阶段包括帮助幼儿回顾、强化从项目中获得的各种信息，所运用过的技巧、策略及过程等，使幼儿了解自己是学习者，并且从着手探究和解决问题中获得自信；教师通过收集、记录、整理项目过程中的材料，对项目结果及幼儿的表现进行评估；家长了解幼儿的学习，并巩固在项目中所强调的概念、知识及技能等。

课程故事作为该阶段最为常见的呈现方式之一，是在真实的情境中完成的一种观察和记录，它能反映幼儿发展的持续性，交流幼儿学习的发展与过程。课程故事侧重于对事情过程的描述，主要以一个个小故事的形式记录幼儿的学习与发展，体现教师的教育行为与教育目标。在追随幼儿兴趣与需求的基础上，项目活动要做有故事的课程，让故事贯穿在项目活动中，让课程变得更加生动与精彩。

项目活动作为预设和生成的结合体。在实施之前，教师应充分认识到：一个成熟的项目活动既要"预先拟定"，又要"临时变更"，需要经过"实施、讨论、反思、调整、再实施"这样不断循环往复、"精耕细作"的过程。总之，在课程实施过程中，教师要注意捕捉适合开展项目活动的教育契机，灵活将预设内容和生成内容进行整合，平衡预设内容与生成内容的比例，以提高项目的价值和成效，实现"让每位幼儿全面和谐且富有个性发展"的教育目标。

实践活动

以小组为单位设计一个项目活动，阐明设计思路，说明活动的开展过程，相互评价各组设计的活动方案。

三、幼儿园项目活动方案实例

案例一：飞机[①]

（一）项目计划与启动

孩子们对"飞机"课程开始感兴趣始于3月中旬。此时出现这个兴趣是有益的，但也有其需要面对的问题。因为在之前的几个月，我已与幼儿家庭建立稳固的关系，这有益于项目课程的进行。但问题是，这个班级正在进行春天课程的准备而且春假快要到了，我怀疑孩子们是否能不受这些因素的干扰，而对这个主题维持强烈的兴趣。当孩子们开始注意并且询问关于那些喷气式飞机在天空留下凝尾云带的问题时，我发现飞机有可能变成新的项目课程的主题。此时孩子们自动自发地开始做纸飞机，并要求我的协助。很快地，我的教室里开始有堆纸飞机在那里飞来飞去。我大可以说："把这些拿走，我们不在教室里玩纸飞机。"但我没有这么做。坦白说，我被吸引了，我看出这个活动的潜力，它能以几种重要方式让我的孩子们获益，特别是那些贫穷的孩子。举例来说，纸飞机的

[①] 裘迪·哈里斯·赫尔姆，萨莉·贝内克，等. 项目课程的魅力［M］. 林育玮，等. 译. 南京：南京师范大学出版社，2006：55—68.

研究是从孩子们开始的,这也是他们之中的许多人会在家里从事的活动之一。

接下来,我拟订了一份教师预期的计划网络图(图4-9),以确定孩子们对于飞机的兴趣是否可以发展成一个符合标准与计划目标的项目课程。我们的课程使用伊利诺伊州早期学习标准(Illinois Early Learning Standards)与作品取样系统(Work Sampling Assessment System)。鲍勃、德伯与我讨论出所有关于飞机的概念或各种信息,这些都可能引发幼儿的兴趣。我们也在网络图上增加那些在"飞机"课程中可能收集到的档案数据项。

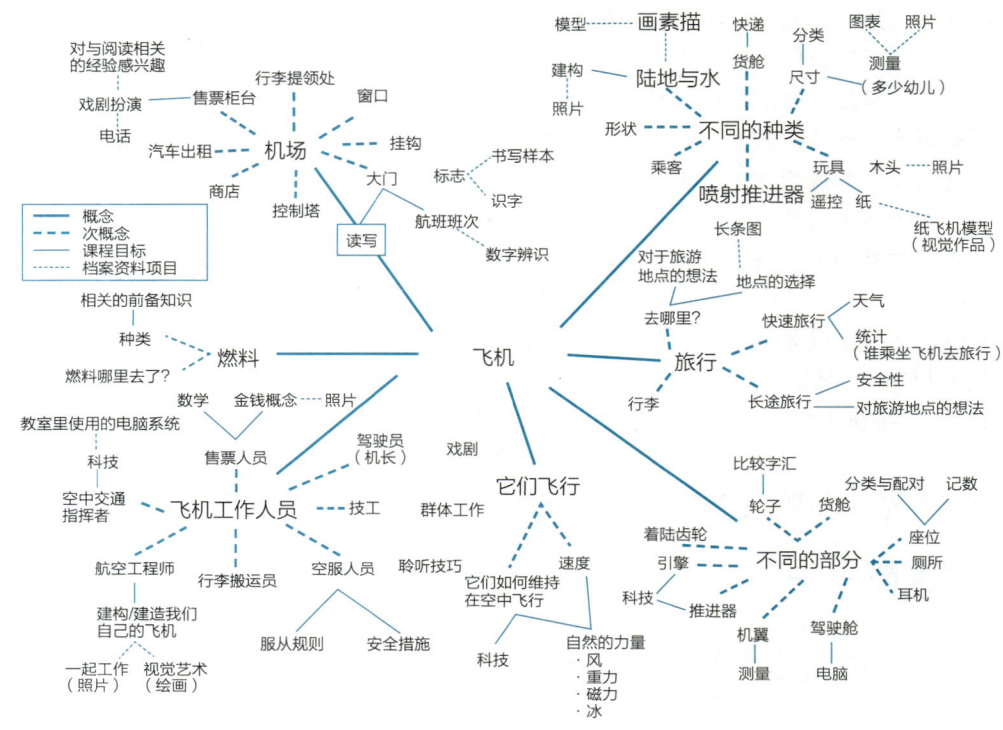

图4-9 教师预期的计划网络图

在建立预期的计划网络图之后,我们相当有信心地认为,"飞机"这个项目课程具有达到我们的目标和标准的极大潜力。当我们检视网络中的概念与信息时,我们预测幼儿会对探索不同种类的飞机感兴趣。因为我已与幼儿共处很久,这足以让我相信他们是充满好奇心的。我认为他们应该对把行李搬进飞机的运输带感兴趣。

接下来,我们开始收集材料并进行活动,以延伸幼儿对飞机的兴趣。例如,我们与孩子们一起折飞机,带来有飞机照片的书籍,并且阅读许多跟飞机有关的书。我们在教室张贴了一张海报,上面有空中运输工具的所有种类,包括热气球、小型飞船、早期飞机模型、直升机与其他现代飞机。

当孩子们的兴趣加强时,我们开始与他们一起架构原始知识网络图(图4-10),以确定幼儿当前对飞机的认知程度。与此同时,我们也收集他们的问题。这些问题并不是一次收集完成,而是随着时间的推移聚集起来的。它们显现出孩子们最初的对于飞机与项目课程的经验。

(1)为什么人们要扣紧在他们座位上的安全带?
(2)飞机上的号码是做什么用的?

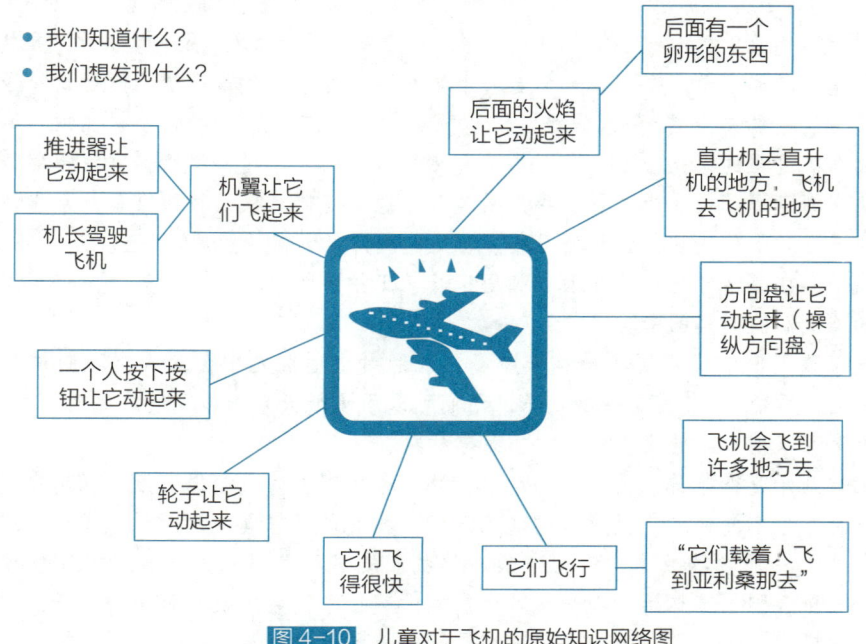

图 4-10 儿童对于飞机的原始知识网络图

（3）会有个轮子从前面跑出来吗？
（4）飞机上有灯光吗？
（5）你可以坐在任何想坐的地方吗？
（6）什么按钮让它飞起来？
（7）人怎么进入机舱？
（8）如果电池用完了，会发生什么事？
……

（二）项目展开阶段

我们开始准备实地参访工作，包括安排交通工具、征求义工家长，以及与艾米莉航空协会（Emery Air Charter）电话联系。艾米莉航空协会管理所有包机、私人飞机及罗克福德当地机场的飞机。这个当地的小型机场，大小正好适合我们的孩子去参观。工作人员事先去机场勘查，然后我们与机场的管理员马特讨论孩子们的问题。马特是我们实地参访时的导览员。当我打电话跟马特联系时，我告诉他我们会给他带一张列有孩子们所有问题的清单，他听到之后笑了起来。然而，当我们拿出孩子们的问题让他过目时，他很受震动。

我们与马特讨论孩子们的参观行程安排。我们想把大部分的时间花在飞机机舱里，但也想有足够的时间让孩子们参观整个机场，包括行李提取区与售票柜台。为了避免气候不佳，马特协助我们拟定一个备用计划。如此一来，孩子们仍可以进行写生活动，并进入真正的飞机内一探究竟。我们也跟马特讨论机场是否可以捐献出一些成品与材料给我们的教室，以便孩子进行戏剧扮演和建构活动。事前的勘查对于实地参访的成功与否极其重要。当马特认识到我们的孩子都是认真的儿童，对于飞机与机场有真正想探究的问题，而且希望通过参访获得答案时，他就开始将这些孩子视为真正的探索者与学习者了。

我们对于班上只有3个问题要问的事实感到有些紧张，同时也怀疑他们是否能进行成功的实地参访。然而，去参访的那一天，当他们面对真正的、可以触摸又可近距离观看的飞机时，他们自然地涌出许多问题。比如，3岁的雷切尔看着飞机上的新鲜空气通风口发问"那个小洞是什么？"就这样，我和我的儿童一起学到了关于通风口及许多关于飞机的知识。

实地参访那一天，每位家长背着一个里面装有记录夹板与一组问题卡的袋子，并分别带领两位小朋友。有3个家庭给参访过程录像，并在之后与我们分享视频。第一位志愿拍摄参访过程的家长，是一个财务资源相当有限的人，这件事情提醒我不要事先假设这个家庭的资源、技能或力量。我错误地以为他没有摄影机，我该准备一台供他使用。谨慎的假设对于那些学校里有许多贫穷幼儿的教师来说格外重要。

孩子们在实地参访后的几天，利用家长义工拍摄的照片，将所见、所得画了下来，并增加到我们的网络图中。

随着孩子们对飞机思考得越来越多，我们希望他们之中会有人出现制作飞机的构想。果然，乔伊说："我有一个点子，我们可以用硬纸板来制造我们的飞机。"我们很快开始收集可以用来建构飞机模型的物品与材料。

家长开始变得非常热情。一个运送货物设备的家长为我们保留纸箱以用在建构活动上。家长们也志愿协助飞机模型的建构活动。我们通过每周一次的时事通讯，通过我们失败与成功的照片和故事，来让家长了解我们的进行过程。家长看起来就和孩子们一样，为飞机模型的建构活动而兴奋。我们实际建造了两架飞机模型——孩子们觉得我们第一架飞机模型太小了，因此我们决定开始建造更大的模型。

但在建造飞机模型过程中，孩子们与教师遇到了共同的挫折：如何支撑硬纸板做成的机翼？它们太单薄，而且总是下垂。米奇想到一个好办法，就是用支柱去撑住下垂的机翼。他看着实地参访的照片说："我们需要裁一块像这样的东西。"他一边说，一边用手指做出对角线剪裁的样子。他又说："我爸爸有把锯子，他可以帮忙。"隔天，米奇的父亲马丁来学校帮助孩子们修理下垂的机翼。米奇的父亲只会说一点点英文，但他仍可以成为孩子们在项目课程里的资源。

另外，我们对于如何让方向盘上下移动并转动也感到困扰。它总是从仪表板上掉出来。一个晚上，我接到某个家庭的电话，他们在家里讨论到这个问题。他们想到一个解决办法，并希望隔天来班上试试看。第二天，奈特的母亲苏珊带着她的电钻与一些PVC塑料管到我们的教室，协助孩子们修好方向盘。奈特的父亲也从他所服务的飞机零件公司取得一些开关与测量仪捐给教室。

在这一阶段，我们还发现该主题提供了孩子许多学习的经验，例如，表决飞机该涂什么颜色，在帮飞机模型表面涂上有色的油漆时，即使是最年幼的孩子都能参与；再如，机票与座位提供了另一个拓展孩子们思维的机会，孩子们帮那些代表飞机座位的椅子编号。我们研究机票并讨论它如何指示乘客该坐在飞机中的哪个座位上。"飞机"这个课程还提供了许多进行戏剧扮演并激发想象力的机会，比如，孩子们分享了关于他们想搭飞机去哪里的愿望，其中有个孩子想要飞去俄克拉何马州（Oklahoma）探望他的母亲与兄弟。

（三）总结与反思

在学期结束的前几天，公共电台的记者苏珊前来访问孩子们关于项目课程的事情。苏珊正在进行一个名叫"飞行儿童（FlyKids）"的专题报道，报道重点集中在幼儿对飞机的兴趣上，并访问一些儿童。从这个访问中，我们看出项目课程对于孩子们的认知气质与视自己为学习者的态度有积极正面的影响。比如，乔伊对苏珊说："我长大以后，我想要当……我想要当……我想要当飞机驾驶员。"乔伊对于自己与未来的想法已经改变了。他可以看到他自己乘着飞机在高空中飞行，而且他知道他可以掌控自己的未来。

案例二：大班项目活动"龙的传人"之探秘造纸术[①]

（一）项目缘起

我们的日常生活离不开各种各样的纸，幼儿也充满了和纸相处的经验。一次区域活动后，桌面和地面上发现了许多被丢弃的纸，为了避免纸张的浪费，教师决定和幼儿一起商量怎么处理这些纸？有的幼儿提出要把废旧的纸做成新的纸，得到了大家的一致赞同。在查找了相关的视频，观看了造纸的流程后，孩子们对造纸产生了浓厚的兴趣，于是结合"龙的传人"的主题活动，教师决定在区域活动中开展"探秘造纸术"的探索活动。

《幼儿园教育指导纲要(试行)》中指出教育活动内容的选择应遵循三个原则："一是既适合幼儿的现有水平，又有一定的挑战性；二是既符合幼儿的现实需要，又有利于其长远发展；三是既贴近幼儿的生活来选择幼儿感兴趣的事物和问题，又要有助于拓展幼儿的经验和视野。"

"探秘造纸术"的系列活动旨在引发幼儿运用各种感官，在找一找、看一看、摸一摸、说一说等活动中主动探索，帮助幼儿较系统地完善对纸的认知，获得直接的经验；具有探索性的造纸活动，不仅可以培养幼儿的动手能力，对培养幼儿发现问题、解决问题的能力具有独特的教育价值。

（二）项目活动思维导图

通过寻找相关理论依据，在《幼儿园教育指导纲要(试行)》和《3~6岁儿童学习与发展指南》中找到了幼儿园阶段科学素养培养的目标和要求，由此确定了"探秘造纸术"的项目活动网络图（图4-11）。

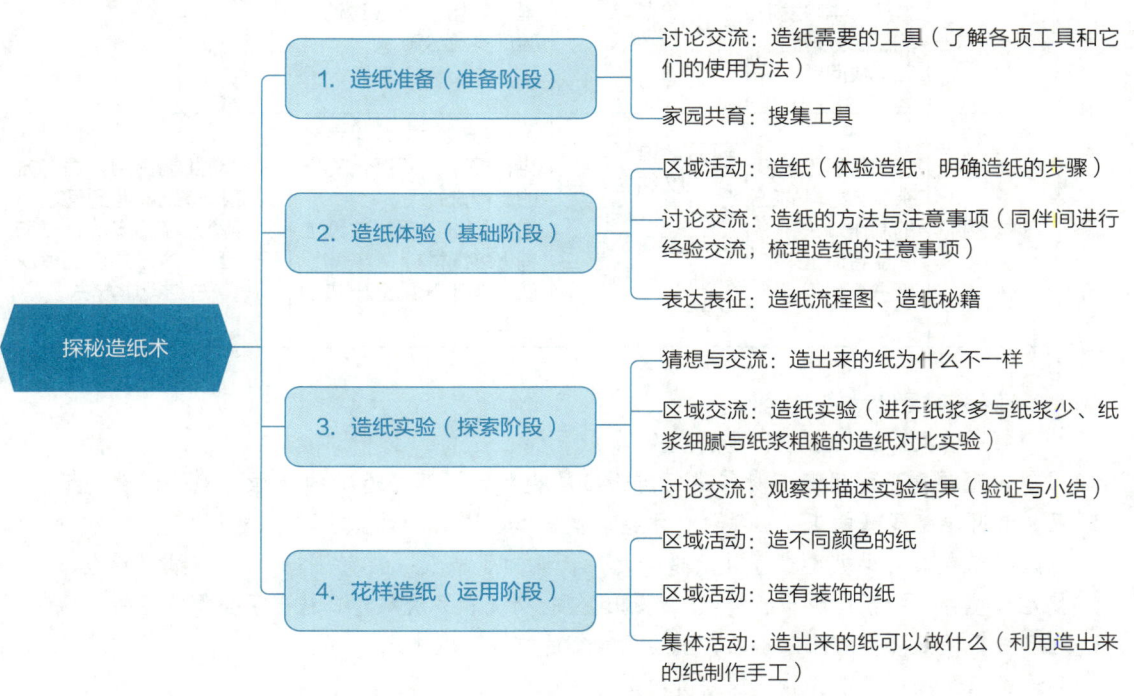

图4-11 "探秘造纸术"的项目活动网络图

[①] 案例来源：长沙师范学院附属第二幼儿园凌群芳，李红燕，刘银枝。

（三）项目活动实施计划（表4-4）

表4-4　项目活动实施计划

活动名称	关键经验	材料投放	基本方法	教师观察与指导要点
造纸准备	了解造纸需要的工具，掌握造纸的步骤	剪刀、锤子、碾钵、收纳盒、废旧纸、抄纸架等造纸工具	幼儿在科学区利用废旧纸张进行再造纸，过程中使用适宜的工具碎纸、捣烂、搅拌、抄纸等，造出新的纸来	观察幼儿在操作中是否能正确使用造纸工具，引导幼儿选择适宜的工具有步骤地造纸
造纸体验	①会选择适宜的材料和方式进行造纸，积累制作的经验②能将在探究过程中获得的经验转化为具象化表征	剪刀、锤子、碾钵、收纳盒、废旧纸、抄纸架等造纸工具；绘画表征的纸和笔	幼儿进行多次造纸体验，体验的过程中总结造纸的注意事项，并用绘画的方式表征出来	观察幼儿在操作探索的过程中遇到了哪些困难，引导他们讨论交流，学会在探索中解决问题，并使用多种方式总结经验
造纸实验	①能通过观察、比较与分析，发现并描述造出来的纸张的区别②通过猜想、实验、观察验证等方法，学习发现问题、分析问题和解决问题	剪刀、锤子、碾钵、收纳盒、废旧纸、抄纸架等造纸工具；按比例投放的造纸单元化材料	实验前进行猜想，实验中一组幼儿进行纸浆多和纸浆少的对比实验；一组幼儿进行纸浆细腻和纸浆粗糙的对比实验，实验后观察讨论，验证实验结果	观察和记录幼儿的猜想，投放对比实验的材料，观察幼儿实验操作的过程，和幼儿一起梳理实验结论
花样造纸	①了解彩色纸和有装饰材料的纸的制作方法②能将造出来的纸进行利用	剪刀、锤子、碾钵、收纳盒、废旧纸、抄纸架等造纸工具；染色颜料、金粉、干花等	①在纸浆中加入染色颜料，探索不同颜色的纸的制作方式②抄好纸以后，在纸上铺上装饰材料③在美工区用造出来的纸做手工	观察幼儿能否用合适的方式花样造纸，遇到问题时引导幼儿通过多次尝试和同伴互助的方式自主解决问题，总结操作方法

（四）项目活动实施案例

第一阶段：造纸准备和造纸体验

幼儿观看了利用废旧材料进行再造纸的视频，了解了造纸的流程。为了创设造纸区，教师准备了锤的工具：铁锤、木锤、擀面杖、碾钵；过滤的漏网、舀的汤勺、水勺以及抄纸架等，幼儿尝试了几次造纸之后，熟知了造纸一共有7个步骤：碎纸、浸泡、捣烂、搅拌、抄纸、晾干、揭纸。还通过经验交流和多次制作总结出了操作的经验，梳理了各个造纸环节的注意事项，用绘画表征的方式呈现出来。

第二阶段：造纸实验（探索阶段）

时间：2021年12月10号

地点：大一班科学区

观察对象：在科学区的幼儿

活动名称：不一样的纸

观察过程：

在之前的造纸过程中，幼儿造出了许多的再生纸，通过日常的观察与接触，他们提出了一些疑惑：造出来的纸为什么有的纸厚一些，有的纸薄一些？为什么有的纸摸起来很粗糙，有的纸摸起来比较光滑？

于是教师与幼儿围绕这些问题开展了一场讨论并进行了实验验证：

问题一：为什么有的纸厚，有的纸薄？

讨论过后，大家一致认为：纸浆多，造出的纸厚一些；纸浆少，造出的纸薄一些。

问题二：为什么有的纸摸起来很粗糙，有的纸比较光滑？

经过一番讨论之后，大家决定针对墨墨和家诚两位小朋友的猜测做出验证：

两份同样的造纸材料，墨墨将纸浆捣得很细，萱萱将纸浆捣得粗糙一些，两人都使用了同样的方法来造纸，最后用了长方形的抄纸架抄纸，晾干。大家发现：墨墨的这张纸（纸浆细腻的纸），摸起来光滑一些；萱萱的这张纸（纸浆粗糙的纸），摸起来很粗糙。

接下来大家还验证了家诚的想法，发现同样粗细纸浆的光滑程度与是否搅拌均匀，两者关系不明显。

1. 过程分析

在幼儿观察造出来的纸后，主动提出了问题，教师却没有急于给出答案，而是发起集体讨论。在这个过程中幼儿能结合自己的操作经验发现问题，在同伴之间的讨论中大胆进行猜测，萌发探究兴趣。从发现问题到解决问题，从猜想到验证，在这一过程中幼儿的观察力、分析力、表达力以及动手能力等都得到了一定的发展。

2. 教师支持

（1）倾听幼儿的声音，鼓励幼儿大胆猜测为什么有不同状态的纸。

（2）提供相应材料，支持幼儿自主尝试操作验证，当幼儿在操作中遇到问题向教师求助时，教师给予启发性的提问，引导他们自己发现问题，通过多种方式解决问题。

（3）鼓励幼儿通过讨论交流总结提炼经验。在实验完成后，教师组织全班幼儿共同进行谈话交流，并请进行实验操作的幼儿来进行介绍，引导孩子自主梳理结论。

3. 幼儿获得的经验

（1）能通过观察、比较与分析，发现并描述造出来的纸张的区别。

（2）通过猜想、实验、观察验证等方法，学习发现问题、分析问题和解决问题。

（3）能用适当的方式表达、交流探索的过程和结果。

第三阶段：花样造纸（运用阶段）

时间：2021年12月12日

地点：大一班活动室

观察对象：班级全体幼儿

活动名称：各种各样的纸

观察过程：

片段一：制作彩色的纸

幼儿在熟练掌握造纸的步骤和方法后，已经能够使用旧纸张制作出比较完整的新纸。他们提出想要制作不同颜色的纸张，还为此取了一个个好听的名字：比如有幼儿想要制作天蓝色的纸，他们称之为艾沙蓝，还有新年红、树叶绿等。接下来教师在区域中投放专用染色颜料，幼儿根据自己想要制作的颜色纸张进行分组制作。

在制作过程中，幼儿子祎说："我开始撒了一点蓝色进去，它是浅蓝色的，我不小心倒多了就变得很深了。"教师观察到幼儿在操作中的发现并引导幼儿总结出：较少的蓝色颜料放在纸浆水里，就是浅色的蓝；放多一点进去就变得更蓝。孩子们在发现了这一现象后，开始了尝试制作同一色系不同深浅颜色的纸张。

纸张完全晒干后，幼儿进行了观察和对比，他们又有了不同的发现：①盆子里的纸浆水看起来颜色很深，纸干了以后就变浅了；②在抄纸架上的纸湿的时候颜色浅一点，纸干了以后颜色就变深了。

片段二：制作不同花样的纸

在尝试制作了不同颜色的纸张后，有幼儿提到还想在纸上加一些装饰。

第一次进行花样的纸张制作后，幼儿思思和芊雨高兴地去户外收回晒干的纸张，收到纸后她们发现了一些问题：

思思："花朵太大太重了，干了就会掉下来（纸粘不住花朵）。"

芊雨："撒金粉撒得太多就浪费了，湿的手会弄到金粉（原因：就是因为抓了很多撒在上面，它没有分开挤在一起了，然后干了就会掉下来）。"

教师："那我们有没有办法来解决这些问题呢？"

思思："我们可以把花瓣撕下成一片一片贴上去，就不会掉下来了。"

子祎："撒金粉可以用另外一个人的手撒上去，也用一个东西（勺子）控制一下，不用一下抓很多。"

在进行第一次操作后的反思和调整后，大家开始了第二次操作，把纸晒干了以后问题又出现了：

南南："花朵贴上去的地方有洞，是手碰上去弄到的。"

豆豆："我们用勺子倒的地方就变成一坨金粉在上面，太多了，现在干了就全部撒在桌面上了，没有粘在纸上面。"

教师再一次组织区域里的幼儿进行了小结，引导幼儿思考改善的办法。

南南："我觉得贴花瓣的时候要注意手指按压的力度，衣服不能碰到抄纸架。"

豆豆："是不是可以把金粉撒在纸浆水里，捞纸上来的时候金粉就会浮在纸上。"

第三次操作中，大家用上了改良的方法，这一次终于能够制作出既好看又完整的纸张了。

片段三：造出来的纸可以用来做什么

科学区利用废旧纸张造出来了很多不同的纸，这些纸要用来做什么呢？

彤彤："这些纸可以折，也可以画画。"

多多："漂亮的纸可以用来装饰。"

思思："有花、有装饰的那些纸可以用来做书签，我见过那种花草书签。"

讨论结束后，教师将造出来的纸投放到美工区，供幼儿在美工区进行创作活动，尝试之后，大部分幼儿最终选择用造出来的纸做成了书签。结合阅读节开展的跳蚤市场活动，教师设立了专门的摊位，孩子们将制作的书签与窗花进行宣传、展示与贩卖。

1. 过程分析

幼儿对自己制作的纸张有了更高的要求，想要制作多颜色、多花样的纸张。在幼儿的自主讨论下得到了制作想要的材料以及基本的计划，在教师的材料支持下幼儿的想法得以实现。在不断实现自己制作纸张的过程中，幼儿也在不断进行讨论、探究、思考将制作多样纸张更顺利、更容易成功。在每一次制作中，教师都是通过提问引发幼儿思考不成功的原因，以及思考需要使用什么方法来解决问题？就是在每一次的探索、发现、反思中，幼儿获得更多的认知，不断提高了学习品质，最终制作出了一张张完整、精美的纸张。

2. 教师支持

（1）倾听幼儿想法，广泛征集创意。教师结合幼儿现阶段活动开展进程以及幼儿兴趣点，在活动中抛出幼儿想制作不同颜色的纸张的想法，引起了更多幼儿的兴趣，大家纷纷表达了自己想要造的纸的颜色，还结合自己经验来为这些颜色命名，促使幼儿对接下来的活动更为好奇。

（2）提供适合幼儿操作的材料，给予幼儿实现制作各种各样的纸张的条件。为了满足幼儿制作不同纸张的想法和结合幼儿操作材料的特点，教师在区域中投放了专用染色颜料、装饰材料等，幼儿便于操作也更能在此基础上有所发现创造。材料的合理投放使得活动有更深一层次的内容和发展空间，便于幼儿在操作中思考问题、发现现象、总结经验。

（3）拓宽活动思路，带动区域之间进行联动。幼儿造纸到了一定阶段之后，老师呈现出大家的劳动结果，并抛出问题："我们造出的这些纸可以用来做什么？"引发幼儿思考与讨论：如何去运用造出来的纸？通过讨论、实践，使得科学区和美工区进行了区域联动，科学区造出来的纸，供美工区的孩子使用，最终有了精美的作品。

3. 幼儿获得的经验

（1）在生活中运用自己造出来的纸，如科学区造出来的纸，在美工区得以利用。

（2）运用的过程中，发现生活中需要什么类型的纸，再反馈到制作纸的活动中，使得造纸活动不断得到改进与调整。

（五）项目活动总结

"探秘造纸术"这一活动生发于幼儿对于周边事物的关注，源于幼儿身边的环境，从幼儿的已有经验与探索兴趣出发，通过欣赏、讨论、实验等形式，逐步深入探究了各种各样的纸的制作与应用。在这一主题活动的组织过程中，教师从活动组织实施的角度，产生了以下思考：

1. 项目活动反思

（1）重支持、重参与、重引导。著名教育家陶行知先生曾提出培养幼儿的创造性要做到"六大解放"，即解放幼儿的眼睛、头脑、双手、嘴巴、空间和时间。在活动开展的过程中，教师最大限度地给予幼儿探索的自由，支持幼儿对其感兴趣的问题进行自由而深入的探索，为幼儿需要的材料或经验做好"后勤支持"。

教师以探索伙伴的角色贯穿于活动全程，在此次活动中，教师没有"上帝视角"，与幼儿同步地参与到活动当中，平等的交流、讨论与分享，激发持续的探究兴趣、挖掘幼儿的潜能、建立新的经验、充分的鼓励与肯定，这样的角色定位也让我们真正地站在了儿童的视角上了解了他们发展的需求与兴趣。

（2）重体验、重探究、重品质。《3~6岁儿童学习与发展指南》中提到，我们需要重视幼儿的学习品质。要充分尊重和保护幼儿的好奇心和学习兴趣，帮助幼儿逐步养成积极主动、认真专注、不怕困难、敢于探究和尝试、乐于想象和创造等良好学习品质。在这一次项目活动实施的过程中，教师发现了幼儿对于周边事物充满着好奇心与探究兴趣，这也正是他们愿意不断尝试与探索的内驱力。通过一次次的发现问题、思考问题、解决问题，幼儿的自主探索能力、主动思考的能力、表达能力、创造力都得到了大大的发展与提高。重过程，轻结果，这应当是每一次与孩子的探究活动中的关键。通过活动，能够延续与保持童的好奇心与创造力。

2. 项目活动启示

就如《小小探索家——幼儿教育中的项目课程教学》一书中案例撰写者斯科兰登考

师所说："我很喜欢和幼儿们一起进行项目课程，因为我觉得看着他们自己去建构知识的基础是一件很令人兴奋的事……我喜欢看着他们决定什么是他们最感兴趣的，探索这些事物，并询问相关问题。我喜欢看到幼儿对于他们所进行、所学习的事物感到兴奋。"作为开展此次项目活动的教师也有着相同的感受。看着积极探索的幼儿们，教师似乎也变得更有活力。教师不仅成为幼儿的共同学习者，而且也展开了自己的探索旅程。通过观察、倾听与记录，教师成为探索者，不只是探索项目课程的主题，也探索幼儿如何学习。

关键术语

项目活动　生成课程　项目主题　主题网络图　课程故事

复习思考

1. 简述幼儿园项目活动的特点。
2. 谈谈你认为幼儿园教师该如何指导项目活动的开展。
3. 分析幼儿园项目活动与幼儿园主题活动的区别。

任务 4　幼儿园区域活动的设计

导入情境

当谈及"区域活动"时，很多幼儿园教师会有这样的困惑：什么是区域？班级该设哪些区域？如何布置这些区域？如何保障区域活动的实施成效？

2011年，教育部颁布的《教育部关于规范幼儿园保育教育工作 防止和纠正"小学化"现象的通知》中，要求"幼儿园要创设多种区域活动空间，配备丰富的玩具、游戏材料和幼儿读物，为幼儿自主游戏和学习探索提供机会和条件。"

参与式学习

一、幼儿园区域活动的含义与特点

（一）幼儿园区域活动的含义

区域活动又被称为区角活动、活动区活动、区域游戏或者游戏区活动等。幼儿园区域活动是指教师根据幼儿发展水平、兴趣及需要等，结合幼儿园教育目标、正在进行的其他教育活动等因素，将幼儿园的活动室划分为若干活动区域，如美工区、表演区、益智区等，通过让幼儿自由选择，并与材料和人（同伴、教师和其他人员）互动的方式，获得个性化学习与发展的一种教育活动。

区域活动具有自主游戏的性质，对幼儿来说，区域活动是一种自主的游戏活动，活动的类型是幼儿感兴趣的，具有多样化的形式和丰富的内容，同时幼儿可以自己决定玩什么、怎么玩；对教师来说，区域活动可体现一定的教育意图和要求，教师可以通过确定的活动目标制订计划，创设适宜的活动条件，并在活动过程中指导、影响幼儿的行为，激发幼儿对周围环境的兴趣，积极操作、探索，促进幼儿全面和谐发展。因此，区域活动是一种自主性探索活动，也是一种师生互动的双边活动，它可以容纳多种类型的学习活动。例如：以听说为主的阅读区、故事区；以做为主的美工区、建构区；以探索为主的科学区、益智区等。

（二）幼儿园区域活动的特点

从总体上来说，相对于其他幼儿园教育活动而言，区域活动主要具有以下特点。

1. 自主性

由于区域活动是幼儿自己选择的活动，并且幼儿还可以不同程度地参与活动区域的划分、活动材料的选择以及活动区规则的制定等，使幼儿成为区域活动的主人，自己对学习活动的过程与结果负责，更多关注的是从学习活动中获得的乐趣，外在压力比较小。

2. 自由性

一般情况下，区域活动是幼儿根据自己的需要和兴趣自由选择的活动，包括自由选择进入哪个活动区活动，选择活动区的哪些材料以及选择与材料互动的方式与水平等，是幼儿自我学习、自我探索、自我发现和自我完善的活动。只有在可能发生危险、妨碍他人活动等情况下，教师才会干涉。

3. 个性化

区域活动，丰富的活动环境、相对宽松的活动气氛、灵活多样的活动形式，使每个幼儿能够按照自己的兴趣和需要选择活动，能按自己的方式去探索、学习、发展，满足其个性化成长与发展的需要。区域活动更关注幼儿的个别差异，进而实现了幼儿的个性化学习。

4. 指导的间接化

区域活动中，教师主要通过创设活动区环境、投放材料等方式，间接影响幼儿的区域活动，较少直接指导。

> **课堂思考**
>
> 区域活动与集体教学活动有什么区别？

二、幼儿园区域活动的设计原则

幼儿园区域活动创设的不是具体的活动，而是创设活动的材料和环境。将教育目标转化为活动材料或环境，来影响幼儿的活动，使之达到教育目标。幼儿园教师在创设区域时应充分考虑到区域活动的特点，以此为出发点，创设适合幼儿发展的区域活动，使区域活动能最大限度地发挥其教育作用。

（一）区域活动主题的选择要因地制宜，适合本园的实际情况

区域主题的选择除了要考虑本年龄段幼儿的身心发展水平，还应充分考虑本班幼儿的兴趣、幼儿园的实际情况等，不能照搬，适合自己本园本班的才是最好的。区域的设计与划分必须在一个明确的主题下进行，区域设置应涵盖幼儿身心和谐发展的各个方面，满足幼儿各项活动的需要。各个主题分配要依据实际空间、幼儿认知、年龄段等条件，具体要求如下。

（1）区域活动主题应适合幼儿各年龄段的发展水平。幼儿园区域活动主题的选择应遵循不同年龄段幼儿身心发展的不同水平以及游戏的不同特点。例如：小班幼儿处在形象思维能力形成和发展时期，他们喜欢成型的形象玩具，且对于充当游戏角色感兴趣，但他们的角色意识并不强，因此在小班可以创设适合小班幼儿的角色游戏区"娃娃家"；中班幼儿相较于小班幼儿，他们对于扮演角色的意识更强烈，且角色语言也较小班幼儿有了较大发展，根据这一特点，在中班可以创设"小餐厅""美发屋"等角色游戏区；大班幼儿对于角色游戏已经积累了很多的经验，能够主动地参与到

游戏中，与同伴之间有丰富的角色语言进行互动，因此在大班创设"爱心医院"等角色游戏区。

（2）从幼儿的兴趣出发，确定区域活动主题。在创设活动区域之前幼儿园教师都要同幼儿进行谈话，了解幼儿的兴趣爱好及需要。另外，每个活动区域都应有幼儿进区活动记录，并在一段时间后进行统计，根据统计结果对区域活动的主题进行适当调整。

（3）根据教育活动主题确定相适宜的区域活动主题。各班除了创设固定的区域外，还应当创设一个灵活的随机区域，根据不同的教育活动主题而发生变化。例如：在进行"恐龙"主题教育活动时，它被建成"恐龙博物馆"科学区；在进行"我健康、我快乐"主题教育活动时，它又变成"爱心医院"角色区；在进行"春光无限美"主题教育活动时，它又被改建成"春之歌"表演区……区域活动成了主题活动的延伸和补充，幼儿在该区域活动不仅能力得到了发展，还巩固了教育活动的相关知识。

（4）注重区域活动主题之间的互动。班级创设不同的区域，还应注重区域间的联系，让区与区之间能够互动，使区域活动能最大限度地发挥它的教育作用，增加趣味性。例如：中班开设了"小餐厅"角色区，又开设了"贝贝超市"，还在此基础上临时开设了"银行"，促进幼儿在不同区域间进行互动游戏，更大限度地调动了幼儿活动的积极性并发挥了区域活动的教育性。

（5）区域活动主题适当体现地域特色。在区域主题的选择时还可以充分考虑到本地的特色，包括传统节日、民族饰品、地方特产、生产劳动特色等。比如山东省日照市是沿海城市，贝壳、海螺很多，出海捕鱼很常见，渔具很丰富多样，于是创设了"海石装饰间""海底大聚会""海石贝壳粘贴间""漂亮的渔具"等手工区活动；又如湖南省湘西地区，少数民族风俗习惯各有不同，民间传统工艺多种多样，于是创设了"漂亮的苗族服饰""花布印染坊""龙谷节"等特色活动区。

（二）区域活动的创设过程中要充分体现幼儿为主的原则

区域活动的设计是要给幼儿提供一个自由、宽松的学习环境，更好地促进幼儿身心发展。因此，区域活动创设应充分考虑体现幼儿为主的原则，尽量满足幼儿认知、情感、社会性、语言和动作技能的发展需要。除了区域主题是以幼儿兴趣为参考创设的之外，在整个区域活动的创设过程中，幼儿要与教师共同创建，让幼儿真正成为区域的主人，具体要求如下。

（1）共同商讨区域中的材料，并一同收集、布置。例如，在创建"恐龙博物馆"时，通过与幼儿谈话确定了该区所需的材料后，教师与幼儿分头准备收集。幼儿从家中带来了有关恐龙的图片、书籍、模型等，教师收集了树根、树枝、仿真花等。材料收集完后，教师放手让幼儿自己商讨如何摆放这些物品。在大家的共同努力下，"恐龙博物馆"诞生啦！

（2）共同制定区域规则，保证幼儿自主性活动具有一定的方向性。区域活动为幼儿提供了比较充分的自主行为，幼儿可以在较大范围内自由选择游戏类型、材料和玩伴，从而促进自主性的发展。但教师应该明确，自主性不是任意的自发行为，必须具有方向性，使幼儿能够对自己的行为结果负责，能够支配自己的行为，这就要求在设计区域活动时，教师与幼儿共同制定相应的规则来保证幼儿活动的自主性及纪律性。

（三）区域活动中的材料投放要安全卫生，有科学性

材料是教育目标实现的基本物质载体，材料的性质决定了幼儿在区域活动中获得什么样的经验。区域活动是幼儿个性化学习的最佳途径之一，而区域活动是以各种各样的材料为依托而开展起来的，因此在区域活动的创设过程中，选择什么样的材料以及在什么时候投放就显得尤为重要，材料投放是否科学合理直接影响该区域活动开展的质量，具体要求如下。

（1）区域是幼儿活动的场所，对于其中投放的材料，首要的要求是要安全、卫生。对于区域中投放的材料应该无毒、无异味，而且需定期对其进行消毒处理。对那些有安全隐患的材料应该

慎重投放，以保证幼儿开展活动时的安全、卫生。

（2）区域中投放的材料也要具有一定的科学性，即针对不同时期区域活动的发展目标而应有所不同。例如：小班上学期、下学期游戏区里的材料就应随着幼儿能力的提高而有所变化；同是结构区，大、中、小班投放的结构材料也应有所不同，小班的相对容易，而大班的应相对有难度……

三、幼儿园区域活动设计的内容与要求

幼儿园区域活动的设计包括区域活动空间的规划、区域活动材料的投放、区域活动规则的制定三部分，背景环境、材料及规则共同构成了支持、引导幼儿活动的条件系统。

（一）区域活动空间的规划

幼儿园区域活动空间的规划即教师在进行区域空间布局时，充分考虑幼儿的兴趣需要、年龄特点、个性差异等因素，因地制宜地进行空间分割，科学合理地设置区域活动的种类和数量，确定不同功能区域的空间大小。

1. 常见区域活动种类

根据不同的分类标准，区域活动可分为不同的种类。

（1）区域活动按功能划分，可分为四类：①表现性区域，如装扮区、建构区、表演区、美工区；②探索性区域，主要满足幼儿好奇心强，乐意尝试和探索的需要，如益智区、玩沙玩水区、建构区、实验区、数学区等；③运动性区域，旨在发展幼儿的基本动作，增进他们动作的协调性、敏捷性和灵活性；④欣赏性区域，主要用于展示幼儿的作品和提供拓宽幼儿视野的作品。

（2）区域活动按性质划分，可分为三类：①常规区域，是各幼儿园各年龄班基本通行的能普遍开展的区域，如娃娃家、阅读区、美工区、建构区、益智区等；②特色区域，与其他的幼儿园或班级不同的、反映园本特色或本班特色的独特名称及材料；③主题区域，教师把主题活动的内容物化到区域材料中，让幼儿在区域的自主活动中实现主题发展目标。

（3）美国认知发展课程方案将活动区分为结构区、角色区、美工区、安静区、音乐区、科学区、养殖区、玩沙玩水区、户外活动区。

（4）根据《幼儿园教育指导纲要（试行）》的五大领域，把活动区分为五大区域：运动-娱乐-健康区、社会-生活-交往区、尝试-发现-探索区、倾听-阅读-表达区、欣赏-表现-创造区。

2. 区域活动种类的选择

在为不同年龄段的幼儿设置区域时，教师应注意以下两个方面。

（1）根据幼儿的需要和兴趣设置。为了促进幼儿认知、情感、社会性、语言、动作技能等多方面的发展，可设置不同种类的、多功能的区域。例如，中班设置娃娃家、超市、美工区、阅读区、生活操作区和表演区六个区域。同时，要考虑幼儿的兴趣和需要，如很多幼儿都喜欢车，可以设置一个"汽车城"，满足幼儿玩车的意愿；小班幼儿对家最熟悉，又需要情绪安抚，可设置"娃娃家"之类的能给幼儿带来温暖和安慰的区域。当幼儿的兴趣发生转移，区域也需做相应调整，如幼儿开始对"火锅店"感兴趣，一段时间后，兴趣逐渐消失，就可以调整区域为"烘烤店"或其他的区域。

（2）根据阶段性发展目标设置。例如，小班幼儿小肌肉发展不成熟，动手能力和生活自理能力差，可创设生活操作区，让幼儿练习夹夹子、用勺子、系扣子、串珠子、系带子等，发展其手眼协调能力和手的精细动作。再如美工区，根据幼儿的发展需要，每个月的活动内容可以有所调整，绘画、立体造型、泥工、折纸、剪纸等活动可以轮流成为活动重点。

3. 活动区的合理布置

教师在具体规划和合理布置众多的区域时需要考虑以下几点①。

（1）各活动区之间的界限性。所谓界限性是指各活动区要划分清楚，界限明确，便于幼儿开展活动和教师进行管理。在划分界限时，除了考虑美观、漂亮之外，更要从教育的角度出发。大致可以归纳为以下几种手段：一是划分平面界限。教师通过地面不同的颜色、图案或质地来划分不同的区域。例如，在娃娃家里的地面刷上温暖的红色，在积木区的地面铺上地毯等，让幼儿看了一目了然，很快就会记住不同的区域。二是划分立体界限。教师运用架子、柜子或其他物体隔离划分出不同的区域，形成封闭或开放的空间。教师运用的隔离物不可太高，以使幼儿能够清楚地辨认区域，也便于教师及时观察，控制幼儿在各个活动区中的活动。在清楚划分各区域的同时，各个区域之间还要留出足够的便于幼儿进出的通道，保证活动区活动的顺利开展。

（2）各活动区之间的相容性。所谓相容性是指幼儿园教师在布置活动区时要充分考虑到各个区域的性质，尽量把性质相似的活动区安排在一起，以免相互干扰。教师尽量把性质相类似的活动区放在相邻的位置，如把以安静的阅读活动为主的图书区和以动脑为主的数学区放在一起，把以操作活动为主的积木区和娃娃家放在一起等。同时还要考虑：需要用水的活动区应当靠近盥洗间或取水处；自然区和图书区等需要明亮光线的区域应靠近窗户等。

（3）各活动区之间的转换性。所谓转换性是指教师在考虑划分各个区域的同时，也要充分考虑到幼儿在一个活动区内活动时可能出现延伸转换至其他活动区的需要。例如，幼儿在娃娃家的角色游戏活动，可能会延伸至积木区；幼儿在自然区的活动可能会延伸至美工区。教师要预见幼儿可能出现的延伸活动，在其活动延伸的区域设置上能够满足幼儿的这一需求。同时密切观察幼儿在各个活动区的活动，细心了解幼儿的兴趣和需要，并及时调整活动区的种类和数量。

（二）区域活动材料的投放

1. 依照教育目的投入使用

区域活动服务幼儿身心发展，区域活动材料的投入使用应与教育目的相符，应依照不同的区域投入相适宜的材料。

2. 依照幼儿兴趣、爱好与发展需要投放材料

区域活动是为了满足幼儿自主学习的需要，区域活动材料要能满足幼儿的兴趣、爱好和发展需要。

3. 依照幼儿的年龄特点和能力水平有效投放

不同年龄段幼儿的发展特点不一样，即便是同一年龄段幼儿，由于个体间的差别，能力水平、发展速度及方向也不一样，区域活动投放的材料也应不尽相同。

4. 支持、启迪、引导幼儿与环境互动

幼儿是区域活动材料投放的主人，教师应引导幼儿根据需要自己挑选材料，并且自主决定材料的用途，从而增进幼儿与环境的互动，使得材料得到最大程度的有效利用。

（三）区域活动规则的制定

活动区是幼儿自由活动的场所，但这并不能认为幼儿在活动区中可以为所欲为。真正的自由必须建立在适宜的规则之上，适宜的规则不是外部强加的，而是由整个活动情境所决定的，是活动顺利开展的内在需要。规则的制定是为了更好地促进幼儿在活动区中能够自由、自主和顺利、

---

① 陈世联. 幼儿园课程与活动指导［M］. 重庆：重庆出版社，2007：127-128.

有效地开展活动。因此，区域规则应由教师和幼儿共同完成，常见的规则制定方法有以下三种。

1. 在讨论中共同商定

教师可以及时组织幼儿就发生的"问题"展开讨论，寻求解决"问题"的办法，共同商定活动规则。

2. 在试误中逐步形成

让幼儿在行动试误、解决失败中体验规则的重要性，违反规则将承担相应后果乃至惩罚，增强幼儿遵守规则的自觉性，同时培养幼儿自主解决问题的能力。

3. 在活动前明确规定

有些活动规则具有一定的强制性，要求幼儿在活动时务必要遵守。幼儿的区域活动是在动态进行的，因而幼儿在活动中还常会有不同的情况出现，而不同的情况可能需要不同的准则加以规范。因此，区域活动规则往往是不可能一步到位的，而是需要逐步完善，逐步到位。

实践活动

搜集幼儿园不同活动区域的规则，并结合活动区域的实际情况，总结归纳不同区域规则制定的相同点及不同点。

四、幼儿园区域活动方案实例

案例一：大班主题性区域活动方案"要上小学啦"[①]

（一）活动背景

2021年教育部出台的《教育部关于大力推进幼儿园与小学科学衔接的指导意见》中指出，帮助幼儿科学做好入学准备教育，是幼儿园教育的重要内容。我们应将入学准备融入幼儿在园一日生活的各个环节，从身心、生活、社会、学习四方面为幼儿科学做好入学准备，以有效减缓入学的衔接坡度，帮助幼儿尽快适应小学生活。幼儿园区域活动是幼儿活动的一种方式，具有自由、自主、开放、灵活的特点，个别化、小组化的学习方式充分尊重了幼儿的个体差异，让幼儿在区域活动中能按照自己的速率发展能力、建构经验。在"要上小学啦"这个主题背景下，我园在大班区域活动中探索新做法、创设新环境、设置新区域、创造新游戏，有针对性地为每个幼儿提供个别化的指导和帮助，将幼小衔接的相关活动内容自然地融入区域活动，支持幼儿通过丰富多样的游戏化学习积累生活和学习经验，获得积极的入学体验，促进他们按照自己的成长节奏和方式全面做好入学准备。

（二）活动目标

（1）初步了解小学生的学习生活，萌发对小学生活的向往，有成为一名小学生的积极愿望。

（2）有初步的时间观念，学会规划时间，做事有一定的计划性，学习分类整理和保管自己的物品，养成良好的生活习惯。

（3）乐于独立思考并敢于表达，学习用图画、符号等方式记录自己的想法和发现，并尝试用数学经验解决生活和游戏中的问题。

（4）能和同伴友好相处，愿意为集体出主意、想办法、做事情，尝试与同伴商量合

[①] 潘敏. 主题背景下的班级区域活动：要上小学啦 [J]. 早期教育，2023（9）：32-34.

作共同完成任务。

（三）活动内容

区域活动：上小学，我想知道

1. 目标指向

（1）愿意大胆提出自己想了解的小学生活问题，能围绕问题积极与同伴探讨解决的方法，会用图画、符号进行记录。

（2）能积极参与调查小学生活的采访活动，在活动中感受多样化解决问题，体验解决问题的成就感。

（3）在区域分享活动中进一步了解幼儿园与小学生活的不同，萌发对小学生活的向往。

2. 活动准备

（1）环境创设：创设"上小学，我想知道"活动区域，借助班级墙面一角，开设"我的小学问题""我的发现""采访小秘诀"等板块，便于幼儿展示自己的问题与发现，帮助回顾经历，梳理经验。

（2）材料提供：纸、笔。

（3）其他准备：活动前和幼儿探讨"上小学，我想知道"的话题，引发幼儿对小学生活的向往和好奇。

3. 实施要点

（1）活动阶段一：我的小学问题。

①幼儿用绘画方式记录自己想了解的小学生活问题，教师记录文字，了解幼儿的想法。

②幼儿将记录的问题展示在区角环境"我的小学问题"中。

③分享交流"我的小学问题"，师幼共同将问题分类，如关于生活的，关于学习的，关于游戏活动的，等等。

（2）活动阶段二："我的小学问题"调查采访。

①讨论：通过什么方法可以了解问题的答案？向谁采访？怎样进行采访？

②重点讨论解决采访中遇到的问题，将"采访小秘诀"画下来展示在区角中。

（3）活动阶段三：交流分享"我的发现"。

①分享交流："我的发现"。

②小组探究：幼儿园与小学生活的不同，形成对比图标展示在区域中。

③集体交流，与同伴进行分享。

4. 反思回顾

"上小学，我想知道"区域活动以幼儿的问题为切入点，营造出开放自由的交流空间和氛围，有利于师幼间进行有效的互动和交流。同时，小范围交流的方式更有利于幼儿专注倾听同伴的想法，依托环境优势促进幼儿良好学习习惯的养成。小组化、个别化的活动形式，让教师有机会关注、发现个体的需要和经验，给予适当有效的支持。将幼儿的问题表征在区域环境中展示，让幼儿的思维得以呈现，在分享交流中感受探究、解决问题方式的多样性和多路径。

区域活动：我们的小书桌

1. 目标指向

（1）能坚持自己的事情自己做，学会分类整理和归放好个人物品。

（2）能专注地做事，养成良好的听、说、读、写学习习惯。

2. 活动准备

（1）环境创设：创设"我们的小书桌"活动区域，幼儿自主进行"铅笔展览会"的布展；教师提供"整理书包"的步骤图、"正确握笔姿势"的图示以及卷笔刀的使用方法图示等，帮助幼儿了解整理物品以及使用简单工具的方法。

（2）材料提供：图书、笔筒、文具盒、文件袋、书架、卷笔刀、小桌扫、包书纸等。

（3）其他准备：活动前师幼探讨"小学生会用到哪些学习用品和工具？整理书桌上的物品需要什么"等问题，并共同收集幼儿提出的各种学习用品和收纳工具。

3. 实施要点

（1）根据投放的学习用品和多种整理工具，引导幼儿结合经验尝试整理。教师重点关注幼儿能力的个体差异，将幼儿整理物品的情况进行拍照记录。

（2）交流分享：书桌上的物品怎样摆放才整齐有序？学习用品用哪种收纳工具更便于取放？

（3）幼儿将"整理物品好方法"记录并展示在区角中，供其他幼儿学习。

（4）创设各种小书桌游戏，并在操作架上提供相关材料。如在小书桌上开展书写游戏、田字格游戏、生活游戏（学习使用直尺、包书皮等）、阅读活动（读绘本、讲故事）等，鼓励与指导幼儿在自己的小书桌上读一读绘本、写一写名字、认一认汉字、画一画图画、做一做手工、理一理物品。

（5）结合阅读的正确姿势，在区角中提供"一拳一尺一寸"正确读写姿势的图示，隐性指导幼儿保持正确的姿势。

4. 反思回顾

"我们的小书桌"区域为幼儿提供了独立的学习空间，相关游戏活动涵盖了幼儿多方面入学准备的培养。首先是生活能力，通过书桌上各类游戏的开展，为幼儿提供熟练使用各种学习工具的机会。在自主整理、好方法分享过程中使幼儿获得了分类整理和保管物品的方法和经验，发展动手能力，培养了做事的秩序感。其次是学习能力，尤其是在学习品质、学习习惯的养成方面具有很好的实践价值。通过创设丰富多元、有意义的小书桌游戏，让幼儿能主动、持久、投入地学习，养成安静、专注做事的好习惯，对幼儿良好学习习惯和品质的养成提供了必要的环境支持。随着"我们的小书桌"区域活动的不断推进，幼儿园创设的小书桌活动也给家庭开展幼小衔接提供了新的思路，让家长有了在家庭中也创设小书桌的想法，在教师适时介入与指导下，家长和孩子共创的家庭"小书房"，让孩子有了一个专属于自己的学习环境和空间，家园协作让孩子良好学习生活习惯的培养无缝衔接，为进入小学打下了良好的基础。

区域活动：我做时间的小主人

1. 目标指向

在体验游戏中丰富对时间的认识，有初步的时间观念，学习合理规划自己的时间。

2. 活动准备

（1）环境创设：创设"我做时间的小主人"主题区域墙，主题墙分为"我的课间10分钟""你好，8点钟"两大板块的内容，墙面环境的创设便于幼儿分享自己对时间规划的经验。在活动室门口布置晨间来园打卡签到区。

（2）材料提供："1分钟有多长"体验游戏材料及记录单，晨间来园签到表，晨间时间规划表，时钟若干。

（3）其他准备：活动前开展认识时间的集体活动，帮助幼儿形成初步的时间概念。

3. 实施要点

（1）"1分钟有多长"区域体验游戏：在区角中投放操作材料，通过计时、记录等操作，在比较中感受时间的长短，进一步建立时间概念。体验做不同的事及做事的熟练程度等与完成事情所需时间的关系。

（2）"你好，8点钟"来园时间打卡站：①和幼儿一起商量打卡的方式、内容，共同收集打卡需要的工具，根据讨论自主设计打卡签到单，并布置打卡签到站。②鼓励幼儿坚持晨间来园打卡。③围绕幼儿来园情况分享讨论"按时来园以及来园后规划时间的好方法"，增设幼儿自制的"温馨小提示"投放在区域环境中。

4. 反思回顾

幼儿在区域活动时自主交流、讨论规划自己的安排，然后在晨间、课间的时间段里去完成自己规划的内容，再回到区域活动中分享交流、反思调整，在此过程中逐步提升规划时间的经验。"1分钟有多长""晨间来园打卡"这些关于幼儿生活中对时间的计划给了他们一次次独立思考、自主规划的机会，让幼儿在亲身经历中产生秩序感和责任感，在不断坚持和点滴积累中，提高做事的计划性，在这样的活动中幼儿进一步养成计划、分配和遵守时间的好习惯，也在时间管理中认识自己、评价自己、挑战自己。

案例二：大班区域活动"趣味迷宫"[①]

（一）活动背景

在开展"了不起的我"主题活动时，正值幼儿园"野趣园"的建设期。前期大班幼儿曾参与了野趣园的整体设计与规划，因此对正在建设的"野趣园"充满了兴趣，他们纷纷讨论搭建隧道、迷宫、滑梯、鱼池……于是，孩子们开启了"野趣园"的搭建，而迷宫探索小组也开启了迷宫的探索之旅。

（二）活动过程

1. 第一阶段：初次设计与搭建迷宫

（1）自主设计迷宫。在建构活动开展前，孩子们开始设计自己想要搭建的迷宫，牧牧说："我要搭建的迷宫是弯弯曲曲的，你们都不知道怎么走，像小路一样。"小晟说："我要搭建的是螺旋迷宫，由很多圈组成的。"博文说："我们搭建的迷宫像一条小蛇一样。"设计完迷宫之后孩子们开始了搭建。

（2）初次搭建迷宫。

问题一：像"小路"一样的迷宫

伊伊和博文尝试用易拉罐、卫生纸筒和圆柱体搭建两条线的迷宫，这样在中间就形成了一条可以走的小道，搭建完成之后，博文组和小晟组发现两组迷宫马上就要靠在一起了。于是，他们准备将两条迷宫连接起来。

分享回顾环节，孩子们发现自己搭建的迷宫和原来设计的迷宫并不一样。

博文："我们设计了很多弯曲的迷宫轨道，但是并没有搭建出来。"

逸航："中间那些缝隙就是通道，有多条路可以走，但是也没有搭出来。"

甘牧："迷宫是有死路的，我们的迷宫没有死路，只有一条通道，太简单了。"

通过讨论，部分孩子们认为，迷宫不是只有一条通道，而是有多条通道，并且迷宫还有各种不同的造型。

问题二：没有"出口"的迷宫

[①] 案例来源：长沙师范学院附属第二幼儿园肖佳。

第二次搭建活动中，孩子们又按照计划搭建了螺旋式的迷宫。

搭建完之后，教师组织孩子们进行讨论：

上为："我发现迷宫没有出口。"

博文："迷宫的通道太窄，容易绊倒。"

小晟："这条迷宫没有死路，都是通的。"

分享交流中，孩子们结合搭建作品对迷宫的出口和入口、多条通路和死路等关于迷宫结构特点进行了思考。

2. 第二阶段：梳理迷宫典型特征，再次设计与搭建

迷宫到底是不是如同孩子们讨论的那样，除了有出口和入口，还有多条通路和死路呢？教师创造条件支持孩子对迷宫的基本结构进行进一步的探索。

（1）观察迷宫。教师搜集了适合2~4岁幼儿的迷宫投放在班级建构区，为他们认识迷宫提供帮助。一段时间后，大家对迷宫的特点展开了讨论。

教师："你觉得迷宫是什么样子的？"

伊伊："有一个进口，有一个出口，有箭头表示。"

乖乖："有很多条弯路。"

育冰："有各种形状，有胡萝卜的、蛋糕的、宝塔的、苹果的……"

小晟："迷宫有很多条路，有的是通路，有的是死路。"

亮亮："迷宫只有一条通路，其他的都是死路。"

青禾："迷宫里面有很多危险的东西，比如有毒苹果、大灰狼，需要躲避。"

（2）设计迷宫。随后，教师又搜集了一些简单的迷宫书籍投放到班级的阅读角，让幼儿可以随时利用过渡时间进行阅读，并提供了纸和笔，以便幼儿可以根据自己的兴趣和需要进行模仿设计。通过一段时间的观察和模仿，幼儿设计的迷宫越来成熟和完善，能逐步清晰地表现出迷宫的出口、入口、通路、死路及障碍物等。

（3）根据计划，再次搭建迷宫。幼儿搭完之后，开始自发地在迷宫里进行游戏。分享环节，孩子们对自己设计的迷宫进行了讨论。

青禾："我们搭建的迷宫太简单了，一下子就走完了。"

育冰："是因为迷宫的线路太短了，要再搭长一点。"

可可："死路要搭长一点，这样才能迷惑别人。"

教师："为什么要搭长一点呢？"

逸航："搭长一点别人才看不到前面是死路还是通路。"

小晟："死路必须要有拐弯的地方，要不然别人一眼就看出来了。"

可可："下次再做一些障碍放下去，会更有趣的。"

艺宸："做更高的迷宫，就更难看到前面的路了。"

（4）优化迷宫。怎样搭出又高又长的迷宫呢？幼儿想到户外操场进行建构，小宝这一组的孩子们尝试采用方块固定长木板的方式搭建栅栏迷宫，搭建之后用纸箱做围墙，用巫婆做障碍物（图4-12）。博文这一组用空心大积木、小方块、纸箱和大型积塑采用垒高、延长、转向、架空等多种方法结合的方式进行搭建（图4-13）。搭完之后，一部分孩子扮演怪兽，一部分孩子扮演走迷宫的人进行游戏，他们在自己搭建的迷宫中，玩得不亦乐乎。

3. 第三阶段：挑战搭建复杂迷宫

（1）设计复杂迷宫。幼儿对班级投放的具有挑战性的迷宫书籍非常感兴趣，一段时间之后，幼儿开始尝试设计较为复杂的迷宫（图4-14）。

图 4-12　探索、优化迷宫 1　　　　　　　图 4-13　探索、优化迷宫 2

图 4-14　幼儿设计的复杂迷宫

（2）搭建复杂迷宫。当孩子们将兴趣集中在复杂迷宫时，老师们就在思考怎么满足孩子们进一步搭建的兴趣和欲望，于是老师在班级投放了多米诺骨牌，鼓励孩子们用多米诺搭建挑战性的迷宫，孩子们的设计和创意让老师感到惊叹，孩子们用多米诺骨牌搭建了中国地图迷宫、螃蟹迷宫等各种创意性和挑战性很强的迷宫（图4-15）。

通过多次的设计和搭建，孩子们还总结出了几条搭建挑战性迷宫的秘诀：

秘诀1：就是心中一直要有一条通路（博文）

秘诀2：先搭通路后搭死路（小宝）

秘诀3：就是一边搭一边检查，成功了再接着往下搭（可可）

秘诀4：分工合作，有人搭通路，有人搭死路，有人送材料，有人检查（育冰）

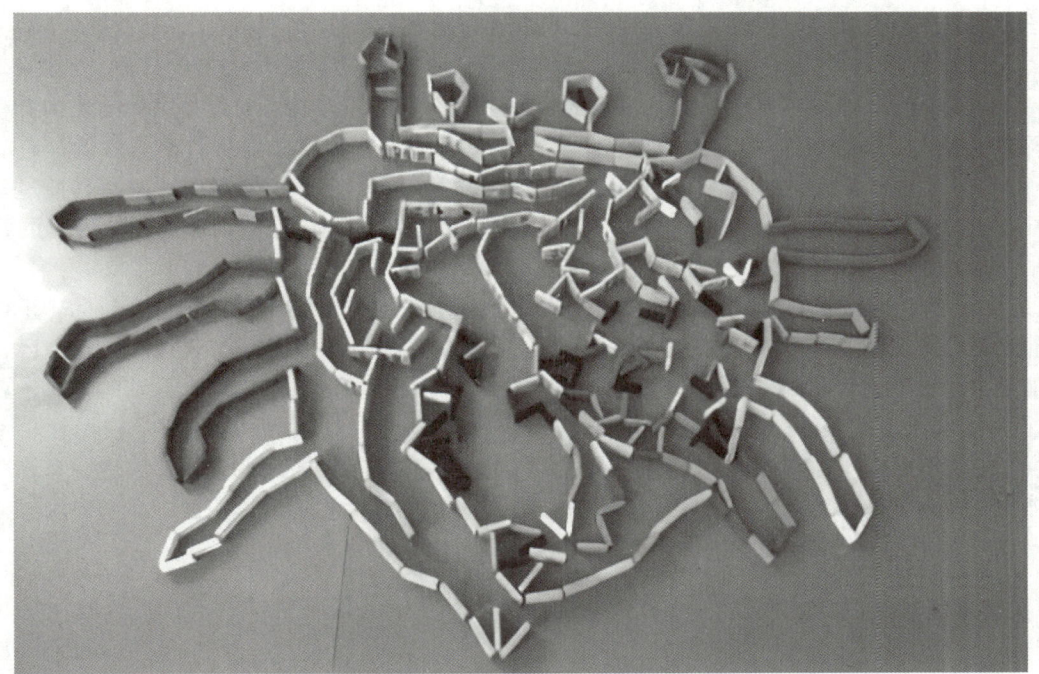

图 4-15 幼儿搭建的复杂迷宫

(三) 活动反思

本次活动教师为幼儿提供多种多样的材料,给予了幼儿充足的操作探索的时间与空间。在情感方面,幼儿体验到了和同伴合作搭建的乐趣;在认知方面,幼儿对迷宫基本结构的认识越来越清晰和正确,并能设计越来越复杂、多样和具有创意的迷宫;在学习品质方面,幼儿通过搭建和设计迷宫,其空间规划与感知、观察比较、逻辑推理、想象与创造、问题解决等多种能力得到了充分的发展。活动中,教师一直在观察幼儿的兴趣与需要,并提供适宜的支持。当幼儿对迷宫的基本特点认识模糊不清时,教师及时提供了较为简单的迷宫书籍,支持幼儿梳理迷宫的典型特征,当幼儿发现自己搭建的迷宫不具有挑战性和迷惑性时,教师提供了大型建构材料,满足了幼儿的游戏需求,教师观察在前,支持在后,为幼儿的学习与发展提供了有效支撑。

项目要点

1. 幼儿园领域活动是按幼儿学习领域划分幼儿园教育内容的一种课程类型,它把学科体系改造为幼儿的经验体系,使之更贴近幼儿生活实际,又不失系统性。其特点有:各领域活动中的知识经验有较强的系统性;领域活动有较强的渗透性;领域活动强调与幼儿的生活相联系;领域活动具有较强的计划性和可操作性。幼儿园领域活动的设计原则有:领域活动的难易程度要考虑幼儿的年龄特征;领域活动的次序要考虑幼儿的发展顺序;领域活动应面向全体幼儿并兼顾个体差异。幼儿园领域活动的设计过程包括制定活动目标、组织活动内容、设计活动过程。

2. 幼儿园单元主题活动是指教师和幼儿在一定的时间里,围绕一个具有内在脉络和价值关联的中心内容(主题)组织的教育教学活动。其特点有:打破学科界限,使课程具有整合性;营造问题情境,使课程更具探究性;主题灵活开放,使课程具有一定生成性;活动形式多样,使幼儿学习具有建构性。幼儿园单元主题活动的设计原则有:以幼儿发展为本、科学性和整合性相统一、注重活动性与发展适宜性、可行性与地域性相结合。

3. 幼儿园项目活动是以幼儿的经验和兴趣为基础，以真实的问题驱动为导向，以持续性探究为中心，以可展示的成果为旨归的一种活动组织方式。其特点包括：幼儿是主动的建构者和学习者；活动内容的多样性与生成性；注重个别差异与合作共存；项目活动的评价具有动态性。网络图是以图示的方式呈现幼儿的讨论或问题之间的关系，其中各种项目都是通过某个中心想法即项目的主题向四周扩散。幼儿园项目活动的设计包括计划和启动阶段、展开阶段、总结和反思阶段。

4. 幼儿园区域活动是指教师根据幼儿发展水平、兴趣及需要等，结合幼儿园教育目标、正在进行的其他教育活动等因素，将幼儿园的活动室划分为若干活动区域，如美工区、表演区、益智区等，通过让幼儿自由选择，并与材料和人（同伴、教师和其他人员）互动的方式，获得个性化学习与发展的一种教育活动。幼儿园区域活动的特点包括：自主性、自由性、个性化、指导的间接化。幼儿园区域活动的设计原则有：区域活动主题的选择要因地制宜，适合本园的实际情况；区域活动的创设过程中要充分体现幼儿为主的原则；区域活动中的材料投放要安全卫生，有科学性。

关键术语

经验课程　区域活动　区域活动环境　区域活动材料　区域活动方案

复习思考

1. 简述幼儿园区域活动的特点。
2. 试分析幼儿园教师应该如何指导区域活动的开展。
3. 分析以下案例，你发现这位教师有哪些不适宜的行为？请指出并提出改正的建议。

　　某幼儿园大班教师发现，自己班的幼儿对于区域活动完全提不起兴趣来，她左思右想，找不到原因。简单介绍一下她们班的活动区情况：设有娃娃家、毛绒玩具和在小班时就一直用的游戏材料，没有科学发现区、棋类区、认知区等。而且在与这位老师的交流中发现：她在让幼儿自由进行区域活动时，自己却在忙着备课和整理班级的物品等，等到手头工作结束后，便让幼儿结束区域活动。有些幼儿的兴趣刚刚产生，有的幼儿在堆积木马上就完工了却被迫结束，而幼儿的这种情绪又严重影响着接下来的学习和游戏活动。

项目五　经典幼儿园课程方案

项目背景

世界上不同国家和地区的课程方案受到不同的心理学流派、哲学思想的影响，在特定的社会文化历史背景下产生。在教育实践中，逐渐形成对知识、儿童、学习和教育的独特理解，也就形成了有着不同的教育理念、不同的课程目标、特定的课程内容、有特色的课程实施和不尽相同的课程评价的经典课程方案。本项目介绍了国内外经典的幼儿园课程方案，包括不同课程方案下的理论基础、基本观点、课程目标、课程内容的选择、课程实施以及课程评价。通过学习，可以拓宽视野，了解来自中国、美国、意大利等不同国家和地区的经典幼儿园课程方案，去感受不同课程方案的特色与精髓。

学习目标

① 领会经典幼儿园课程方案的精髓。

② 了解蒙台梭利课程、高瞻课程、瑞吉欧课程、五指活动课程等经典幼儿园课程方案的理念、内容与特色。

③ 能批判性地分析经典幼儿园课程方案，初步具备甄别各种幼儿园课程方案的能力。

> 思维导图

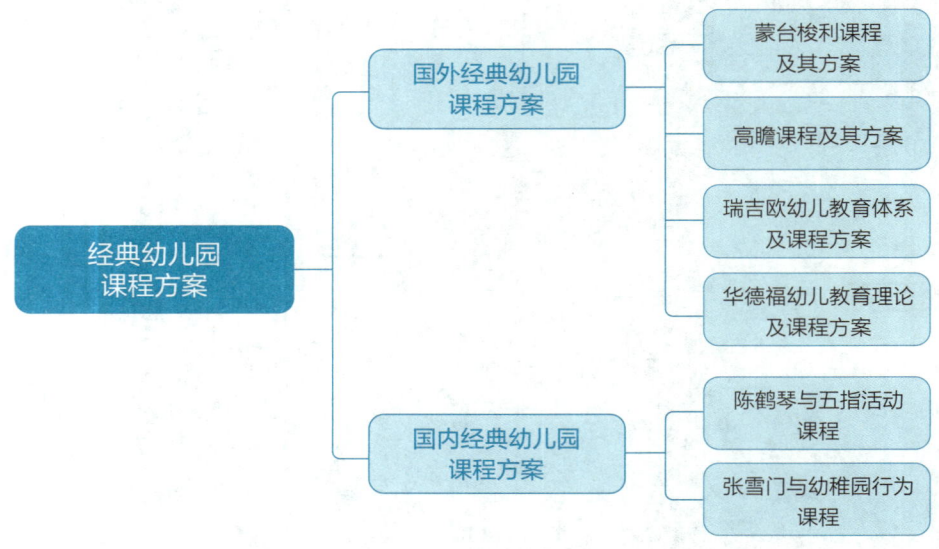

任务1　国外经典幼儿园课程方案

> 导入情境

有13年幼教从业经验的张老师，准备开办自己的幼儿园。受国外经典幼儿园课程方案的影响，她在筹建幼儿园的过程中产生了这样的疑惑："市面上许多高端国际幼儿园声称自己使用国外的课程方案，但国外的课程方案适不适合我们园的孩子呢？如果适合，我们新开办的幼儿园是选择蒙台梭利课程、高瞻课程，还是华德福课程好呢？"

> 参与式学习

一、蒙台梭利课程及其方案

玛丽亚·蒙台梭利（1870—1952），是一位意大利医生，也是世界著名的幼儿教育家。1896年，蒙台梭利毕业于罗马大学医学系，早年从事医学工作，研究智力缺陷儿童的心理和教育问题，她提出"儿童智力缺陷主要是教育问题，而不是医学问题，教育训练比医疗更为有效"。1898年，蒙台梭利开始担任国立儿童精神治疗学院（即罗马启智学校）的校长，任职期间，她设计了整套对智力缺陷儿童进行观察和教育的方法，并培训教师使其掌握该套方法。她还制作教具，准备教材，亲自对智力缺陷儿童进行观察、记录、分析和比较，在实践中不断地探索更好的教育方法。两年后，这些智力缺陷儿童都通过了当时罗马地区为正常儿童举行的公共考试。此后，蒙台梭利把目光转向研究正常儿童的教育，并于1907年在罗马的贫民窟里建立了第一个"儿童之家"，开始实验她的教育思想和教育改革方案，在不断探索中形成了独具特色的幼儿教育思想与方法。1913年元月，蒙台梭利开办了第一届国际蒙台梭利教师训练班，自此，蒙台梭利除了游走世界推广她的教育理念与方法外,也积极地培育师资。1952年蒙台梭利逝世,她在逝世前曾三度被提名角逐诺贝尔和平奖。一百多年以来,蒙台梭利教育法虽几经沉浮,但至今仍活跃在世界幼儿教育舞台上,成为世界著名的幼儿园课程模式之一。

(一)蒙台梭利课程方案的理论基础

蒙台梭利受到福禄贝尔、卢梭等人的自然教育和自由教育观点影响,加之多年的教育实践探索,形成了自己独特的儿童观和教育观。

1. 蒙台梭利教育的儿童观

蒙台梭利的教育思想是与她的儿童发展观紧密地联系在一起的。

(1)儿童具有吸收性心智。蒙台梭利认为儿童具有内在的冲动力,儿童的成长受内部的潜能的驱使,这种潜能使个体心理发展成为可能,这就是"吸收性心智"。她认为"一种神秘的力量,能为孤弱的新生儿注入一种活力,让他能够生长、站立和说话,从而一起进步"[①]。蒙台梭利认为这种"吸收性心智"表现出两个不同的发展阶段:第一阶段为0~3岁的无意识吸收心理阶段,如婴儿无意识地吸收了母语的声音、语调、节奏等,这整个过程是有力且直接的。第二阶段为3~6岁的有意识吸收心理阶段,该时期幼儿对外界环境信息的吸收变得更加有意识、有目的性,并开始对信息和经验进行分类与整理。

(2)儿童发展具有阶段性。蒙台梭利认为儿童的发展具有阶段性,遵循既定的"自然程序表"。儿童在不同的发展阶段表现出不同的身心特点,前一阶段的发展是为下一阶段的发展奠定基础。她将儿童的发展分为三个阶段:0~6岁,6~12岁,12~18岁。不同的阶段有不同的发展特点,如0~6岁阶段是儿童个性形成的重要阶段,该阶段又可分为0~3岁的心理胚胎期和3~6岁的个性形成期,前者通过无意识地吸收周围环境中的信息来形成心理和适应生活;后者通过环境、教育来发展、完善自身。

(3)儿童发展具有敏感期。蒙台梭利认为个体的发展具有敏感期。所谓敏感期是儿童发展过程中对特定环境刺激的敏感时期,表现为当儿童处于某种刺激的敏感期内,儿童对这种刺激的感受性高,能够更加轻松、愉悦地迅速掌握与该刺激相关的知识与技能。但"敏感期相当短暂,主要目的是帮助生物获得某些机能或特性,过了这些特殊时期,感受性便会消失。[①]"教育者应当根据儿童的敏感期设计教育教学,教育必须与敏感期相符合,避免由于错过敏感期带来的学习与发展障碍。

2. 蒙台梭利教育的教育观

(1)教育要以自由为基础。蒙台梭利认为儿童应该有权力选择自己要做什么和决定自己要做到什么程度,只有在自由的条件下儿童产生的、获得的经验才有价值。她认为"小孩会在许多的诱因中做选择,但他只应该选择他知道的事情……小孩的选择是在我们呈现给他的选择之间做的选择,这才是真正的选择。[②]",真正的自由,必须以具有思考与推理能力为基础。蒙台梭利主张"自由"教育,但认为这种自由是有限度的自由,自由与纪律是一体的,她所提倡的"自由"教育是要儿童在获得知识和纪律之后所拥有的自由。

(2)主张工作人性论。蒙台梭利认为"工作"完善性格,工作是生命的本能和人性的特征。她说:"儿童的工作欲象征着一种生命的本能,在顺利的环境下,工作这种本能会自然地从内在的冲动下流露出来。"儿童热衷于集中工作,为了满足自己的期望而工作不息。儿童在工作的时候内心能得到满足和情绪安定,同时增强了自信心及进取的自发性。在儿童心中社会性也同时萌

---

① 玛丽亚·蒙台梭利. 童年的秘密[M]. 爱立方,编译. 北京:北京理工大学出版社,2015:27.
② 简楚瑛. 学前教育课程模式[M]. 上海:华东师范大学出版社,2005:12-14.

芽，并逐渐养成待人亲切、坚韧不拔、遵守纪律与秩序的习惯。蒙台梭利认为游戏，特别是假想游戏会把儿童引向不切实际的幻想，不能很好地培养出儿童严肃、认真、求实、富有责任感的个性品质。因此，在她看来，只有工作才是儿童最主要的和最能促进儿童身心全面发展的活动。

> **拓展阅读 5-1**
>
> 蒙台梭利教育中的"工作"[①]
>
> 蒙台梭利所谓的"工作"与成人的工作是不一样的，儿童的"工作"表现出以下特点：
> 1. 遵循自然法则，服从内在的引导本能。
> 2. 无外在目标，以自我实现为内在目标。
> 3. 是一种创造性、活动性与建构性的工作。
> 4. 须独立完成、无人可替代。
> 5. 以环境为媒介来改进自己，形成与塑造自己的人格。
> 6. 按照自己的方式和速率进行，为满足自己的内在需求而重复进行。

（3）要为儿童提供有准备的环境。环境作为隐性的课程，对儿童的学习与发展十分重要。因为儿童从环境中吸收所有的东西并将其融入自己的生命之中，因此教师要为儿童提供一个环境，一个有准备的环境。蒙台梭利认为"儿童之家是真正意义上的家，拥有一些房间和一个花园，孩子是这个家真正的主人。"这是从物质空间上对"环境"的解读。所谓有准备的环境，不仅仅指经过教师组织与安排的物质环境，也指充满爱与快乐的心理环境。

综上，在蒙台梭利教育体系中，强调以儿童为中心，关注儿童发展的阶段性，把握儿童的敏感期，尊重儿童成长的步调，注重儿童智慧和品格的培养。教师是儿童学习的观察者、引导者、支持者和合作者，教师应摒除奖惩制度，为儿童提供丰富的、真实的、有秩序的生活和"工作"环境。

（二）蒙台梭利课程方案的基本内容

1. 课程目标

蒙台梭利课程模式以培养儿童成为身心均衡发展的人为目标，通过"工作"的方式，让儿童把内在的生命力表现出来，在"工作"过程中培养儿童的注意力，在自由和主动的活动中让儿童自我纠正，使儿童在为其设置的环境中成为具有良好特质的人。总之，蒙台梭利教育希望帮助儿童发展出自发性的人格和养成一种独立、自信、自律、自足及自我管理的活动习惯，并为儿童进入成人世界做准备，使儿童不断地、努力地创造"未来的他"——成人；通过培养具有良好道德素养的"新人类"，来创造一个和平、幸福的未来社会。

2. 课程内容

蒙台梭利课程内容分为五大领域：日常生活教育、感官教育、数学教育、语言教育和科学文化教育。

（1）日常生活教育。一般刚刚进入蒙台梭利教育的儿童先从日常生活教育开始学习，可以说，日常生活教育是儿童真正融入蒙台梭利环境的基础阶段。通过日常生活练习，促进肉体发

[①] 吴式颖. 外国教育史教程［M］. 北京：人民教育出版社，1999：493.

展，帮助儿童学习自我管理、自我控制和自我保护，获得独立、自主、专心、关爱的品质，有助于儿童责任意识的养成，为今后的可持续发展及生存打下基础，这也是作为社会的完整人格形成的必要过程。日常生活教育主要包括：

第一，基本动作，包括走、站、坐、跑、攀、登、投掷等大运动，还有拿、舀、抓、穿、折、拧、剪、贴、切、按、缝等小肌肉运动。

第二，自我服务，包括整理物品、洗手、洗脸、刷牙、梳头发、穿脱衣服和鞋袜、叠衣服等管理自己、照顾自己的生活技能。

第三，照顾环境与服务他人，包括饲养绿植、照顾小动物、清理地毯、整理书架等。

第四，文明礼貌、良好行为习惯的养成，包括学习如何向老师提问、如何接打电话、如何打喷嚏等。

（2）感官教育。感官教育是蒙台梭利课程内容的核心。感官教育通过对儿童视觉、听觉、嗅觉、味觉、触觉的训练，提高感官机能的敏感性，从而发展儿童的观察、区别、比较、归纳的能力。感官教育主要分为视觉教育、听觉教育、嗅觉教育、味觉教育、触觉教育。蒙台梭利认为，"儿童常以触觉代替视觉或听觉"，即儿童常以触觉来认识周围事物[①]，因此，在感官教育中又以触觉教育为主。蒙台梭利为感官教育设计了一系列教具，认为感觉训练要通过具体的步骤进行，并总结了感官教育的方法——三段式教学法。

第一步：命名。这一步建立感知觉与事物名称之间的联系。例如，向儿童展示粉红塔，并指着最大的粉红塔块说："这是大的"，然后指着最小的粉红塔块说："这是小的"，然后让儿童感知。

第二步：辨别。按教师说出的名称拿出相对应的事物。例如，教师对儿童说："请你指出大的""请把小的粉红塔块拿给我"，儿童则按照要求完成相应的指令。

第三步：发音。儿童自己凭借感知与记忆，说出对应事物的名称。例如，教师指着大的粉红塔块问："这是？"儿童能够回答："大的"。

此外，蒙台梭利还强调刺激的孤立化，孤立化原理简单来说是指将局部从整体当中分离出来。儿童在幼儿时期各方面的机能发展还不完善，只能适应简单的刺激。教育者在对儿童进行教育的时候，需要把儿童的刺激对象孤立开来，使其逐一接受刺激。例如，在进行带插座圆柱体（高低组）的训练时，要保证每个圆柱体除了高低的不同外，粗细、材质等其他性质均相同。而且蒙台梭利教具以朴实、干净的色调为主，通常用单色调，凸显真正的教育目标，也是孤立性的体现。

蒙台梭利还强调教具具有自我纠正的特性。每一种教具都能够提醒儿童在活动过程中的正确与否，从而使儿童根据教具的提示和指引就可以得到应有的学习和发展。教具的这一特性能使儿童自行发现错误，并且自己修正，达到"自我教育"的作用。如带插座圆柱体组，每个圆柱体都有对应的圆孔，错了就放不进去，无法完成工作，这样，儿童就知道自己可能在工作中出现了差错，自行发现错误并改正。

（3）数学教育。数学教育是对感官教育的延伸，注重儿童对数、量、形、空间等数学感知经验的积累。因此，蒙台梭利设计了一套科学严谨的数学教具，主要帮助儿童初步形成数、量、形等的概念，包括：数量关系的基本练习、十进位法、连续数的命名与排列、平方与立方的导入、加减乘除运算、分数导入、几何卡片与订正表练习等。数学教育的教具包括：数棒、砂数字版、纺锤棒和纺锤箱、数字与筹码、分数小人、加减乘除法、金色串珠、数字卡片等。除此之外，还有一些高级计算方法的复杂教具：二项式、三项式教具。通过以上教具，把抽象的数学知识转化

---

① 杨汉麟，周采. 外国幼儿教育史［M］. 南宁：广西教育出版社，1993：294.

成可操作的数学活动,让儿童通过操作教具获得数学经验,从而培养儿童的数理能力、逻辑思维及问题解决等能力。

（4）语言教育。蒙台梭利课程中的语言教育包括四大部分：倾听、口语表达、书写和阅读。她认为儿童语言的理解与表达基于对其听力的训练,因此,语言教育的顺序应该按照听、说、写、读的顺序进行。

第一,倾听的教育。听的教育主要训练儿童听觉的敏感性和分辨力,包括听指令做动作、听录音讲故事、指令接龙、传悄悄话、音响配对、为故事配音、猜谜语、听故事等。

第二,口语表达的教育。说的教育主要包括发音练习、辨别语音、词语接龙、说反义词、故事接龙、一分钟分享、说绕口令、主持节目、讲故事等。

第三,书写的教育。儿童要具备写的能力,就必须先经历写字的预备过程,即"前书写"过程,如描画几何图形嵌板、描摹砂子母板、沙盘中写字等。此外,写的教育内容还包括握笔动作练习和书写练习,如描画字母凹槽板、描摹姓名等。

第四,阅读的教育。读的教育主要训练儿童的阅读理解能力,主要包括看图做动作、图片配对、动物图卡与名词卡配对、阅读量词儿歌、布艺字与实物卡配对等。

语言的练习有很大的地域差异性,因此,不同国家的教育者在传播和使用蒙台梭利课程时,需要根据本国的语言文化特色进行本土化。

（5）科学文化教育。科学文化教育是指教师有目的、有计划地引导儿童通过自身的活动,对周围物质世界及其发展变化进行感知、观察和探究,获取相应知识和能力、开拓视野、了解人文历史的过程。科学文化教育有助于满足儿童天生的好奇心,激发儿童探究的欲望和兴趣,也有助于儿童建立科学的概念,学习科学探究的技能,还关注儿童在探究过程中的情感与社会性发展,为儿童未来的生活做准备。

科学文化教育的内容包括植物学、动物学、天文学、地质学、地理学、科学实验、历史学及人类艺术学。蒙台梭利主张在科学文化教育中应尊重儿童自我发展,教育者应当由感官引导儿童学习、由儿童已知到探索未知、由探究具体内容到抽象内容,从而实现科学文化教育。

3. 课程实施

蒙台梭利课程重视通过"教具"的操作实现课程目标,但不是直接用教具来指导儿童,而是基于儿童内在发展的需要,引发儿童的内在认知,让儿童自主地操作,从而获得经验。在课程实施中注重利用教具帮助儿童操作体验,重视创造有准备的环境、实施混龄教育、关注教师在课程中的作用。

（1）利用"教具"满足儿童内在发展需要。蒙台梭利称她所创造的教具为工作材料,这些工作材料是儿童自发工作的操作材料,并非教师的教学辅助工具。这套精密的教具有以下五大特点：一是刺激的孤立性。二是具有自我纠正的特点。这两大特性在感官教育教具中表现得最为显著。孤立性是指每一种教具只能训练一种感知能力,以排除其他感觉的干扰。自我纠正是指教具具有的自我纠错功能,若感知错误,教具将无法完成操作,从而使儿童自我教育、自我订正。三是具有趣味性。蒙台梭利认为儿童具有强烈的吸收性心智,教具设计成功与否的首要条件就是"是否能引起儿童的关注"。因此设计教具时,要考虑如何使教具的色泽朴实干净,使成套的教具保持颜色的一致性,使儿童的注意力集中于教具本身。此外,也有学者认为蒙台梭利教具对儿童的吸引力不在于它的外表,而在于它可以满足儿童内在的发展需求[①]。四是具有科学性。蒙台梭利每套教具的设计及其使用方法都考虑到儿童心理发展的规律,表现出操作的顺序性,如教具的操作是具有层次性的,操作的过程也从易到难,对儿童进行循序渐进的训练。五是具有社会性。该

---

① 虞永平,原晋霞. 幼儿园课程[M]. 北京：高等教育出版社,2014：162.

特性主要表现在日常生活教育的教具中。蒙台梭利要教会儿童一些生活能力和技能，目的就是把儿童培养成具有适应社会生活能力的人，是帮助儿童进行社会化的过程。

（2）重视创造有准备的环境。有准备的环境既包括良好的物质环境，物质环境主要是指蒙台梭利教具、各种符合儿童尺寸的室内设施以及教师自制的各种教学材料；又包括民主、宽松、和谐、自由的良好氛围。蒙台梭利特别强调"有准备的环境"中的精神氛围，主张这个"有准备的环境"应该充满自由、爱、快乐和便利。

有准备的环境具有以下六大要素：一是自由，在这样环境里，儿童可以自由地活动，自然地表现，充分地意识到自由的力量；二是秩序，在有规律、规则性强的环境中，儿童有内在的秩序感，主动遵循环境中的各项规则；三是真实与自然，蒙台梭利强调为儿童提供真实自然的材料，如日常生活中使用的锅、碗、瓢、盆，反对提供人为加工的玩具；四是美感与氛围，蒙台梭利教育强调自然和谐、优雅平静的氛围，避免嘈杂、混乱的场景；五是材料与教具，在这样的环境里，儿童可以获得丰实的感觉刺激，得到自由而充分的发展；六是社会性发展的环境，蒙台梭利虽然强调儿童应当"独立完成工作"，看似剥夺了儿童社会交往的机会，但她同时提倡混龄教育，给予儿童除"工作"外更多时间上的与同伴交往的机会。

（3）实施混龄编班。部分人批判蒙台梭利教育过于强调秩序性与纪律，忽视儿童的人际交往，事实上，蒙台梭利教育的目的之一是发展儿童的社会性，让儿童做好进入社会的准备，为实现这一目的，蒙台梭利教育实施混龄编班制，不同年龄段的儿童生活在同一个教室中，教室就是一个真实的社会。这种环境有助于集体生活的学习，为不同年龄段的儿童提供可以互相学习尊重、合作、选择朋友等机会。在混龄教育中，年龄大的儿童可以发挥领导示范、协助的作用，年龄小的儿童不仅可以感受到哥哥姐姐的关爱，还可以以年长儿童为榜样，学习年长儿童的行为，获得相应的社会规范。

（4）关注教师的角色。许多人误以为蒙台梭利课程主要依靠"看得见"的教具实现课程的实施，事实上，教具的操作、使用的背后是教师对儿童的观察、对儿童发展水平和内在发展需求的分析。其实，教师在蒙台梭利课程中发挥着重要的作用。

教师是儿童的观察者。蒙台梭利认为"生命本身在运动，为了研究它，探索它的秘密，指导它的活动，就必须观察它，不带先入之见地去了解它[①]"。在教育过程中，教师应随时观察儿童的行为；在儿童摆动和操作物体时，教师的主要职责是了解儿童的自由表现，观察儿童对教具的兴趣及兴趣持续的时间，甚至还要注意他们的面部表情。通过对儿童自由活动的观察，搜集信息，对信息加以分析、判断，进而去探明儿童内心的冲动和需求。观察的目的在于了解儿童的发展和需要，然后据此为儿童提供适宜的环境。

教师是儿童学习的指导者。蒙台梭利直接把"教师"称为"导师""指导者"。指导者要向儿童提供支持和帮助。儿童的发展离开了教师的指导与协助则难以实现。教师首先应掌握好适度干预的时机和方式，时刻准备着在儿童需要的时候帮助他们。但教师的支持和帮助，不是灌输方法和理念，更不是代替包办，而是以引导儿童向独立自主的方向发展为目标，即帮助儿童建立与环境的关系，关系建立完善后教师要退到被动的位置上。指导者还要负起维护良好的纪律和阻止不良行为的责任。蒙台梭利所谓的儿童的自由的概念是相对的，儿童的自由应以不损害集体利益、不冒犯或干扰他人为限度。因而，在儿童自由活动时，教师对儿童超越自由限度的行为，如冒犯打扰他人等行为要予以禁止和纠正。但对于正在休息或观看他人工作的孩子，则不要打扰或勉强他做任何活动。

教师是儿童行为的示范者。在儿童自由选择、使用教具材料之前，教师应首先为儿童示范教

[①] 任代文. 蒙台梭利幼儿教育科学方法［M］. 北京：人民教育出版社，1993：108—120.

具的正确操作方法。教师对教具材料做简单的介绍示范时，语言要简短、明确、客观；内容必须是直接涉及要解决的问题，不讲多余或不必要的话。要不厌其烦地为儿童示范。同时，教师还应在自己的言行、仪表等方面起到示范作用，如言行举止要文雅，仪容要整洁，风度要自然、大方、端庄等。

教师是环境的创设者。蒙台梭利指出："环境是生命现象的第二要素，它可以促进和阻碍生命的发展，但绝不能创造生命。[1]"教师的重要职责之一就是为儿童提供"有准备的环境"。除了创设有准备的环境，教师还是环境的维护者和管理者，使整个环境整洁、舒适、温馨、有秩序。

教师还是家庭的沟通者。儿童的教育绝不是教育机构一方就可完成的，需要依靠家长协同合作。通过引导家长认识儿童在"儿童之家"的学习与生活，为家长带去新的教育观念，改变家长旧的教育理念。

4. 课程评价

蒙台梭利课程的评价是以教具为中心，在儿童和教师之间展开。从教具的系统性使用、对错误的订正、正确的模仿开始进行观察评价。在进行观察评价时要注意以下五点：一是设定明确的观察目标；二是明确地列举观察项目；三是做好周全的准备，持续地观察；四是配合观察项目，做好摘要或以备忘录的形式客观地整理记录；五是与其他观察者比较检讨，进行综合性判断。[1]

拓展阅读 5-2

蒙台梭利操作观察记录表：日常生活教育（部分）[2]

项目		已示范	再次示范	熟练	相关词汇	延伸活动	备注
照料环境							
走路练习							
搬运练习	搬椅子						
	搬桌子						
	端托盘						
	持地毯走						
	持水桶走						
	持瓶罐走						

实践活动

参观蒙台梭利实训室或蒙台梭利教育幼儿园，熟悉蒙台梭利教育中课程的五大内容，尝试操作简单的感官教具，体验"三段式教学法"，并分析蒙台梭利课程方案的优缺点。

---

[1] 简楚瑛. 学前教育课程模式[M]. 上海：华东师范大学出版社，2005：133.
[2] 简楚瑛. 学前教育课程模式[M]. 上海：华东师范大学出版社，2005：134.

（三）对蒙台梭利课程方案的简要评价

蒙台梭利课程方案的优点是：①尊重儿童的内在需要，强调个别化学习，倡导教师耐心、细致地观察指导；②教具完整、系统，方便儿童操作，主动学习。其不足在于：①孤立的感官训练；②忽视创造力；③强调读、写、算，忽视实际生活经验；④缺乏社会性互动和语言发展的机会。

二、高瞻课程及其方案

高瞻课程也被音译为海伊斯科普（High/Scope）课程，或称高宽课程。该课程始发于1962年，是由美国著名儿童心理学家戴维·韦卡特（David Weikart）创立的高瞻教育研究机构发展起来的。它也是美国密歇根州佩里学校所实施的"佩里学前教育计划"（Perry Preschool Project）的一部分，该计划旨在帮助处境不利的学前儿童，主要为他们的入学做好准备。

高瞻课程用时间和数据证明了它的巨大优越性，但高瞻课程方案的形成并非一蹴而就，是在不断实践探索中趋向成熟。它主要经历了以下三个发展阶段。

第一阶段：20世纪60—70年代（启动阶段）。这一时期，教师以一种轻松又有组织的方式对儿童进行教学，教学的内容是课程设计者认为对儿童在入学准备方面有重要价值的知识和技能，主要服务对象为处境不利家庭的儿童。《认知中心课程》的出版标志着高瞻课程的初步形成。

第二阶段：20世纪70—80年代（调整阶段）。这一阶段，系统地制定课程目标，每个具体目标按照从简单到复杂、从具体到抽象的顺序提出，但儿童并未获得真正意义的主动。直到1979年出版了《活动中的儿童》，第一次把儿童的主动学习和强调知识建构作为课程核心，奠定了高瞻课程模式的基本框架。

第三阶段：20世纪80年代以后（推进完善阶段）。这一阶段的课程更加强调主动学习。如何理解"主动学习"？高瞻课程提出了儿童主动学习的五个要素：材料、操作、选择、儿童的语言和思维、成人鹰架。此时的服务对象不仅仅局限于美国处境不利的儿童，而是扩展为全体儿童。课程的目标是以认知发展为中心，同时关注儿童社会性与情感发展的全面发展目标，形成了八大领域58个关键发展性指标。经过几十年的发展，高瞻课程方案不断演进，日趋成熟。

（一）高瞻课程方案的理论基础

高瞻课程在不同的发展阶段，先后吸收了以皮亚杰、维果茨基、杜威以及支亚杰等人的思想作为理论基础，在教育实践中不断发展。

20世纪50年代末，皮亚杰的认知发展理论为美国兴起的课程改革运动提供了理论依据，从20世纪70年代开始，以皮亚杰认知发展理论为基础的学前教育课程不断涌现，高瞻课程就是其中的代表。皮亚杰所提出的两大观点丰富了高瞻课程的内涵：一是儿童发展阶段论，强调儿童的认知发展具有阶段性，儿童的发展经历了感知运动阶段、前运算阶段、具体运算阶段和形式运算阶段，教育需要遵循儿童发展的规律。二是提出儿童认知发展是通过主动建构而非成人直接传授获得发展的，教育者要让儿童成为主动的学习者，为他们创设适宜探索、学习、创造的环境，以便实现儿童的主动学习。

高瞻课程也吸收了维果茨基"环境互动论""最近发展区""支架式教学"等理论观点。维果茨基通过对学前儿童心理发展机制的研究发现，儿童的心理机能是在与周围人的交往过程中发展起来的，受到人类文化历史的制约，社会文化在儿童发展中起着重要作用。该思想运用在高瞻课程中表现为：首先，高瞻课程强调儿童的认识发展是通过与周围环境的互动实现的，其中，环境包括三个层次：一是儿童直接与之发生作用的层次，二是家庭和学校等内在的结构层次，三是语言、数字、科学技术等文化或生活层次[①]。其次，高瞻课程要求教师为儿童提供具有一定挑战性的学习材料，当儿童完成任务时，则需要变更具有更高挑战度的材料，以便教育始终落在儿童的最近发展区内。这种思想源自于维果茨基的"最近发展区理论"。最后，高瞻课程提倡儿童的主动学习，但也强调成人的支持作用，认为应当实施"支架式教学"。教师的责任是在儿童刚开始学习时提供指导与支持；随后减少或简化解决问题的步骤，使儿童能够操纵；之后教师逐渐撤销"脚手架"，从支持者、指导者变为观察者，让儿童独立完成任务。

高瞻课程也充分吸收了杜威的教育思想，提倡儿童的主动学习，强调儿童在活动中发现问题、解决问题，以便提高能力。杜威强调"教育即生长""教育即生活""教育即经验的不断改组或改造"的观点渗透在高瞻课程的教育观中，具体表现为：认为教育能够促进儿童生长，改造儿童的经验，从而使整个社会和生活得以持续和发展，社会和生活的持续发展又为儿童的教育提供了环境支持。此外，杜威认为理想的学习是游戏性和严肃性的结合，强调计划和反思对于学习和发展的重要性。因此在高瞻课程中，形成了独特的"Plan-Do-Review（计划—工作—回忆）"的活动例行实施架构。

高瞻课程在不断地发展演进过程中还融入了加德纳的多元智能理论。由此，高瞻课程将"关键经验"作为课程的核心概念提出，如1979年出版的《活动中的幼儿》提出了儿童发展的八大关键经验（语言、数概念、经验和表征、分类、排序、空间关系、时间关系、主动学习），再到1987年和1994年分别将"运动"和"音乐"列入"关键经验"中，再到如今的58条关键发展性指标[②]，这些变革均受到多元智能理论的影响。

（二）高瞻课程方案的基本内容

1. 课程目标

在不同的历史时期，高瞻课程的目标不尽相同。初期，高瞻课程最主要的目标在于有效促进处境不利儿童的认知发展，为其今后良好的学业成绩奠定基础。后期，高瞻课程强调儿童的主动学习，促使儿童的认知、社会性与情绪协调发展。如今，高瞻课程旨在通过促进儿童建立个人责任感、社会责任感、独立性以及目标导向的生活方式，为儿童将来成为自立、守法的公民奠定基础。

2. 课程内容

高瞻课程的课程内容围绕八大领域的"58条关键发展性指标"展开。关键发展性指标也称关键经验，是高瞻课程内容的重要组成部分，它是对学前儿童在身体发展、认知、社会性等方面的发展情况的描述。课程将关键经验作为观察、描述儿童的工具，帮助教师更好地理解儿童的想法、兴趣和需要，并以此来引导儿童，更好地支持儿童。值得注意的是：一个活动可能包含多个关键经验。

高瞻课程的八大领域分别为：学习品质领域（Approach to Learning）、社会与情感发展领域（Social and Emotional Development）、身体发展与健康领域（Physical Development and Health）、语言、读写与交流领域（Language, Literacy and Communication）、数学领域（Mathematics）、创造性艺术领域（Creative Arts）、科学技术领域（Science and Technology）、社会学习领域（Social Studies）。八大领域与58条关键发展性指标如下。

[①] 沈正兰. 美国学前教育高瞻课程研究［D］. 福州：福建师范大学，2017：54.
[②] 安·S. 爱泼斯坦. 学前教育中的主动学习精要：认识高宽课程模式［M］. 霍力岩，郭珺，等，译. 北京：教育科学出版社，2012：165-304.

A．学习品质领域：

（1）主动性：儿童主动探索他们身边的世界。

（2）计划：儿童遵循自身意愿制订和实施计划。

（3）专注：儿童专注于自己感兴趣的活动。

（4）解决问题：儿童解决在游戏中遇到的问题。

（5）使用资源：儿童积累信息从而建构他们对世界的理解。

（6）回顾与反思：儿童回顾和反思他们的经历。

B．社会与情感发展领域：

（7）自我认识：儿童对自己具有积极的自我认同。

（8）自我效能感：儿童感觉自己是有能力的。

（9）情绪：儿童觉察、描述和控制自己的情绪。

（10）同理心：儿童对他人表现出同理心。

（11）集体意识：儿童参与班级活动。

（12）建立关系：儿童与其他儿童和成人建立关系。

（13）合作游戏：儿童与其他儿童一起合作游戏。

（14）道德感发展：儿童产生对与错的内在道德观。

（15）冲突解决：儿童解决社会性矛盾和冲突。

C．身体发展与健康领域：

（16）大肌肉动作：儿童显示使用大肌肉的力度、灵活性、平衡感和定时控制的能力。

（17）小肌肉动作：儿童显示使用小肌肉的灵巧性和手眼协调能力。

（18）身体感知：儿童了解自己的身体并能够控制身体的移动。

（19）生活自理：儿童能够独立完成一天的生活自理活动。

（20）健康行为：儿童参与健康生活实践。

D．语言、读写与交流领域：

（21）理解力：儿童理解语言。

（22）口语表达：儿童使用语言表达自我。

（23）词汇：儿童理解并使用多种词汇和短语。

（24）语音意识：儿童识别口语中不同的发音。

（25）字母认知：儿童识别字母和它们的发音。

（26）阅读能力：儿童在阅读中获取信息和快乐。

（27）印刷体认知：儿童认识周围环境中的印刷体。

（28）书籍认知：儿童表现出对书籍的认知。

（29）书写能力：儿童因为多种不同目的而书写。

（30）双语习得：（如果适用）儿童同时运用英语和他们的母语（包括手语）进行沟通。

E．数学领域：

（31）数字和符号：儿童认识和使用数字和符号。

（32）数数：儿童数物品。

（33）整体与部分的关系：儿童对物体的数量进行组合和拆分。

（34）形状：儿童会识别、命名和描述各种形状。

（35）空间意识：儿童识别人与物之间的空间关系。

（36）测量：儿童以测量的方式来描述、比较和排列物体。

（37）单位：儿童理解并能使用单位。

（38）模式：儿童识别、描述、复制、完成并创造模式。

（39）数据分析：儿童使用数量信息推出结论、做出决定，并解决问题。

F．创造性艺术领域：

（40）视觉艺术：儿童用二维或者三维艺术来表达他们的所察、所想、所思和所感。

（41）音乐：儿童通过音乐来表达他们的所察、所想、所思和所感。

（42）动作：儿童用动作来表达他们的所察、所想、所思和所感。

（43）角色扮演：儿童在角色扮演游戏中来表达他们的所察、所想、所思和所感。

（44）艺术欣赏：儿童欣赏创意艺术。

G．科学技术领域：

（45）观察：儿童观察生活中的物体及其发展过程。

（46）分类：儿童将材料、行为、人和事件进行分类。

（47）实验：儿童通过实验检验想法。

（48）预测：儿童预测未来将会发生的事情。

（49）得出结论：儿童根据自己的经验和观察得出结论。

（50）交流想法：儿童交流自己对事物特征及其运作方式的看法。

（51）自然和物理世界：儿童积累自然和物理世界的信息。

（52）工具与技术：儿童探索、使用各种工具与技术。

H．社会学习领域：

（53）多样性：儿童了解人具有多样、不同的性格、兴趣和能力。

（54）社会角色：儿童知道人在社会中具有不同的角色和社会功能。

（55）规则制定：儿童参与制定教室里的规则。

（56）地理：儿童识别并解释所处环境的位置和特征。

（57）历史：儿童理解过去、现在和未来的概念。

（58）生态：儿童理解保护环境的重要性。

> **拓展阅读 5-3**
>
> **高瞻课程八大领域的主要内容**[①]
>
> 1. 学习品质领域：学习品质关注幼儿如何获得知识和技能。其中包含如"批判性思考"或"执行功能"。积极的学习品质是儿童进入幼儿园、学校以及成人后能有所成就必不可少的因素。幼儿从婴儿期到小学低年级都以不同的方式学习，他们会将自己独特的秉性、习惯和喜好，应用到对这个世界和人类的探索、发现和得出结论的过程中。
>
> 2. 社会与情感发展领域：在婴儿开口说话前，已经能够表达自己的情绪，也能感知照料者的情绪。幼儿在成长的过程中会逐渐认识并控制自己的情绪。习得了语言后，儿童能够说出自己的情绪而不再仅仅是通过动作来表达。在成人的支持下，以及随着幼儿自己感知情绪的意识的增强，幼儿也能逐步了解、理解其他人的感受，知道为何其他人的情绪与自己的情绪有差异。

[①] 高瞻教育研究基金会．高瞻课程的理论与实践：学前儿童观察评价系统［M］．霍力岩，等，译．北京：教育科学出版社，2018．

3. 身体发展与健康领域：虽然幼儿的身体会自然成长但是幼儿还是需要适当的体能发展经验，学习自己身体能做什么以及如何照顾自己。实际上，人们对于幼儿肥胖的重视表明，要身体发育达到最佳状态需要注意营养饮食，并进行利于健康的锻炼。对于幼儿来说，身体的活动能力是与生俱来的。从幼儿期开始，他们就以令人惊异的决心锻炼自己新兴的运动技能。幼儿们对于学习其身体是如何工作的也很感兴趣。他们享受掌握个人自理能力的过程，并为自己负责。

4. 语言、读写与交流领域：用肢体语言、口头语言和书面语言进行交流是我们人类的重要特征。人类通过复杂的社会互动作用、大脑中的神经系统构建以及口、眼、手的肌肉发育，在生命的早期就为交流奠定了基础。婴儿能够听到并发出声音，这些声音逐渐地变成了有意义的单词。蹒跚学步的幼儿会发现书本里的乐趣，学龄前幼儿也开始学习复杂的字母阅读和书写。幼儿具有较高掌握这个领域内多样技能的积极性，因为如果有了这些技能，他们就能传达自己的需求，学习身边的文字和符号，与他人交流思想、感情和友情。交谈成为学习、交流、建立关系的媒介。

5. 数学领域：对于幼儿来说，数学绝不只是机械地计数。他们数真实物品的数量，而且喜欢做与数字相关的事情。在幼儿们组装拼图、搭积木时，他们学习了几何；当他们比一比谁跳得更远时，探索了测量概念；用艺术材料或动作创造新模式的活动，则为其代数学习奠定了基础；当他们收集数量信息回答自己的问题时，是在做数据分析。如果仔细观察，你会发现这些数学活动每天都在发生。

6. 创造性艺术领域：创造性艺术包括视觉艺术、音乐、律动和角色扮演。对于语言能力刚开始发展的幼儿来说，艺术创作给了他们另一种表达自己的方式。幼儿早期，艺术就是探索，它应注重的是发现的过程而非成果展示或者表演。婴儿享受艺术本身的感官体验。随着控制力的增强，学步期的幼儿开始会使用艺术材料，以及自己的声音和肢体。学龄前的幼儿已经开始拥有头脑中形成图像的能力，他们会使用艺术来表达自己的情感和想法。年龄再大点的幼儿表达自己想法和欣赏各种艺术形式的能力会增加。

7. 科学技术领域：对于幼儿来说，科学是一个使用感官世界观察、了解世界的过程。当幼儿在尝试了解自然界和物理世界中的"是什么""如何做"以及"为什么"时，参与科学活动就能增强其批判性思考的能力。幼儿磨炼自己的观察力，进行试验、做预测，得出结论，然后与其他人分享自己的发现。幼儿会使用适当的技术以及其他各种各样的工具来探索这个世界。

8. 社会学习领域：社会学习是了解我们是谁，我们应如何融入这个有家庭、学校和社会的多样化世界中的过程。和其他领域的学习一样，知识也是从具体到抽象的发展过程。幼儿首先了解的是自己、家人、家庭，以及进行哪些日常活动。然后通过与周围的社会接触，幼儿能看清自己与别人的相同或不同之处。然后会尝试将活动范围从家扩大到不熟悉的地方。随着时间的推移，他们能意识到时间的流逝。

3. 课程实施

（1）"Plan-Do-Review"的实施特色。高瞻课程的实施是由"Plan-Do-Review"，即"计划—工作—回忆"三个环节以及其他一些活动组成的。"计划—工作—回忆"这三个环节是课程实施的最重要部分。通过这些环节，儿童有机会充分表达自己所参与活动的打算，也能使教师密切地参与到整个活动过程之中。

"计划时间"一般持续15分钟左右。教师给予儿童表达自己想法和打算的机会，通过让儿童做他们自己决定做的事，使儿童体验独立工作的感受以及与成人和同伴一起工作的快乐。在计划制订出来以前，教师与儿童反复讨论计划，帮助儿童在其头脑中形成自己的想法，以及如何实施其计划的概念。对教师而言，与儿童一起决定计划，也为他们鼓励儿童的想法，提出更好的建议，并了解和估计儿童的发展水平和思维方式等提供了机会。

"工作时间"在日常活动中占的时间最多，一般将持续45~60分钟。在这段时间中，儿童进行他们计划的项目和活动，对材料进行探究，学习新的技能，尝试自己的想法；教师则是鼓励、指导和支持儿童的活动，设置问题情景，并参与儿童的讨论。

"回忆时间"是三个环节中的最后一个环节，通常在整理和收拾时间之后，一般持续10~15分钟。在"回忆时间"中，儿童与教师一起，回忆和表述"工作时间"的活动。回忆可以通过讲述活动的过程，重温儿童在活动中所遇到的问题，通过绘画表现活动中所做过的事情等方式进行。

（2）结合小组活动、团体活动和户外活动。"小组活动时间"一般是15分钟左右。小组活动由教师引发，教师根据儿童的兴趣或儿童的主要发展指标、未开发的材料、当地传统等设计活动。一般一位教师和6~10名儿童一组。虽然由教师选择材料，但教师鼓励儿童以各种方式使用材料。小组任务一般以教师简要地介绍活动开始，活动过程中教师的主要任务是做好巡视、指导工作，认真观察每个儿童，观察儿童是怎样使用材料的，帮助他们扩展思路，鼓励他们自己完成要做的事情。教师可以以模仿儿童行为的方式介入，与儿童进行交谈，通过提问等方式引导儿童继续活动，找到解决问题的办法。活动结束时，教师鼓励儿童帮助教师收拾材料，提醒儿童注意那些明天要继续使用的材料放在什么地方，并做好向下一个日常活动环节的过渡。如果儿童想继续做这项工作，教师可以给儿童找一个安全的空间存放材料，以便继续活动。

"团体活动时间"一般为15分钟左右。此时，所有成人和儿童一起活动，如唱歌、跳舞、做游戏等。团体活动成功的秘诀在于教师和儿童轮流担任活动的组织领导者。教师提出倡议，允许儿童加入、做出选择，说出自己的想法。儿童也可以作为活动的领导者，教师作为跟随者。活动中儿童积极参与，由产生疑问到提出建议，最后获得解决方案。团体活动中儿童可以分享各自的想法，相互学习。

"户外活动时间"必不可少，通常持续30分钟左右。儿童可以散步、奔跑、攀爬、玩球、玩传统游戏等。户外活动的内容主要来源于儿童的兴趣、发展身体、需要合作的项目以及社会文化中流行的对儿童有益的活动。活动中教师可以观察儿童，在儿童需要帮助的时候给予帮助，可以和儿童一起玩，也可以和儿童交谈，谈论儿童玩的是什么。如果户外活动是一日安排的最后一个环节，赶上家长来接儿童，儿童也可以和家长交谈他们玩耍的内容、感受[①]。

（3）重视创设儿童主动学习的环境。高瞻课程环境设置重视室内学习环境创设，从兴趣区域划分、材料及存放空间三方面强调对环境的精心组织。在高瞻课程方案中，学习空间被划分成不同的兴趣区域，每个区域都有目的、有计划地储存丰富的、有层次、可操作的材料，方便儿童自主探索，这些储存空间易于儿童出入与交流沟通。总体而言，室内物理环境的创设需要对儿童有吸引力，不仅要考虑空间、颜色、舒适与美，还要强调材料能够激发儿童的探究欲望。

户外学习环境的创设一般选择在空旷的场地或幼儿园旁边的院子里。这些户外空间将设置各种独立的区域以便让儿童进行不同的游戏，同时也设置了存放材料的空间。户外学习环境的创设除了要考虑空间、舒适外，更要注重安全。

（4）强调教师的支持者作用。在高瞻课程中，教师的主要角色是儿童解决问题活动的积极鼓励者。课程的设计者们根据皮亚杰理论中已被广为接受的原理，认定经验是由儿童自己在主动的

---

① 高淑云. 高瞻课程中的一日生活安排[J]. 早期教育（教师版），2010（Z1）：20-21.

活动中获得的，主动学习是儿童发展过程的核心，因此，他们将儿童主动活动作为编制课程的中心。在这一前提下，教师作为儿童主动活动的鼓励者是合乎逻辑的。具体来看，教师需要做到以下几点：一是布置舒适且有组织性的学习环境，创设支持性学习氛围和互动关系；二是明确要求儿童运用某种方式决定计划和制定目标，并在完成目标的过程中找到和评判不同解决问题的办法；三是促进家园合作、增加家长对儿童教育的参与度；四是根据关键发展性目标的不同来观察和解释每个儿童的活动，评估儿童的发展水平和发展需要。

4. 课程评价

高瞻课程开发了系统的评价体系，秉持真实、情境性、全面、持续性的评价理念，评价儿童的学习效果、教师的教育效果及教育机构的育人效果。评价的内容包括两部分：对儿童的评价和对项目质量的评价。

（1）对儿童的评价。对儿童的评价主要采用高瞻课程开发的儿童发展评价工具《学前儿童观察记录系统》（Child Observation Record Assessment System，简称COR）。COR评价将儿童的发展分为九个领域，分别是学习品质，社会性和情感发展，身体发展和健康，语言、读写和交流，数学，创造性艺术，科学和技术，社会学习，英语语言学习，每个领域包括2~7个观察条目，共36个观察条目。课程评价分为三个步骤：第一，使用轶事记录和档案袋记录对儿童进行观察，客观描述儿童的行为、语言，不去解释行为，在记录轶事1~2周后进行反思，另外需收集每个儿童具有成长代表性的涂鸦、绘画、活动照片、录音等材料，作为支持性证据。第二，完成COR的总结表，教师从《评分指南》（Scoring Guide）中选择与轶事记录中与儿童行为最为匹配的条目和相应水平，并参照儿童档案袋中的附加信息给条目计分，将所有收集的发生于同一地点的儿童轶事数据放在一起，按时间先后顺序排列，放在《学前儿童总结表》（Child Summary）中。第三，通过使用《您孩子的发展档案》（Your Child's Developmental Profile）向家长分享COR的信息[1]。

高瞻课程还专门设计了一套对儿童早期阅读技能评价（ELSA）的评价，主要用于对儿童理解、语言意识、字母规则、书面概念、阅读技能等的评价[2]。

（2）对项目质量的评价。对项目质量的评价主要通过班级和机构两个层面进行。对班级层面的评价包括对班级环境、一日常规、师幼互动、课程计划等的评价。对机构层面的评价包含家长参与和家庭服务、员工资质和培训、项目管理等项目的评价[3]。

> 实践活动

借助网络，搜集高瞻课程方案下的幼儿园课程案例，并分析高瞻课程对我国幼儿园课程的影响。

（三）对高瞻课程方案的简要评价

高瞻课程方案的优点：①高瞻课程拥有一套完备的课程体系。从理论基础到课程的目标，从课程内容的选择到一日活动的安排，再到对儿童和课程质量的评价，高瞻课程体系均已囊括在内。②高瞻课程具有较强的操作性。它不仅仅拥有完备的课程框架，而且还总结出了具体的实施策略，如主动学习五要素、各区域的设置和指导策略等。③高瞻课程有较强的可推广性。与蒙台

---

[1] 黄爽，霍力岩. 美国《学前儿童观察记录系统》的内容、特点与启示［J］. 基础教育，2018，15（5）：80–89.
[2] 吕婀娜. 美国高端课程学前儿童评价（COR）对我国幼儿发展评价的启示［D］. 长春：东北师范大学，2011.
[3] 安·S. 爱泼斯坦. 学前教育中的主动学习精要：认识高宽课程模式［M］. 霍力岩，郭珺，等，译. 北京：教育科学出版社，2012：339–341.

梭利课程方案不同，高瞻课程不需要购置和使用特殊的教具和材料，在其他国家推行时，材料可以源于自然、家庭等。与此同时，高瞻课程的关键发展性指标在其他文化下也具有有效性。

高瞻课程方案的局限性：①高瞻课程的课程目标重点指向了儿童的认知能力发展，而对儿童的社会性和情感方面的发展没有给予同样的关注。虽然在关键经验中增加了"自主性与社会交往"等，但从整体来看，依然偏重于儿童的认知发展。②高瞻课程对教师的专业性具有较大的挑战性，特别是对儿童的观察与评价的能力，以及对儿童心理发展特点和规律的掌握的要求较高。

三、瑞吉欧幼儿教育体系及课程方案

瑞吉欧幼儿教育体系产生于意大利北部的小镇瑞吉欧·埃米利亚（Reggio Emilia）。坐落于亚平宁半岛的瑞吉欧是艺术和建筑珍品的故乡，除了富有以外，瑞吉欧还有悠久的政治解放、民族独立的传统。当地政府机构和官员享有很高的声誉，市民们尊重他们的文化传统和大众组织，不同社会阶层常常通过政治活动或经济合作解决问题，居民有强烈的民主参与和公共社区观念。在这样的社会背景中，一位新闻从业人员马拉古奇（L. Malaguzzi）在市立教育局的支持下，通过巡回的方式展览他们对于幼儿及幼儿学习的见解，获得了欧洲教育工作者的注意。1987年，瑞吉欧在美国进行巡回展览，1991年被《新闻周刊》（News Week）评为全球前十个最好的学校之一。此后，瑞吉欧教育理念与经验获得的奖项与荣誉越来越多，也逐渐被全球多个国家和地区的教育工作者认可。

（一）瑞吉欧幼儿教育课程体系的理论基础

瑞吉欧幼儿教育课程体系的形成除了与当地特有的文化和政治特点紧密相关外，其理念还受到了欧洲和美国的进步主义思潮，以及皮亚杰和维果茨基的建构主义的影响，与此同时，将符号语言视为儿童多元智能表现的形式理论也同样深深影响着瑞吉欧幼儿教育课程体系。但值得注意的是，该课程体系历经几十年的发展，并非先有理论，而是在一系列的教育实践中探索，根据相关理论发展出来的教育实务[①]。因此，编者基于相关理论基础，尝试归纳瑞吉欧幼儿教育课程体系的基本观点。

1. 儿童观

儿童是拥有生存和发展权利的人。与成人一样，儿童是社会、文化、历史的参与者和创造者。儿童同成人一样享有权利。儿童有权利生活在和平环境中，有权利交朋友，有权利发表自己的看法，有权利得到他人的尊重。因为，"即使再小的孩子也是社会一分子，从出生开始，他们就与父母及照料者产生重要的关系"。

儿童是主动的学习者。儿童对那些值得知道的事情感兴趣，儿童能做许多事情，包括以许多方式来表达他们的概念与情感。因此，成人应该要提供给儿童许多机会，让儿童在自己尝试去建构、沟通对于经验的理解时，能够发挥自己的图像性技能（representational skills）。儿童从小就愿意与他人建立不同的社会关系，享受那些意料之外的事物，这些都是他们学习时最重要的资源。儿童所获得的学习结果并不是教师所教的自然结果，其中有很大一部分来自儿童自身活动或运用资源的结果。在任何情境中，儿童不是被动地等待他人向自己提出问题和形成思想、原则与情感，而总是在任何时候、任何地点处于主动学习与通过理解进行建构及获得知识的过程之中。成人给儿童提供越广泛的可能性，就越能增强他们的学习动机以及丰富他们的经验。

儿童具有创造力。马拉古奇认为，儿童是创造力价值的最好评鉴者与最敏锐的判断者，他们

---

① 简楚瑛. 学前教育课程模式［M］. 上海：华东师范大学出版社，2005：133.

总是会主动去探索、发现、改变他们的观点。创造力并不是神圣不可侵犯的，它也不是超凡的，而是来自日常经验。马拉古奇对儿童的创造力的理念可以简述如下："创造力不应被视为一种分开的心智能力，而应有思考、认知与选择方式的特征；创造力来自多重的经验，伴随着的是个人资源的发展；创造力是通过认知、情感与想象的过程表达出来的；最能表现创造力的情境是在人际关系的交流之中；当成人较少使用命令式的教学，而成为问题情境的观察者与解释者时，儿童的创造力会更具力量；创造力是否受到重视是基于教师、学校、家庭、社区等的期望，也是基于儿童对上述期望的看法；当成人注重儿童的认知过程而非结果时，儿童的创造力会变得更明显；当教师相信智力活动与表征性活动所具有的力量时，创造力与想象活动之间会有密切的交流；创造力需要将"认知"与"表达"结合起来，才能发展儿童各种不同的表达方式。[①]"

2. 教育观

儿童在互动关系中学习。互动关系包括儿童、教师、家长和社会之间的关系，根据布朗分布伦纳（U. Bronfenbrenner）的生态系统理论：任何个体的成长都受到直接或间接相关的各环境系统圈层的影响。儿童的发展在学习之间、在不同的符号语言之间、在思想与行动之间、在个人与人际关系之间，这都应该有互动关系的存在。教育不可将儿童视为单独的个体，不可将儿童与家庭、幼儿园、学校、社区、社会割裂开，而是将儿童与其生存环境视为整体，加强彼此之间的沟通，从而形成强大的协同育人体系。

教育实践需要个体合作。个体间的合作包括儿童与儿童的合作，儿童与教师的合作，教师与家长的合作，学校与家庭、社区的合作。它强调无论是课程或学校行政事务，都要以"合作参与"的方式进行与完成。教师鼓励儿童彼此探访参观，去参观父母工作的地方；教师邀请家长进入教室成为助教，与家长一起讨论课程、环境创设、活动组织计划，这些都是教师与家长的合作。

"教"能够促使儿童学习如何去"学"。马拉古奇强调"儿童是主动的学习者"并不表示他排斥"教学"，而是主张："成人应站在一边一会儿，为儿童的学习留些空间，小心观察儿童在做些什么，然后如果你清楚地了解了，你或许会发现你所谓的'教学'会不同于以往。"马拉古奇认为，教学是给儿童提供学习的机会。如果教学成为灌输式的、单向的，且教学内容是学科化的，那教学对教师与儿童来说都会变成不可容忍的、充满成见的，并且会对两者的关系有所损害。总之，"学"与"教"并不是对立的两方，它们彼此间应该交流与互动。

（二）瑞吉欧幼儿教育课程体系的基本内容

瑞吉欧幼儿教育课程体系的创造者、实践者们不同意将他们的教育实践成为一种课程模式，因为一旦被模式化，就与教育实践的动态性和生成性的特质不符[②]。因此，我们在学习瑞吉欧幼儿教育课程体系时应当时刻怀有动态、生成的取向看待该课程体系。

1. 课程目标

虽然目前瑞吉欧教育体系公布的官方资料中并未对课程目标有直接的表述，但从其介绍自己的学校目标，以及相关的案例资料中不难发现瑞吉欧幼儿教育课程体系的价值取向与目标追求。瑞吉欧教育追求的不是外在的、功利性的目标，也不是固定的、静态的成果性目标，而是追求内在的个体发展，让儿童成为更好的自己。

2. 课程内容

在瑞吉欧幼儿教育课程方案中，没有明确规定的课程内容，更没有预先设计好的教育活动方案。课程的内容来自儿童生活中感兴趣的事物、现象与问题，来自他们的经验以及进行的活动。

---

① 简楚瑛. 学前教育课程模式[M]. 上海：华东师范大学出版社，2005：149.
② 朱家雄. 幼儿园课程[M]. 2版. 上海：华东师范大学出版社，2011：225.

正如马拉古奇所说："我们以前并没有，现在也没有像行为学派一样，使用课程计划，这些会使我们学校朝向'教'却没有'学'"①。

3. 课程实施

瑞吉欧幼儿教育课程在实施中最具特色的是视觉与图像语言的运用和方案教学（Project Approach）的实施。此外，瑞吉欧幼儿教育课程在实施时还十分重视教师在教育中的作用。

（1）视觉与图像语言的运用。视觉与图像语言构成的视觉艺术在课程中应用广泛。这可追溯到意大利本身文化的特质，以及来自该地区学者的观点：幼儿是通过艺术活动来进行学习的，同时，成人也可以通过艺术的活动来了解幼儿的世界。瑞吉欧的幼儿园中，一定有一位专职艺术教师的编制，无论该幼儿园的规模是大还是小，由此可知瑞吉欧镇在幼儿园阶段对艺术教育的重视。

传统的教育主张语言是人类认知的精髓。通过语言，个体可以将事物概念化、分类、抽象化，形成自己的认知结构。在这种观念的影响下，学校教育往往非常重视儿童的语言能力，而忽视了艺术在儿童学习和发展中的意义。但相对于成人，儿童"概念"的内化与外化不仅通过语言达成外，更重要的生成途径是"表现形式"，特别是"概念"的外化需要通过"表现形式"得以进行。"表现形式"包括口语、文字、绘画、泥工、建造等。因此，瑞吉欧幼儿教育课程方案强调对视觉艺术的培养与应用，认为幼儿有"一百种语言"表达自己，这"一百种语言"的形式丰富多彩，包括上述的表现形式，特别是以视觉艺术的方式进行表达。

（2）方案教学的实施。许多人误以为瑞吉欧幼儿教育课程就是方案教学，事实上，方案教学只是瑞吉欧幼儿教育课程体系中的主要实施形式，除此形式外，还有集体活动、小组活动等形式，并非幼儿所有经验的获得都依赖方案教学，但方案教学是瑞吉欧幼儿教育课程实施的一大特色。方案教学的实施过程可以分为以下三个阶段。

一是方案的起始阶段。首先是选择方案教学的主题。主题可以来自教师、幼儿以及彼此间思维火花的碰撞。教师可以根据幼儿园计划安排设计适合班级的主题，可以参考课程指导手册而选择相关的主题，也可以通过观察幼儿的兴趣和需要而确定主题，还可以通过与幼儿一起协商和讨论而产生主题。接下来，是方案教学主题网络图的编制，主题网络图是由许多与主题相关的下位主题编织而成的，教师可以使用他人设计的主题网络图，也可以凭借自己的教学经验编制主题网络图。

二是方案活动的展开阶段。在方案教学主题网络图编制完成后，即可开展方案活动了。方案任务一般以讨论开始，需要给幼儿留下深刻印象或激发幼儿的好奇心与兴趣，从而引发幼儿开放式的讨论。接下来，将引导幼儿开展或参与主题有关的绘画、雕刻、戏剧等非结构化活动，帮助教师了解幼儿的发展。在方案活动进行的过程中，教师和幼儿双方始终处于积极互动状态之中，多种类型的活动保证了这种互动。值得一提的是，活动开展过程中，利用好家长和社区的资源也十分重要，将家长与社区资源转化为幼儿园课程内容，不仅丰富了幼儿的学习经验，还增进了家—园—社之间的协同共育。

三是方案活动的总结阶段。在方案活动即将结束的时候，回顾幼儿在方案活动进行过程中运用过的技巧、策略以及幼儿的探索过程，这对教师和幼儿而言都是有用的。教师可运用多种方式对活动进行评估，以维持和强化幼儿理解的活动，并使幼儿更自信地将自己的能力运用于新的方案活动中去。

值得注意的是：①方案活动没有固定的时间期限要求。一个方案可在较短的时间内完成，也

---

① 卡洛琳·爱德华兹，莱拉·甘第尼，乔治·福乐曼. 儿童的一百种语言［M］. 罗雅芬，连英式，金乃琪，译. 南京：南京师范大学出版社，2006：85.

可持续数月。活动可以从时间上依照"三个阶段"依次进行，也可以在实施过程中按照实际情况"回头"重新进行。例如，活动已经开展到第二阶段了，但是教师发现原来的三题网络图中并没有设计"飞机起落架"相关的活动，但是在开展过程中，幼儿对"飞机的轮子"非常感兴趣，于是，退回到第一阶段，重新丰富主题网络图。②方案活动的活动形式丰富多样，没有统一要求。活动过程中，可通过班级聚会、参观活动、展示成果、报告研讨等多种形式，使方案活动更具活力，对幼儿产生更大的吸引力。

从方案教学的过程可以看出，瑞吉欧幼儿教育课程在实施的时候具有以下特点：一是弹性计划，指教师在开始项目活动之前一般只有一般化的、笼统的目标，并不提前设计好每一个项目和每次活动的目标。二是合作教学，强调师幼合作，共同对某一问题进行探讨研究。这一互动合作过程被瑞吉欧人比喻为"打乒乓球"游戏。三是小组教学，瑞吉欧幼儿教育体系下的方案教学一般是以3～5人为一小组进行的，这样的活动人员定额对于以合作为基础的教学来说是必要的，也是理想的组织模式。四是深入研究，方案教学的实施并不是一条直线完成全过程，而是深入且富有实效的学习，存在大量的循环和反复，以使幼儿的学习更加充分。

（3）重视教师在课程中的角色。教师是聆听者、观察者、记录者。聆听是对幼儿全心全意的关注，指的是通过实录的方式将所观察的事实作为与幼儿和家长沟通的依据，聆听的真正含义是能导致幼儿主动地学习。费利皮尼（T. Filippini）认为，教师应该成为"时机的分配者"，是幼儿学习活动的"资源提供者"，而不是法官。教师应以一种游戏和尊重的精神对待幼儿的学习，满腔热忱地"接住幼儿扔给教师的球"。在瑞吉欧幼儿教育体系中，教师通过持续、细心的观察，运用照片、录音、幻灯片、录像、文字说明及实物等形式，从不同角度对幼儿在不同项目活动中的情况，进行材料的收集、整理及记录。

教师是活动的建构者。在学习活动中，教师和幼儿是共同建构者，这是瑞吉欧教师的一个重要角色。这种角色承担着极为复杂、精细和多层面的任务。例如，教师应从集体成员中的每个个体的想法出发，构架出集体的活动，并能引导小组幼儿进行学习；又如，教师应记录幼儿的活动过程，分析幼儿的行为，并能在与幼儿共同讨论、商议、合作和妥协的过程中寻求教育契机，推动有意义的活动的进行。

教师是研究者与反思者。每位瑞吉欧的幼儿教师都是研究者，他们不仅要研究课程方案以主题形式提出的问题，还要研究自己的教育教学，研究每天与自己朝夕相处的幼儿。他们一方面要阅读，向书本学习；另一方面，在与幼儿的互动中，他们要观察、反思幼儿的所作所为、所思所想。教师需要通过参与、记录和观察幼儿的活动，通过与其他教师的探讨，不断反思自己的教育实践，不断更新对幼儿学习与发展的认识。

4. 课程评估

瑞吉欧幼儿教育体系的课程评估遵循真实性、情境性评估和形成性的原则，进行持续性评估。对幼儿的评估发生在真实的情境下，如在活动过程中。评估的目的不是区分幼儿的优劣，或者给幼儿贴标签，更不是着眼于幼儿的缺陷和不足。瑞吉欧幼儿教育的评估聚焦的是幼儿能够独立完成的事情以及在外界帮助下、在不同情境下能够达到的水平，持续性地评估是为了幼儿更好地与自己的过去做对比，发现自己的成长与变化。

由于方案教学存在三个不同的开展阶段，评估的侧重点在不同阶段也不尽相同。在第一阶段，可以评估"它对于孩子的学习提供了哪些可能性？""它需要哪些资源？""孩子关于工作的概念有多明确？""这些计划对孩子的能力适合程度如何？"在第二阶段，可以评估"工作如何进展？""哪些问题被提出？""孩子在工作中，如何应用基本的理论技巧？"在第三阶段，可以评估"最后的成果如何反映出最初的计划？""这些想象力与独创性的想法如何具体表现在作品中？""最后的成果如何反映孩子思考的成长？"①

> **实践活动**

在网络上搜索有关"方案教学"或"瑞吉欧课程"的案例，并结合两则案例的内容，谈谈瑞吉欧幼儿教育课程方案的优缺点。

（三）对瑞吉欧幼儿教育课程体系的简要评价

当今，瑞吉欧教育系统涉及后现代主义的各个主题，它抛弃了现代主义的统一的观点，抛弃了被认可的一般性、连续性、确定性，以及通过客观的方法论去发现可证实的真理；接受并倡导差异性、复杂性、不确定性，以及通过多种视角。其优点在于：自由、开放、尊重幼儿发展潜能的教育方法，顺应历史发展的潮流。课程中对"互动关系"和"合作参与"的强调，有利于教师、幼儿、家长等积极性的发挥，为幼儿的发展提供了多种机会和途径。其不足之处在于：瑞吉欧课程没有统一的教育目标，虽然它有利于教师和幼儿积极性的发挥，但具体教学情况容易受到主客观等多种因素的影响。瑞吉欧课程主要适宜小班教学，对教师的素质要求较高，在实践操作中要求具备各种条件，还需要幼儿、家长等的密切配合。瑞吉欧课程在实施中有许多因素难以严格把握，使得教学效果产生不确定性。

四、华德福幼儿教育理论及课程方案

第一所华德福学校于1919年在德国的斯图加特（Stuttgart）创立。当时，一位德国企业家邀请鲁道夫·史代纳（Rudolf Steiner）根据人智学的研究成果，为他的香烟厂工人的子弟办一所学校，并以工厂的名字——华德福-阿斯托奈尔（Waldorf Astoria）命名，又被称为自由华德福学校。随后，史代纳在欧洲各地发表演讲，宣传华德福教育思想。第一所华德福幼儿园于1926年创立，当时建立在自由华德福学校内。自由华德福学校由于出色的教育方式，受到了社会各界的好评，被认为是未来教育的典范。我国第一所华德福学校成立于2004年。

（一）华德福幼儿教育的理论基础

1. 社会学基础：三元社会结构论

史代纳认为理想的社会应该包括三元社会结构，即政治权利、物质经济和精神文化三个元素。其中，经济领域保障物质支持，政治领域给予公平正义，文化领域赋予意义和精神。史代纳认为只有个体的精神发展，社会才能文明，而教育应当成为改革社会的根本力量。从宏观上看，华德福教育一直致力于个人精神自由的追求，培养儿童的内省力和社会责任感。

2. 哲学理论基础：人智学理论

史代纳创立的人智学理论（Anthroposophy）是华德福教育理论的哲学基础，其核心是探究人类智慧、人类以及宇宙万物关系的奥秘，其任务在于引导人以正确、客观的观察及方法走进灵性世界，启发人对自然界、宇宙间一切产生感恩与敬畏之心。其核心观点为：人是身体（Body）、心灵（Soul）、精神或灵性（Spirit）三位一体的存在，并以这三种方式与世界发生联系。

身体指人生理上的感官体，是肉眼可见的。人通过各感官体与外界接触，并且接收信息与刺

---

① 希尔维亚·C. 查德. 走入方案教学的世界（第一册）[M]. 林育玮，等，译. 台北：光佑文化事业股份有限公司，1997：103.

激。虽然学前儿童在生理、心理、社会性等方面都有着显著的发展，但身体在毫无选择地接收外界的信息，借由感知环境而形成内在经验。

心灵是人接收信息后进入的层次，心灵与身体不同，是不可见的。身体是心灵发挥作用所需的载体。内心的心灵世界由感知产生愉悦、生气、喜爱、厌恶等情绪与情感。再经由身体的意志（Will）以及精神上的思想（Thinking）来约束，人则从这些行为中表露内心的情感。

精神是人类本质的中心，与心灵相同，也是不可见的。精神与心灵紧密相关，它们都是无形的，但通过人的行为和思维表现出来。人体的感官在接收外在的信息后，用有灵性的思考去进行判断，最后引发个体的行为。人类的思想都是通过思想的专注与思考而形成的，而这些观念和想法最终会引领个体的行为。

3. 心理学理论基础：气质、人的四个组成部分与发展周期论

气质作为由父母遗传与天生拥有的混合体，在史代纳看来主要有四大类型：土相、水相、风相、火相（表5-1）。个体不同的气质类型有不同的特点，面对具有不同气质类型的儿童，家长和教师的对待方式也应当不同。

表5-1　不同气质类型个体的特点

气质类型	特点
土相（忧郁型）	心思细腻，做事谨慎小心，安静沉着，常有忧郁表现
水相（冷静型）	个性和善，慢条斯理，有些被动，做事认真负责，不会半途而废，但对事情常常提不起兴趣
风相（活泼乐观型）	兴趣广泛，对于周围的事物充满好奇，常常采取正向思考的态度，但想法变化快，无法长时间保持热情，对事物的认识容易停留在表面且易半途而废
火相（暴躁激进型）	精力充沛，自信，具有强烈的领导力和决断力，但容易急躁，缺乏耐力，处理问题常常易冲动

人智学提出"人的四个组成部分"，认为生理躯体不过是人类本质的一部分、一个组成要素，实际上，人类本质包括：物质体、生命体、感知体和自我体。物质体即肉眼可见的生命躯体，是由物质元素组成的，但这些物质元素本身不具有生命力。生命体或称以太体，是超越于物理性躯体之外，在躯壳内构成的生命的"力"。感知体或称星芒体，可用感觉来概括，是快乐、痛苦、冲动等的传达者。自我体或称自我意识体，是人类独有的，是更高心灵的媒介，它推动其他三部分的改变、升华与净化。

史代纳认为，个体身体、心灵和精神的发展是以7年为周期渐次成熟的，从出生到21岁，个体的发展经历三个周期。第一个周期是从出生到7岁，以身体及各个器官的发育、完善为主；第二个周期是从7岁到14岁，该时期儿童是一个开放的感官体，以发展感觉为主；第三个周期是从14岁到21岁，是意志力形成的关键期，以发展思想意识为主。学前儿童属于第一个生长周期，这一时期个体的行为受到强烈欲望的支配，他们通过游戏、模仿等方式进行学习。

（二）华德福幼儿教育课程方案的内容

1. 课程目标

史代纳曾提出"我们最大的努力，是在培养自由的人，让人有能力定义自己的目标，指导自己的生活。"一般来看，华德福幼儿教育的课程目标是：滋养幼儿心灵，寻求各种手段和方法，促进幼儿身、心、灵整体的健康全面发展，为幼儿未来的发展奠定基础，也为他们以后的学校生

活做好准备。具体来看,华德福幼儿教育目标包括七个方面:身体活动能力、感官接受能力、语言能力、想象力和创造力、社会能力、动机和专注能力、伦理道德的价值能力等方面获得发展。不论是"身、心、灵"的全面发展,还是七个具体的发展目标,华德福课程目标都要基于家庭氛围的营造,使幼儿在自身成长节奏的基础上得到健康、全面的发展[①]。

2. 课程内容

华德福幼儿教育理念认为课程内容应当按照幼儿的年龄特点来规划,单纯地灌输知识是不恰当的,因为知识训练会使幼儿的思维僵化,过早进行单一的智力开发会给幼儿的身体发展和模仿学习带来负面影响,甚至会有害于其成年后的健康状况。因此,在华德福幼儿园中,教师没有给予幼儿正规的学业训练,课程内容主要以各种艺术活动、游戏活动等形式展开,具体包括:自由游戏与远足、艺术活动(布偶戏、湿水彩及蜡笔画、蜂蜡造型、手工、朗诵与歌唱)、故事与晨圈、生活活动(烹饪、用餐、园艺农作和照顾小动物)、节日庆典与生日会等。这样的活动往往营造出宽松、宁静、无压力的氛围,幼儿在活动中能够保持内心的平和,学习如何与他人相处、获得生活技能,更学会"如何学习"。

3. 课程实施

(1)采用呼吸式的生活节奏安排。华德福幼儿园课程在实施时,重视呼吸式的生活节奏,即注重以重复、稳定的韵律节奏,使幼儿的生活作息达到呼与吸的平衡。虽然各个国家和地区的华德福幼儿园在作息上有所不同,但都遵循其独特的呼吸节奏来安排生活。呼吸时间以幼儿的主动活动为标志,在该时间内幼儿自主建构经验,为其发展的过程做长期准备,如创造性游戏、户外活动游戏等。吸入时间主要以教师组织、引导的活动为主,教师的把控性较强,如圆圈活动、讲故事活动等。

第一,一日生活节奏。在华德福幼儿园,幼儿每天的生活都非常有节奏,一呼一吸,一松一弛。华德福幼儿园的一日节奏如表5-2所示。

表5-2 华德福幼儿园的一日节奏

时间	活动内容
8:30—9:00	迎接幼儿的到来、户外自由游戏
9:00—10:00	散步、照顾种植的蔬菜与探索大自然
10:00—10:10	喝水、换衣服、使用洗手间
10:10—10:30	晨圈
10:30—11:00	水果分享时间。享用水果后,幼儿自己洗水果盒
11:00—11:30	生活与艺术活动,内容为整理与维护环境、烹饪、木工或手工活动
11:30—12:00	室内自由游戏时间
12:00—12:10	收拾玩具
12:10—12:30	故事时间或偶剧
12:30—1:30	午餐、餐后盥洗和睡前故事时间
1:30—3:00	午睡
3:30—4:00	结束圈或午点时间

---

① 王雪梅. 华德福幼儿课程的研究[D]. 武汉:华中师范大学,2012:26.

第二，华德福幼儿园的一周生活也富有节奏，周一到周五的活动都是固定的，幼儿知道自己每天要做什么；每周的食谱也是固定的，幼儿知道每天要吃什么。

第三，一年的生活节奏与季节相关，随着四季的变化，故事、歌谣、环境布置等也发生着变化。通过一年的往复，鼓励幼儿与一年的时间节奏发生联系。例如：在秋天有"一阵秋风一阵凉，一场白露一场霜，秋风吹，树叶摇"的秋天歌，四季桌上也摆上了秋季的水果、变黄的树叶；在冬天则有关于雪花和北风的歌谣与故事，每个故事或歌谣会重复一到两个星期，直到幼儿能完全熟悉[①]。

（2）重视艺术化的教学。华德福教育把艺术作为其最为重要的教育方式，不仅让幼儿的心灵得到滋养，丰富幼儿的精神环境，培养幼儿健康的生活理念，还让幼儿在艺术创造中体会人生的使命和价值。华德福教育认为，艺术感觉的发展对孩子来说是其人性化进程中的最基本特征，艺术活动丰富了孩子的感觉天性，促进其情感、智力的发展，因此华德福教育让所有课程领域都充满艺术元素，而且艺术活动并不是单独的，是作为一种素质进入学与教的所有过程[②]。艺术化的教学不仅仅体现在采用视觉艺术、听觉艺术的方式进行艺术技能的训练，提升幼儿对艺术的感知力和创造力，也体现在具有艺术性的幼儿园物质和人文环境。华德福教师几乎是全能的，不只是精通人文、科学知识，而且大多擅长琴棋书画。因为艺术活动是华德福教育的主要途径，因此合格的华德福教师必须接受过很好的艺术训练，有相当的艺术素养[③]。华德福幼儿园的环境充满了艺术性，墙上的装饰、建筑的颜色、教师的动作等都要具有审美性，它强调用自然、手工、天然的材质布置环境。华德福幼儿园户外环境源于自然，需要足够的场地，满足幼儿各种身体活动的需要。一般举办华德福幼儿园都需要有一个自己的院子，如果没有院子，幼儿会在临近的社区公共场所玩耍。院子里也充满了自然元素，幼儿和自然和谐互动。

华德福幼儿园室内环境像家一样柔和、温馨、梦幻，主要采用原木、贝壳、石头、松果等自然材料，反对使用塑料制品。原木的家具、地板、淡粉色的墙面、同色系的窗帘、教室里的娃娃和小动物都是教师自己制作，提供给幼儿一个能迸发创造力的环境。

（3）重视家长在课程中的作用。家长是华德福教育的推崇者，也是课程的支持者、参与者和课程向家庭延伸的实践者。

在华德福幼儿园，家长本身就是华德福教育的推崇者，他们对华德福教育理念非常赞同，因此，他们对幼儿园的成立和发展起着很大的作用。华德福宽松的幼儿课程不仅没有受到家长的阻碍，反而从家长那里获得了很大的帮助。"与全球多数华德福学校一样，我国华德福幼儿园的开办最初是由几个信任华德福教育、具有开拓精神的教师和家长合作创办的。当幼儿到了上幼儿园的年龄，家长们坚信华德福教育是他们孩子所需要的一种正确的教育，但附近又没有华德福幼儿园或学校，于是家长便组织起来，在自己的房子里，或租用合适的房子，把幼儿集中到一起，自己教或请接受过华德福教师培训的老师来教，有些家长为此而接受了华德福教师培训，成为专职的华德福教师"[④]。

家长也是课程的重要支持者和参与者。华德福幼儿园的各项活动少不了家长的参与，家长会根据自己的特长和幼儿园的需要做一些义务工作，如提供会计服务、法律咨询、修理房屋等，在庆典活动中也一定少不了家长的参与——带领幼儿做月饼、包汤圆、缝制祈福袋、表演偶戏等。

---

① 王雪梅. 华德福幼儿课程的研究 [D]. 武汉：华中师范大学，2012：42.
② 琳·欧德菲尔德. 自由地学习：华德福早期教育 [M]. 李泽武，译. 北京：人民文学出版社，2006：34.
③ 蔡连玉，傅书红. 华德福教育的理论与国内实践研究 [J]. 比较教育研究，2013，35（7）：31-35.
④ 黄晓星. 迈向个性的教育：一位留英、美学者解读华德福教育 [M]. 广州：广东教育出版社，2002：151.

还有的家长特意参加华德福教师的培训或者工作坊，学习华德福教育理念。节假日，家长们还组织读书会和分享会，交流育儿心得和对华德福教育的理解。

家长在家庭生活中也努力延续着华德福教育，如尽量少给幼儿看电视、手机等电子产品，不购买塑料玩具，食用有机食品等。

4. 课程评价

华德福教育理念下的课程评价遵循以个别化、动态发展性、多面性作为幼儿的评价原则，不以考试、分数评判个体的发展，避免过度竞争给幼儿带来伤害。评价不是主要目的，如何更好地促进幼儿的发展才是根本。

评价的主体主要包括教师和家长。对幼儿的评价主要通过教师的观察进行，教师在日常生活、学习中观察幼儿的各个方面并形成观察笔记，并在家长会上与家长沟通观察结果，并听取家长的意见和反馈。同时，教师也会收集幼儿的作品，包括水彩画、手工作品等，这些作品也将作为对幼儿发展评价的依据分享给家长。

评价的方式主要包括讨论对话、文字描述、图画等。华德福幼儿园多数是混龄编班，由于不同年龄段、不同发展水平的幼儿呈现出不同的状态，因而教师对幼儿的评价也是根据幼儿能力的不同采取不同的方式，或文字描述，或图画呈现，或语言表达，最重要的是经常与家长进行沟通和对话，全方面地了解幼儿。

（三）对华德福幼儿教育课程方案的简要评价

华德福幼儿教育课程方案的优点：①重视儿童心灵的滋养；②课程与生活相互渗透；③课程着眼全人教育；④顺应儿童发展，以艺术为中心、以游戏为基本活动、以自然为依托开展教育。

华德福幼儿教育课程方案的局限性：①带有浓重的宗教色彩；②华德福教育对待儿童关键期的态度有待商榷；③华德福教育过于理想化，儿童从华德福学校毕业后能否顺利适应社会值得持续研究。

关键术语

课程方案　蒙台梭利教育　工作　高瞻课程　Plan-Do-Review　方案教学

复习思考

1. 简述蒙台梭利教育的课程目标、课程内容、课程实施和课程评价。
2. 简述高瞻课程的课程目标、课程内容、课程实施和课程评价。
3. 简述瑞吉欧幼儿教育体系的课程目标、课程内容、课程实施和课程评估。
4. 简述华德福幼儿教育的课程目标、课程内容、课程实施和课程评价。
5. 分析蒙台梭利教育、高瞻课程、瑞吉欧幼儿教育体系、华德福幼儿教育的优点和局限性。

任务2　国内经典幼儿园课程方案

导入情境

某幼儿园开展了一次以"园本课程方案建构"为主题的教研活动。朱老师说："我们可以借鉴陈鹤琴先生的五指活动课程，或者张雪门先生的幼稚园行为课程，这两种课程方案在咱们本土兴起，适合咱们中国的孩子。"李老师说："我国的学前教育课程改革多年，五指活动课程和行为课程方案已经过时了。我们可以多借鉴西方经典的课程方案，然后将它们本土化，成为我们自己的园本课程方案。"五指活动课程和行为课程真的过时了吗？关注这些课程方案究竟是为了评判孰优孰劣吗？学习经典课程方案的出发点是什么？

参与式学习

一、陈鹤琴与五指活动课程

五指活动课程由我国现代著名的儿童教育专家、儿童心理学家陈鹤琴创编。清末民初，我国的教育正处于新旧转换阶段。当时的留学青年学习西方教育体制，在归国后进行教育改革运动，进而影响我国的近代教育，而陈鹤琴正是这个时期的代表人物之一。他从小接受我国的传统教育，长大后离开家乡到约翰·霍普金斯大学就读医学专业，1917年转学到哥伦比亚大学师范院校攻读教育和心理学。哥伦比亚大学师范院校作为进步主义的发源地，可以说陈鹤琴在美国求学期间，受到西方进步主义思想熏陶，为其之后促进中国教育改革奠定了基础。同时，陈鹤琴认为私塾教育的内容虽然有其价值，但是采用背诵、灌输的教学方法，且内容与生活脱节，会使儿童的发展受到压抑。

1919年回国后，陈鹤琴任教于南京高等师范学校。任教期间，陈鹤琴成立了我国第一所实验性质的幼儿园——鼓楼幼儿园，并于1926年开始推广《幼儿教育》（月刊），以求将西方教育思想本土化。1940年，陈鹤琴继续拓展实验园的教育研究规模，后又陆续成立江西省立实验幼稚师范学校和附属小学、幼儿园及托婴中心。

陈鹤琴提出以"活教育"体系来改革旧教育，提出"五指活动"就像人的五个手指，"是活的、可以伸缩的、相互联系[①]"的观点都深刻地影响了我国近代幼儿教育。

（一）五指活动课程的理论基础

五指活动课程是在"活教育"理论的基础上建构起来的。活教育理论是针对当时的教育脱离实际的现实提出来的，主要包括活教育的目的论、课程论和方法论三部分。

1. 活教育的目的论：做人，做中国人，做现代中国人

活教育的目的论指明了教育的目的，它反对没有人性、读死书的"死教育"，它强调"做人，做中国人，做现代中国人"。抗战胜利后，陈鹤琴又进一步提出了"做人、做中国人、做世界人"的教育目标[②]。幼儿教育的任务是达成以下的目标：一是保证幼儿的健康和身心正常发育；二是发展幼儿的智力和创造力；三是培养幼儿初步的国民公德和国际主义精神以及合作、同情、服务他人等的优良品德；四是培养幼儿爱美的观念，增强幼儿愉快的精神[③]。

2. 活教育的课程论：大自然、大社会都是活教材

陈鹤琴在其"活教育"的思想体系中提出了"大自然、大社会都是活教材"。他认为，书本上的知识是间接的、形式化的，只有大自然、大社会，才是知识的真正来源，是儿童学习的活教材。他主张"活教育"要把儿童培养成"现代中国人"，因此必须以儿童现有的生活经验为依据，扩大和丰富儿童对自然和社会的认识和理解，而大自然、大社会提供给儿童的知识是最为生动的、直观的和鲜明的，没有人为的扭曲，切合儿童的生活实际，能激发儿童的兴

[①] 北京市教育科学研究所. 陈鹤琴全集：第二卷 [M]. 南京：江苏教育出版社，1989：613.
[②] 北京市教育科学研究所. 陈鹤琴全集：第五卷 [M]. 南京：江苏教育出版社，1991：70.
[③] 简楚瑛. 学前教育课程模式 [M]. 上海：华东师范大学出版社，2005：34.

趣，容易被儿童所接受和理解的。当然，他并没有因此而否定书本在教育中的作用，他反对的只是将书本作为学习的唯一材料，主张书本应是现实生活的写照，即能够反映儿童的实际生活。

3. 活教育的方法论："做中教、做中学、做中求进步"

陈鹤琴在其"活教育"的思想体系中提出了"做中教、做中学、做中求进步"，以此作为其方法论的基本原则。陈鹤琴强调"做"，为的是确立儿童在教学活动中的主体地位。陈鹤琴提出"凡是儿童自己能够做的，就应该让儿童自己做""凡是儿童自己能够想的，应该让儿童自己想""你要儿童怎样做，就应当教儿童怎样学"等17条教学原则，基本上包含了当代教育心理学和教学论所倡导的主要原则。陈鹤琴强调"做"，为的是强调儿童的直接经验。

（二）五指活动课程方案的基本内容

1. 课程目标

陈鹤琴认为课程的目标在于改进生活，充实生活。教育本身是一种生活，而生活本身也是一种教育。他将幼儿园教育的目标归结为以下四个方面。

（1）在引导儿童做人方面，陈鹤琴强调要培养儿童具有合作服务的精神和同情心，以及诚实、礼貌等其他品质。

（2）在身体方面，陈鹤琴认为主要是训练儿童养成各种达成强健体格的习惯，培养儿童一定程度的运动技能。

（3）在智力方面，陈鹤琴主张应以丰富儿童的直接经验为主，让儿童充分接触自然和社会，引导儿童对日常事物产生好奇心并积极探索。

（4）在情绪方面，陈鹤琴指出，除了要让儿童养成乐于欣赏、快乐等积极情绪外，还要帮助儿童克服发脾气、惧怕等不良性格。

2. 课程内容

陈鹤琴认为课程内容与教材的选择要根据儿童的心理发展水平和社会的需要来确定，因此，他打破了按学科编制幼稚园课程的方式，以大自然、大社会为中心选择和组织课程内容，形成他所谓的"五指活动"。

（1）健康活动：饮食、睡眠、早操、游戏、户外活动、散步等。

（2）社会活动：朝夕会、周会、纪念日、集会、每天的谈话、政治常识等。

（3）科学活动：栽培植物、饲养动物、研究自然、认识环境等。

（4）艺术活动：音乐（唱歌、节奏、欣赏）、图画、手工等。

（5）语文活动：故事、儿歌、谜语、读法等。

五指活动课程对五种活动的强调有所侧重。例如，陈鹤琴认为健康活动是第一位重要的，因为强国需先要强身，强身先要重视儿童的身体健康。又如，陈鹤琴还认为幼稚园课程应特别重视音乐，因为音乐可以陶冶儿童的性情，鼓励儿童进取，发展儿童欣赏美和创造美的能力。此外，语言是人际沟通的工具，也是儿童学习的工具，因此也应给予重视。

在课程内容的组织上，陈鹤琴认为，虽然这五种活动是分离的，但是它们就像人的五个手指一样，构成了具有整体功能的手掌，幼稚园课程的全部内容都被囊括在这五种活动之中。因为儿童的生活是整个的，因此，课程内容是互相连接为整体，而不是分裂的。正如陈鹤琴所言，"五指是活的，可以伸缩，互相联系。""课程是整个的，连贯的。依据儿童身心的发展，五指活动在儿童生活中结成一个教育的网，有组织、有系统，合理地编织在儿童的生活上。"陈鹤琴将其课程内容的组织方式称为"整个教学法"。课程设计以大单元形式进行组织，以活动为中心落实教学，打破传统分科的组织方式。

陈鹤琴提出了三个具体的课程组织方法：一是直进法。将学习内容按照事物的性质和内容的难易程度安排在各个不同年龄层。二是圆周法。每个年龄层的教学单元相同、研究的内容类似，但所选教材的难度和分量会根据儿童年龄的不同而有所变化，对各年龄层的要求应由浅入深（即螺旋式的课程）。三是混合法。在组织课程内容的时候，以上两种方法均采用，但课题和要求有相同或不同。

3. 课程实施

"活教育"的思想体系强调"做中教、做中学、做中求进步"。陈鹤琴强调"做"，倡导儿童在活动中的主体地位。他认为在课程实施中应当注意以下四个方面。

（1）为儿童提供良好的环境。不论是在家庭或是在幼儿园，都需要设置良好的环境，供儿童学习与模仿。良好的幼儿园环境布置原则：一是环境的布置要让儿童能在其间运用他们的大脑和双手。二是环境的布置要常常变化。三是高度应以儿童的视线为标准。四是创设户外环境，多为儿童提供户外活动的机会。另外，爱美是儿童的天性，在优美的环境里，儿童爱美的天性可以得到合理的发展。因此，环境艺术化是教育的一种手段，不可以忽略。除了物质环境的创设外，教师和家长还要注意为儿童提供温馨、宽松的心理环境。

（2）采用游戏教学、小团体教学的方式。游戏是儿童天生喜欢的，儿童的生活就是游戏化的。游戏可以让儿童快乐，也可以发展儿童的身心，激发儿童的感觉，因此幼儿园教师应当采用游戏法去教导儿童。此外，同一个班级内的儿童发展水平、兴趣、学习风格不完全一致，因此，幼儿园不能总是把他们归一起，让他们做同样的工作，因此，教师要多采取小团体组织形式，因材施教。

（3）在师幼关系上，教师应当是儿童的朋友。若教师是儿童的朋友，与儿童非常亲近，同儿童一起玩耍，那么，教师就容易了解每个儿童的性情能力，教起来就更容易，儿童学起来就容易服从。因此，幼儿园教师应当做儿童的朋友，与儿童同游同乐，在玩中学，在玩中教。

（4）课程实施的取向是"计划性"与"灵活性"相结合。幼儿园课程虽需要预先拟定计划，但教师还应基于在课程实施过程中儿童的需要、兴趣及偶发事件等临时加以调整和变更。

此外，陈鹤琴先生还提出了比较法、比赛法、替代法、观察法等，通过多样化的方法，生活、形象、具体地对儿童实施教育。

4. 课程评价

20世纪20年代初，陈鹤琴先生就提出"关于幼稚园的所有工作，我们都应当有一定的标准。若没有规定的标准，儿童的能力如何，学业进步如何，品格如何，我们都无从说起。做父母的不知道他们的小孩子在幼稚园里究竟怎样，做老师的也不知道他们的儿童究竟怎样。[①]"没有具体的标准，就没有办法对课程的实施过程及儿童的发展进行督察与评定，也就谈不上对课程做进一步的改进。因此鼓楼幼稚园最初便把考查幼稚生的成绩（主要是幼稚生应有的习惯技能）作为试验的主要内容。在1925年，陈鹤琴与张宗麟一道编制了《幼稚生应有的习惯和技能表》[②]。从习惯、技能、社交、游戏、表达等方面，详细地梳理了幼儿应有的习惯和技能。这要求幼儿园结合幼儿的年龄特点，运用直观、生动的方法对幼儿进行检查与督查。

---

① 陈秀云，陈一飞. 陈鹤琴全集：第二卷［M］. 南京：江苏教育出版社，2008：101.
② 陈秀云，陈一飞. 陈鹤琴全集：第二卷［M］. 南京：江苏教育出版社，2008：90.

> 拓展阅读 5-4

幼稚生应有的习惯和技能表（部分）[1]

（一）卫生习惯

1. 不吃手指。
2. 不是吃的东西不放进嘴里去。
3. 落在地上的东西必须洗濯后再吃。
4. 不用手指挖鼻子、耳朵。
5. 不用手指擦眼。
6. 常修指甲。
7. 每天手脸洗得干净。
8. 每天至少刷牙两次。
9. 吃东西以前要洗手。
10. 大小便以后洗手。
11. 不流口涎。
12. 不拖鼻涕。
13. 常带手帕。
14. 打喷嚏或咳嗽时，用手帕掩着嘴巴、鼻子。
15. 慢慢地吃东西。
16. 不沿路大小便。
17. 坐立的时候，胸膛挺直，头也端正。
18. 内外的衣服都很干净。
19. 不喝生水。
20. 运动出汗以后不即刻脱衣乘凉。
21. 不带零食到幼稚园里来。
22. 不多吃糖果。
23. 不随地吐痰。
24. 嘴里有食物时，不讲话说笑。
25. 到外边去知道穿衣戴帽。
26. 知道远避患传染病的人。
27. 会拍苍蝇、蚊子。
28. 果壳不抛在地上。
29. 起卧有一定时间。
30. 每天大便一次。
31. 不用手抓饭菜吃。
32. 早晨刷牙、洗面以前不吃东西。

（二）做人的习惯——个人的

1. 准时到幼稚园。
2. 听到铃声就到目的地去。
3. 不容易哭。
4. 喜欢唱歌。
5. 喜欢听音乐。
6. 不容易发脾气。
7. 起坐轻便。
8. 开关门户要轻，放椅子也要轻。
9. 走路轻快。
10. 用过的东西放好并且放得很整齐。
11. 说话不怕羞，又能说得清楚。
12. 衣服等物能够放在一定的地方。
13. 不说谎。
14. 能够独自找快乐。
15. 离开座位，桌椅放好。
16. 爱惜玩具和纸笔等。
17. 爱护园里的花草、动物。
18. 拾起地上的纸屑等件放到纸篓里去。
19. 能够预测极简单的结果，如放碗在桌边，知道要落地打碎等。
20. 知道自己做的事情的好歹。
21. 不怕雷。
22. 不怕猫、狗、鸡、鸭。
23. 不怕昆虫，如蚕、蝶之类。
24. 一切事情能够自始至终地做，做好一个段落方才罢手。
25. 不狂叫乱跑。
26. 做错的事情直接爽快地承认，不推诿给别人。
27. 不乱涂墙壁、地板、桌椅。
28. 认识自己的东西。
29. 认识自己家的住址和家长的名字。

---

[1] 陈秀云，陈一飞. 陈鹤琴全集：第二卷［M］. 南京：江苏教育出版社，2008：90.

有的人说陈鹤琴的五指活动课程是"适合中国国情，适合幼儿身心发展特点"的，但随着信息技术、教育观念的更新，该课程方案现在已经不适用了。对此你怎样看？

（三）对五指活动课程的评价

我国20世纪80年代中期开始的幼儿园课程改革深受五指活动课程的影响。当时所形成的"幼儿园综合主题课程"就是对陈鹤琴先生五指活动课程的继承与发扬。五指活动课程对我国现阶段幼儿园课程的改革和编制仍有借鉴和指导意义。"适合中国国情，适合幼儿身心发展特点"是陈鹤琴先生创建五指活动课程的两大基本原则。五指活动课程中一些思想、观点和方法对我国现阶段的幼儿教育课程的改革和编制仍有积极的指导意义。但它也具有局限性。

1. 五指活动课程的进步性

（1）在课程内容、方法等方面注重儿童的兴趣和需要，体现儿童的主体性。

（2）在实践探索的基础上构建课程体系。陈鹤琴先生认为，幼儿园课程应与儿童心理发展相适宜，应当先了解儿童的心理发展特点和规律，因此，他以其子陈一鸣为个案，对儿童的心理进行了科学的研究，成为这时期进行课程科学化探索的重要依据，也为五指活动的教学方法奠定了基础。

（3）五指活动课程在西方进步主义教育思想基础上进行了"本土化"探索。不仅仅拘泥于当时西方的设计教学法，而是结合中国幼儿园课程的实际情况，以"一切课程是儿童自己的""一切课程是当时当地儿童自发的活动"等观点作为课程设计的出发点，开创了中国化、科学化的幼儿园课程改革运动。

2. 五指活动课程的局限性

尽管陈鹤琴先生一再强调五指活动课程中的五指不是五个学科，应整合成一个整体进行施教，但在推行时，有时仍被误解而分科进行。虽然在理论层面努力避免课程中的知识中心倾向，但在实践层面上仍然比较注重教材，而对儿童的主动学习、创造性等方面的强调不够。

二、张雪门与幼稚园行为课程

幼稚园行为课程是由我国著名幼儿教育家张雪门先生创编。20世纪三四十年代就有"南陈北张"一称，其中的"张"指的就是张雪门。早在1917年，他就在家乡宁波开始幼儿教育工作，创办了一所中国人自己的星荫幼稚园，后又到北京大学研究幼儿教育。1929年，张雪门鉴于当时"师范生不如艺徒"的舆论，主持开办孔德幼师，担任"幼儿教育""幼儿园课程"等科目的授课教师，并设有特约幼稚园，指导师范生采取"半日上课加半日实习"的方式学习，以纠正师范教育中过于重视读书、脱离教育实践的问题。

北伐战争成功后，张雪门创办艺文幼稚园，主张以儿童为本、重视儿童的兴趣与需要的课程。1946年，张雪门去到台湾地区，担任儿童保育院院长。1947年，他在台北女子师范学校授课。1954年张雪门退休后，协助设立幼稚园，并担任幼儿师资的培训工作。此后，张雪门在报纸、期刊上，陆续以书写、口述等方式发表幼教实践心得。

张雪门制定的幼稚园行为课程，针对当时幼稚园以成人、教材为中心的教育现状，强调以儿童为本位，创设生活化的教育环境，激发儿童的学习动机，从而引发了"以儿童为学习主体，重视儿童学习经验"的风潮。晚年的张雪门先生虽身患疾病，但仍努力于著述工作，真正贯彻了他

"以毕生功夫来研究我国的幼儿教育"的信念。

（一）幼稚园行为课程的理论基础

张雪门先生深受中国传统文化的影响，其中，王阳明"知是行之始，行是知之成"的观点对其行为课程的影响最为直接。正如张雪门先生所讲："唯有从行动中所得到的知识，才是真实的知识。"此外，他的幼儿教育思想也受到了福禄贝尔、蒙台梭利、杜威、陶行知等人的影响。其中杜威的实用主义教育思想强调儿童的直接经验，也强调儿童与环境的相互作用，这些观点对行为课程的影响最为直接。1918年，美国教育家克伯屈（W. H. Kilpatrick）创立的"设计教学法"传入我国，这种教学法主张儿童自己决定学习的目的和内容，让儿童自己设计、自己实施活动，并在活动中获得相关知识和经验。张雪门在此基础上，形成了行为课程实施的一般程序，这也是行为课程的一大特色。在不同的理论流派影响下，张雪门形成了自己独特的教育观点。他这样解释"行为课程"："生活即教育，5、6岁的孩子们在幼稚园生活的实践，就是行为课程……它从生活而来，从生活而开展，也从生活而结束。"

1. 儿童观

张雪门批判当时的许多人把儿童当作植物、动物看待，或将儿童视为机械的观点，他认为当人们把儿童视为"机械"是不认同儿童的表现，"一味地把成人的知识技能装到儿童的脑子里去，不但是做不成功的；即便勉强做成了，依然是死知识、死技能，对儿童没有益处。"张雪门强调，儿童是生长的有机体，"儿童的全部生活都是生长的一段，他在这一段的时期里，他自有其自己的生理，他自有其自己的心理。他用自己当时的生理与心理，与其当时的环境相接触，因而发生交互的反应，俾得逐渐生长，以完成这一时期的生命，维持已有的生长，继续将来的生长。这才是儿童的本体。"

2. 教师观

受到蒙台梭利和福禄贝尔教育思想的影响，张雪门在幼稚园中的教师角色的问题上特别将中国当时幼稚园教师角色与蒙台梭利、福禄贝尔教师角色做了区分，认为"教师在现在的幼稚园里，既不必如福禄贝尔式的众星环绕的太阳，也不必如蒙台梭利式冷眼的旁观者。"教师应当是幼儿的好朋友，当幼儿遇到困难了给予帮助，当幼儿遭遇失败了给予鼓励。教师还需要与家长经常联络，为家长提供各种知识和技能，做好家庭教育指导工作。教师还应是工会的一员，加入教育工会，经常接受组织团体的培训，注意提升自己的修养。此外，张雪门还特别提出，乡村的幼稚园教师还要参加乡村建设工作，把幼稚园当作乡村建设的一部分事业。

3. 课程观

张雪门的课程观有三次转折。1924年以前，张雪门的课程比较拘泥于蒙台梭利与福禄贝尔教具的运用；1924—1929年间的课程设计则较强调以儿童为中心的课程；1929年之后的课程设计就从蒙台梭利与福禄贝尔教具的束缚中解脱了，并且因为受到"九一八"事变的影响，开始在课程里除了强调对儿童的重视之外，也加强了对社会需要以及民族意识的重视。课程是什么？张雪门这样回答："课程是经验；是人类的经验，用最经济的手段，按有组织的调制，用各种方法，以引起孩子的反应和活动。什么是幼稚园的课程？就是给三足岁到六足岁的孩子所能够做而且喜欢做的经验的预备。"张雪门认为游戏、故事、歌唱等教材，虽然可以给予儿童模仿和表演的机会，但不能代表人类实际的行为，他主张行为课程就是从儿童的实际生活情景出发，让儿童行动起来，从行动中获得经验。

（二）幼稚园行为课程方案的基本内容

1919年到1932年间，张雪门先生共编制了五次幼稚园课程方案，但这五次幼稚园课程方案受历史文化影响，具体的内容有所变化，主要表现为：由模仿国外经典课程方案到以"儿童为中心"的课程方案，再到加入了"以民族发展为中心"的课程内容。编者在梳理时以第五次课程方案的内容为主。

1. 课程目标

早期，张雪门认为课程的目标要满足个体需要实甚于社会的需求，提出课程要"联络孩子们的旧观念，以引起新观念，更谋其旧经验的打破，新经验的建设"，这里的观念和经验是儿童自己的，并非成人的。1931年"九一八"事变后，他认为课程的目标应兼顾社会需要和儿童身心发展的需要，面对国家民族危亡的现实，加之单纯"以儿童为中心"的教育把所有重点聚焦于儿童，则会使其不合群，因此要把儿童和社会连接起来，基于儿童的身心发展，再结合社会发展的需要形成课程目标，到1933年，他把幼儿教育定位为改造民族的幼稚教育，确立了以社会需要为远景，以满足儿童发展需要为近景的幼儿教育目标。

2. 课程内容

张雪门先生使用"教材"一词作为课程内容的载体。他认为教材与教具相似，能引起儿童的学习兴趣，引导他们进行各种活动。各种教材和儿童的活动联合起来，就组成了课程。但他也同时提出"行为课程完全根据于生活，它从生活中来，在生活中展开，也在生活中结束，不像一般的完全限制于教材的活动"。

（1）课程内容的选择。张雪门认为教材有三大来源，根据教材的来源，幼稚园课程的内容大致可以分为三个部分：一是儿童自发的各种活动，即儿童为满足自身发展而进行的一切活动；二是儿童所处的自然环境，即儿童生活中一切有关自然的事物与信息；三是儿童所处的社会环境，即儿童现在生活与未来生活相关的社会生活知识，如职业、公共服务设施与场所等。

张雪门也提出了选择课程内容的五大标准：第一，"应合于儿童的需要"。幼稚园的孩子喜欢模仿，而且好奇心很强，因此成人的事、动植物的生长、天气的变化、各种感觉游戏等，都能引起他们学习新知识的欲望，因此把这些材料编入课程定能适合儿童的兴趣。第二，"应顾到社会生活的意义"。个体要想很好地适应社会生活，就必须认识社会生活的很多东西，如文字、数的概念、穿衣的技能、饮食起居、风俗等，这都应是课程内容的一部分。第三，"应在儿童自己的环境里搜集材料""儿童所能反映的，是他自己环境里的社会，但绝不是成人的社会。"因此，要从儿童周围的家庭、社会环境中去搜集材料。第四，"应顾到社会生活的重要"。张雪门先生认为，课程固然是实现现在，但并不是放弃将来。因此选择的教材内容要既能注重现实的环境，又能有利于社会的发展。第五，"上面所述还没有道及的一切冲动习惯态度"。张雪门认为，儿童日常生活中所产生的兴趣、感情和动作的冲动，虽然有时是暂时的，但如果有利于儿童的发展，便利于儿童适应环境，教师就要抓住这种机会，并选择相应的内容给予儿童练习的机会。

张雪门也给出了课程内容选择的步骤。首先，每个月先按照时令、节气及儿童行为上的变化列出可以开展的活动。然后，挑选出四五个活动作为该月的中心主题，有了中心主题再组织具体的活动及其他的教材，然后基于儿童的兴趣需要添加合适的内容。这样既有事先的计划，也有根据儿童的兴趣需要生成的活动，课程内容有极大的伸缩性。

（2）课程内容的组织。张雪门认为课程内容的组织要以"主题"为核心的方法编写，反对分科式的内容组织，因为"幼稚生对于自然界和人事界没有分明的界限，他看宇宙间一切的一切，都是整个儿的。花开、鸟啼、客人来，凡能够引他注意的，没有一样不当作自己的生活看待。"此外，张雪门受克伯屈"设计教学法"的影响，确立了运用设计教学法来组织课程内容的方法，如在教案的编写上要考虑五个基本要素：一是动机，强调儿童自主由内在发出的动机（也可以由教师设法引发）。二是目的，教师期望儿童所获得的成效，即教学目标，包括知、情、意的目标。三是活动，为了达到教育目的而设计的教学内容以及班级人数、地点、时间分配等，提供儿童学习的机会。四是过程，活动如何开始、展开、结束。五是材料，配合儿童学习的操作工具与材料。

行为课程内容的组织呈现出两大特点：一是整体性。正如张雪门反对大多数学校采用的分科式或学科式的组织方法，他认为"学科式的不适合儿童生活需要，已经失去了课程的本意"，应当整体地看待、选择、组织幼稚园课程内容。二是重视儿童直接经验的获得。张雪门认为幼稚园课程应来源于儿童直接的活动，并经精心地挑选，即从儿童的生活环境中搜集、选择和组织材料。可以构成幼稚园课程内容的儿童直接的活动包括儿童的自发活动、儿童与自然界接触而产生的活动、儿童与人事界接触而产生的活动等。

3. 课程实施

张雪门的行为课程中，"行为"与"活动""做"是同义的。这就是说，张雪门强调的是让儿童"在做中学"。行为课程是儿童围绕单元主题进行的活动。这种活动并不是放任的活动，教师要进行课程实施前的准备——教案编写，还要在实施过程中对儿童进行帮助指导。

（1）课程实施前的准备。在课程实施前，为了达到预定的目标，教师需要做充分的准备，准备工作至少从知识、技术、作业程序分析、工具材料、心理准备五方面进行：一是知识上的准备。课程内容很可能超出教师已有的知识范畴，因此，教师需要补充相关专业知识，教师的知识准备得越充分，课程成效也就越大。二是技术上的准备。每一种课程活动都是由多个小活动构成的，而每一个小活动都需要一定的技术才能得以完成。在活动之前，教师需要对于完成活动的技术进行审慎地考察，以了解哪些技术对于儿童来说太难了，应该改得浅显些，哪些技术太枯燥了，应该改得有趣些。三是作业程序分析的准备，即完成一种活动的具体步骤。例如，种瓜的程序分六步，即"预备用具—开始掘土—整地—下种子—灌溉—看护"，教师先分清了活动的次序，再指导幼童时才不致思绪紊乱。四是工具材料的准备。例如，种瓜用的种子、水壶、铲子，一般活动中用到的剪刀、纸张、浆糊、布块、针线、木板、钉子等都须预先购置，活动使用的故事、唱歌、游戏等教材也应提前准备。五是心理准备。教师在课程实施时，需要专注于课程实施，不能受其他因素的干扰，也只有做到这一点，教师的情绪才会带动儿童的情绪，儿童才能更专注地投入活动。

（2）课程实施中的指导。张雪门认为课程实施时，教师应负六种指导的责任：一是计划的指导，即根据儿童活动的具体情况适当调整预定的计划，以及给儿童提供活动的机会。二是知识的指导，即针对儿童活动中知识的薄弱环节给予帮助。三是技能指导，即采用暗示、鼓励或示范等方法对儿童进行技能辅导。四是兴趣指导，即帮助儿童排除学习中的困难，感受成功后的喜悦，以激励儿童的兴趣。五是习惯的指导，即采取正面引导的方式规范儿童的行为习惯。六是态度的指导，即帮助儿童养成正确对待自己的不足和他人长处的态度等。

4. 课程评价

张雪门认为行为课程在实施结束后并未真正结束，尚有进一步的工作要开展，该工作主要分为四个方面，均涉及课程评价的内容：一是从评价的重要性上提出要对儿童的行为进行评价——"对儿童的行为应有检讨"。张雪门认为"无论儿童做得好坏，都应像审判一样考察：好在哪一点？坏在哪一点？为什么好？为什么坏？儿童明白了好与坏的所在和原因，才能将成功与失败的原因组织在自己的经验中"。二是从评价的目的上提出"对儿童的行为应有继续的注意"是为了更好地观察、注意儿童，以便引导儿童进入下一阶段的活动。三是从评价的方法上强调要"对幼童的行为应有记录"，采用观察记录的方法，把儿童活动中的重要行为详细地记录下来，以供将来的考察。四是从评价的标准上强调"对幼童的行为经验做应有评估"，要在单元活动结束后，根据实施过程，细心分析，选出具有价值的经验进行综合评估，再和预期的行为目标做对照，分析目标是否达成。

项目要点

本项目共介绍了六种经典的幼儿园课程方案及其理论基础。

1. 蒙台梭利认为儿童具有吸收性心智、儿童发展具有阶段性和敏感期；强调教育要以自由为基础，主张工作人性论，要为儿童提供有准备的环境，并在此基础上形成了蒙台梭利课程方案。蒙台梭利课程方案以协助儿童开发自己内在的潜能，帮助儿童发展出自发性的人格为课程目标；提出了日常生活教育、感官教育、数学教育、语言教育及科学文化教育五个方面的课程内容；在课程实施中主张利用"教具"满足儿童内在发展需要、实施混龄编班制、重视有准备的环境创设以及关注教师的角色；形成了以教具为中心，观察为主的课程评价方式。

2. 始发于1962年的高瞻课程也被音译为海伊斯科普（High/Scope）课程，或称高宽课程。高瞻课程旨在通过促进儿童建立个人责任感、社会责任感、独立性以及目标导向的生活方式，为儿童将来成为自立、守法的公民奠定基础。课程内容围绕八大领域的"58条关键发展性指标"展开。在课程实施中呈现出"计划—工作—回忆"的特色。

3. 瑞吉欧幼儿教育体系产生于意大利北部的小镇瑞吉欧·埃米利亚。课程以"让儿童更健康，更聪明，更具潜力，更愿学习，更好奇，更具随机应变的适应能力，对象征性语言更感兴趣，更能反省自己，更渴望友谊"为目标；课程内容源于儿童与教师的共同兴趣，强调生成性；课程实施以方案教学为特色，主张视觉与图像语言的运用，也重视教师在课程中的角色；课程评价依据方案教学开展的三个不同阶段，评估侧重点也不尽相同，但都遵循真实性、情境性评估和形成性的原则，进行持续性评估。

4. 华德福幼儿教育源于德国，是在三元社会结构论、人智学理论、个体的四个组成部分与生命发展周期论理论的基础上建构起来的。华德福幼儿教育课程重视幼儿身体、心灵和精神三方面的和谐发展。其课程目标为滋养幼儿心灵，寻求各种手段和方法，促进幼儿身、心、灵整体的健康全面发展，为幼儿未来的发展奠定基础，也为他们以后的学校生活做好准备。课程内容以自由游戏与远足、艺术活动、故事与晨圈、生活活动、节日庆典与生日会等组成。课程实施采用呼吸式的生活节奏安排，十分重视艺术化的教学与家长对课程的支持作用。在课程评价方面，华德福教育理念下的课程评价遵循以个别化、动态发展性、多面性作为幼儿的评价原则。

5. 五指活动课程理论与方案由我国著名幼儿教育家陈鹤琴提出，以"活教育"为理论基础，其目的论为"做人，做中国人，做现代中国人"，课程论为"大自然、大社会都是活教材"，方法论为"做中教、做中学、做中求进步"。课程目标在于改进生活，充实生活。课程内容打破了按学科编制幼稚园课程的方式，以大自然、大社会为中心选择和组织课程内容，形成了"五指活动"，即健康、社会、科学、艺术、语文活动。在课程实施方面提出实施的取向要"计划性"与"灵活性"相结合。陈鹤琴编制了《幼稚生应有的习惯和技能表》，要求幼儿园结合幼儿的年龄特点，运用直观、生动的方法对幼儿进行检查与督查。

6. 张雪门的幼稚园行为课程提出以生活为原点，以设计教学法为基础，满足儿童身心需求，使儿童身心得到全面发展的课程目标。课程内容包括儿童自发的多种活动、儿童的自然环境、儿童的社会环境三个方面，课程组织以"主题"为核心方法编写，以整体性及注重儿童的直接经验为要求，编制了全年课程表。课程实施强调在做中学，教师应做好课前准备和课程实施中的指导。课程评价要采用观察记录的方法，把儿童活动中的重要行为详细地记录下来，以供将来考察。

关键术语

五指活动　活教育　整个教学法　行为课程

复习思考

1. 简述五指活动课程方案的主要内容。
2. 论述五指活动课程方案对当代幼儿园课程建设的启示。
3. 搜索张雪门幼稚园行为课程的案例，结合不同的时代背景，分析其优点与局限性。

项目六 — 课程管理与园本课程开发

项目背景

随着课程改革的推进,课程管理领域也发生了一些显著的变革,即从"课程管理(curriculum management)"逐渐转向"课程领导(curriculum leadership)"。与此同时,在幼儿园课程改革进程中,许多幼儿园教师感到无所适从。如果让你当一所幼儿园的课程领导者,你觉得有哪些事情可以做?本项目将聚焦幼儿园课程管理到幼儿园领导的转型,阐述园本课程的内涵,以及在我国课程管理制度改革的背景下园本课程开发的含义、条件、原则与程序,剖析园长与教师在课程建设中的领导者角色。

学习目标

1. 认同教师的课程领导角色,明确教师在园本课程开发中的主体地位。
2. 了解幼儿园课程管理与领导的基础知识,熟悉园本课程开发的含义与一般流程。
3. 初步具备编制园本课程方案的能力,尝试对园本课程开发问题进行分析。

思维导图

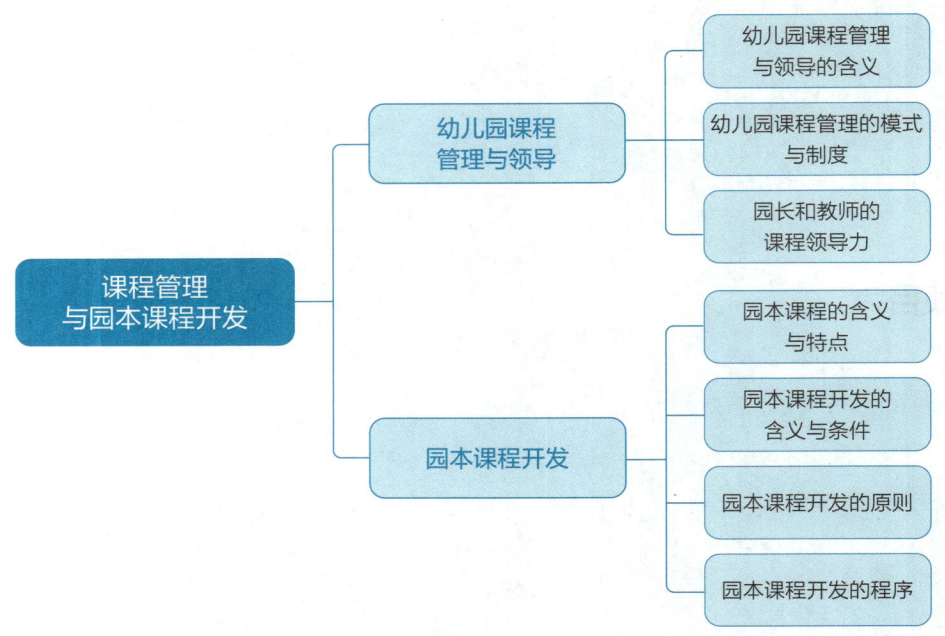

任务1　幼儿园课程管理与领导

导入情境

小班建构区里，幼儿童童和萌萌在争抢玩具。面对这样的场景，一般老师会说："要商量、要轮流"。而具有课程领导力的教师，通常会结合幼儿发展的目标，进行价值判断。他们会问自己：孩子们的表现，体现了他们怎样的社会性交往发展水平？他们可能的发展需求到底是什么？小班幼儿社会交往的发展目标是什么？……在设计具体活动的目标、准备、内容时，具有课程领导力的老师们还会思考每个活动和课程、幼儿发展的关系。他们经常会想：这个活动体现了课程理念吗？它是如何与课程目标建立联系的？活动怎么才能满足自己班级孩子的发展需求呢？

"幼儿园课程领导"是谁的事情？是园长、保教主任、课程主管这些被大家称为"领导"的人？其实，在幼儿园里，不管工作年限是长是短、职务是高是低，哪怕是一个新手，也可以通过改变自己想问题、做事情的方式，成为一个幼儿园的课程领导者。因为它并不是一个头衔，而是一个主动选择的过程。

参与式学习

一套课程无论经过多么精心的设计，都必须由学校及教师进行规划、安排、运作才能达到预期的效果，在这一过程中课程管理起着至关重要的作用。

一、幼儿园课程管理与领导的含义

（一）幼儿园课程管理的含义

"管理"是一个古老的术语，英文"manage"来源于拉丁语"manus"，意思是"手"，显然跟手的操作有关系，后来延伸到一般性的技巧操作。关于课程管理的理解也是多种多样的。课程管理是在一定社会条件下，课程管理者依据一定的管理原则和运用一定的管理方法，对一定课程系统的人、财、物、课程信息等因素进行决策、计划、组织、指挥、协调、控制，以有效地实现一定课程系统预期目标的活动[①]。从课程管理的定义上看，如同管理一样，课程管理在理念上体现了管理的本质，区别只在于它是对课程进行管理，控制并保持学校课程顺利实施是课程管理的最高利益。幼儿园课程管理是指在国家有关教育法规和政策的背景下，各级政府及学前教育机构对幼儿园课程的建设和实践过程进行的规范、引导和帮助，其根本目的是提升课程的成效，更好地促进幼儿发展，同时促进教育者自身的发展。

（二）幼儿园课程领导的含义

"课程领导"并不是一个新的概念，在20世纪中期之后美国的课程论研究领域就已经提出了这一概念，但真正引起人们重视并引发学术界深入探讨则是在20世纪90年代之后。不同的学者对"课程领导"概念的界定也不尽相同。有学者从课程领导的具体活动方面指出课程领导的五个活动内容，即建立愿景、管理课程与教学、监督教学、监控学生的学习进度、提高教学的气氛；有学者从课程领导的目的上强调学生学习的改进和教师的专业发展；有学者则从课程领导的功能上突出课程领导应致力于使学校能达成增进学生学习品质的目标[②]。

综观相关研究，我们倾向于认为：幼儿园课程领导是幼儿园课程实践的一种方式，是指引、统领幼儿园课程改革、课程开发、课程实验和课程评价等活动的总称。它的目的是影响幼儿园课程改革与开发的过程和结果，实现幼儿园课程改革和课程开发的目标。课程领导的主体可以是个人，也可以是组织与团体以及教育行政部门。幼儿园课程领导是幼儿园课程管理的重要功能，它与幼儿园课程管理的关系不是取代，而是从人的角度对幼儿园课程管理功能的一种诠释。这种领导主要强调平等、人际关系的和谐、合作，以及教师的专业发展。幼儿园课程领导依然具有课程行政领导的影子和功能，只是在领导理念上的转型。幼儿园课程领导和课程管理是不能分开的，在某种程度上相互交叉和包容。

（三）从"幼儿园课程管理"转向"幼儿园课程领导"

对"课程领导"和"课程管理"关系的理解一般有以下三种：

一是课程管理包含课程领导。有学者认为，课程领导属于课程管理的范畴，是课程管理的重要职能。课程管理的领导职能是使整个管理过程中其他职能得以实现的起主导作用的推动力量。课程领导是一种新的管理观[③]。

二是课程领导和课程管理相互独立。钟启泉认为，课程领导是与课程管理有区别的。他认为"课程领导"这个术语之所以"新"，主要表现为其意在摆脱历来的"管理"思想——自上而下的官僚体制的"监控""管制"。因此，要从根本上改变这种模式，就得从"经营"或是"领导"的

---

① 马志颖. 当代课程与教学论［M］. 上海：上海交通大学出版社，2020：190.
② 钟启泉. 从"课程管理"到"课程领导"［J］. 全球教育展望，2002，（12）：24.
③ 廖哲勋，田慧生. 课程新论［M］. 北京：教育科学出版社，2003：306.

功能出发,强调诉诸自身的创意和创造力,自律地、自主地驱动组织本身的含义和韵味[1]。

三是课程领导和课程管理相互联系。课程领导兴起是领导理论的发展、课程理论变革和课程管理转型的结果。特别是课程管理的权力下放,使课程管理的重心从国家下移到学校,学校本位管理成为一个重要的议题。

那么,课程管理与课程领导有什么差别呢?管理的职能在于保证组织的秩序,使组织减少混乱,使其更高效地运转起来;领导的职能在于规划引领,产生影响,寻求建设性的变革。对于这两个术语,国外有学者进行了比较(表6-1)。

表6-1 管理与领导的比较[2]

管理	领导
"产生秩序和一致"	"产生变化和运动"
计划/预算	建立远景/制定策略
组织/人事	人员匹配/交流
控制/解决问题	激励/鼓励

课程领导所带来的课程管理的"范式转换"并没有消解管理中固有的以制度规范组织行为的本义,而是用更加专业的意识和精神去引领学校层面课程的发展。传统的管理思想适用于规范化的管理,对于处于稳态的教育实践具有很高的管理效率。课程领导这一思想的提出恰恰反映了当今时代学校教育实践对新型管理思想的期待。在今天的教育情境中,制度化的管理不能单纯靠制度去加以规范,还需要专业的意识、革新的思想和道德的指引。

从实质上来看,倡导课程领导的意义在于促使幼儿园园长从"行政权威"转向"专业权威"。因为传统的课程管理体现了"管理与操控"的做法,强化了自上而下的行政管理,在一定程度上挤压了幼儿园课程创新的空间以及教师的课程智慧,不利于幼儿园课程建设。而课程领导则以更加开放的姿态赋予幼儿园园长和教师更多的专业自主权,有利于发挥园长的"专业权威"。在课程领导的理念之下,园长的管理行为不再局限于对既定政策的上传下达,园长可以为学校成员提供必要的基本支持与资源,进而充实教师的课程专业知识和能力,促进幼儿园课程的改革与创新。在目前我国已经实施三级课程管理的制度框架之下,园长和教师发挥课程领导的职能已经具有了现实的制度基础。

二、幼儿园课程管理的模式与制度

(一)课程管理的模式与内容

在世界范围内主要有两种课程管理模式,即集权型课程管理模式与分权型课程管理模式。在集权型课程管理模式下,课程管理的权力集中在国家层面,它强调政策指令的上传下达,强调课程的统一性。具体来说,在这种模式下,国家制定统一的课程标准、拟订统一的教学计划并确定评价标准;所有地区、所有学校都设置相同的学科、运用相同的评价标准,甚至有的国家要求使用相同的教材和课程表。与此相对,分权型课程管理模式将课程管理的权力集中在地方层面,强调地方和学校的独特性与差异性。在这种模式下,国家不统一规定全国通用的课程标准、教学大纲和评价标准等,而是由各地区规定各自的课程标准、教学大纲和课程设置,在地区范围之内这些课程要求是统一的。

---

[1] 钟启泉. 从"课程管理"到"课程领导", 全球教育展望, 2002(12): 24.
[2] 彼得·诺思豪斯. 领导学: 理论与实践[M]. 南京, 江苏教育出版社, 2002: 6.

我国实施的是集权型课程管理模式。从课程行政管理角度来说，我国课程管理的内容主要包括以下几个方面：①制订课程计划，主要包括各级各类学校的课程设置、课程结构与课时的分配等；②研制课程标准，主要包括研制各学校科目的课程标准、教科书审核标准、评价标准等；③开发国家课程，主要包括对学校和学生的发展需求进行调研、编写各科教科书、分配课时等；④指导课程实施，主要包括教材研究、教学目标的确定、教材教具的研发等；⑤推进课程评价，主要包括对国家课程实施的监督、学习结果的检验和评估、测验管理、课程的改进等。

（二）我国的课程管理制度

1999年6月，我国颁发了《中共中央 国务院关于深化教育改革全面推进素质教育的决定》，提出"调整和改革课程体系、结构、内容，建立新的基础教育课程体系，试行国家课程、地方课程和学校课程"。这标志着我国基础教育在课程权力方面进行了重大的调整，使地方和学校参与课程开发和管理得到了政策上的保障。在此基础上，2001年6月，我国教育部印发《基础教育课程改革纲要（试行）》，明确指出："为保障和促进课程对不同地区、学校、学生的适应性，实行国家、地方和学校三级课程管理。""三级课程管理"是一个管理层面的概念，从课程管理的角度出发，把基础教育课程管理由单一的国家管理扩大为国家、地方和学校三级共同管理，地方和学校也参与到课程管理中来，各管理主体可以根据所享有的课程管理权限，承担相应的管理责任和义务，与中央一起对基础教育课程进行创造性的管理。

在三级课程管理体制之下，不同行政主体拥有不同的管理职责。教育部的课程管理职责为："总体规划基础教育课程，制订基础教育课程管理政策，确定国家课程门类和课时。制订国家课程标准，积极试行新的课程评价制度"。省级教育行政部门的管理职责为："依据国家课程管理政策和本地区实际，制订本省（自治区、直辖市）实施国家课程的计划，规划地方课程，报教育部备案并组织实施"；经教育部批准，"可单独制定本省（自治区、直辖市）范围内使用的课程计划和课程标准"。学校的管理职责为："在执行国家课程和地方课程的同时，应视当地社会、经济发展的具体情况，结合本校的传统和优势、学生的兴趣和需要，开发或选用适合本校的课程""学校有权力和责任反映在实施国家课程和地方课程中所遇到的问题"。

与幼儿发展密切相关的幼儿园、家庭、社区的每一个成员，都能为幼儿园课程建设发挥积极作用，形成教育合力，共同为幼儿提供优质的学习发展条件，促进幼儿园课程建设。

拓展阅读 6-1

《深圳市幼儿园课程建设指引（试行）》中不同角色在课程建设中的作用

岗位/身份	课程建设中的作用
园长	①把握幼儿园课程发展的方向，对课程进行总体规划设计，确定课程理念 ②采取有效措施，整合凝聚园内外各方力量，建立起行政管理人员、教职工、专家、家长、社区工作人员的多方合作互助关系，共同推进园本课程的发展 ③因地制宜，统筹各类教育资源，为课程实施提供支持与保障 ④与教职工共同研究制定符合教职工自身特点的专业发展规划，为教职工搭建成长平台，建立激励机制，支持他们有计划地达成专业发展目标 ⑤善于倾听理解教职工，发现和肯定每位教职工的闪光点和成长进步，帮助教职工建立归属感和幸福感

续表

岗位/身份	课程建设中的作用
副园长	①协助园长开展课程规划，联合教研员、教师，构建课程目标体系，搭建课程内容框架，研究课程实施途径等 ②持续跟进课程实施过程，评估课程实施成效，定期向园长反馈，组织教师共同商议、调整、优化方案 ③深入班级了解一日活动和师幼互动过程，共同研究保育教育实践问题，形成协同学习、互相支持的良好氛围 ④带领教研员共同制订并实施教师研训计划，为教师提供丰富、多样的学习培训和交流展示机会，支架教师专业发展
教研员	①深入班级了解教师课程实施的情况，观察、收集教师在实践中遇到的问题，为教师提供改进策略，和教师一起解决困难，支持教师提高课程建设能力 ②有机结合理论和实践，借助课题研究等活动，在行动研究中优化课程建设 ③定期组织教师开展园内研训活动，提高研训质量，支持教师梳理总结课程实施经验
教师	①关注幼儿的卫生保健、生活照料和安全防护，注重保教结合 ②根据幼儿兴趣和需要，做好班级课程与教学的设计、组织与实施，参与课程决策和教学讨论，开发与积累优秀课程案例等 ③开展积极的师幼互动，以身作则，培育幼儿正确的价值观和积极态度，促进幼儿身心健康发展 ④与家长建立信任、支持的关系，邀请家长参与课程建设和实施，听取家长建议，形成教育合力 ⑤与社区人员建立友好关系，充分挖掘和利用社区资源，丰富幼儿园课程内容，设计多样化的活动，促进幼儿学习和发展 ⑥持续反思调整自身教育行为，积极参与教师专业发展学习与培训活动，提高专业素养和能力
保育员	①树立保教相结合的思想，充分观察了解幼儿，熟悉并配合班级教育活动，积极参与课程建设 ②协同打造和谐育人的氛围，为幼儿身心发展提供安全、健康环境
其他教职工	认同园所办园理念，能用积极的行为影响幼儿的成长，结合自己的工作岗位实际，支持配合幼儿的探究学习活动，参与幼儿园的课程建设
家长	①参与、支持与协助幼儿园教育和课程实施过程，参与课程规划或设计，提供力所能及的教育资源，反馈课程实施效果等 ②树立正确科学的育儿理念，积极参加家长学校等学习活动，与其他家长一起分享教育心得和经验，不断提高自身育儿水平
社区工作人员	①增进对幼儿教育理念的了解，结合社区幼儿教育需要，为幼儿园课程建设提供社区资源 ②让幼儿园参与到社区活动中，为社区发展贡献一份力量

三、园长和教师的课程领导力

幼儿园课程领导力是园长、教师等课程主体，主动追求课程愿景和课程目标，在实践中相互协同，合力解决课程问题，推动幼儿园课程不断优化，最终促进幼儿发展的力量。

（一）园长的课程领导力

园长是推进幼儿园课程改革的重要力量，园长的课程领导力水平直接影响和制约着幼儿园教育质量的全面提升。2015年，教育部印发《幼儿园园长专业标准》，指出"园长是履行幼儿园领导与管理工作职责的专业人员"，园长要"具备较强的课程领导和管理能力"。园长课程领导力就是园长发挥自身的影响力和信任权威，促成幼儿园形成民主、核心、开放的文化氛围与愿景，充分开发利用课程资源，助力幼儿园课程的开发、实施与评价，从而引领幼儿园课程发展与变革的影响力。其中，园长课程领导力的核心构成要素为：幼儿园文化和课程愿景的形成、幼儿园课程的规划与设计、幼儿园课程的实施与管理、幼儿园课程资源的开发与利用以及幼儿园课程的评价与监控[①]。具体而言，如欲发挥好课程领导力，幼儿园园长在课程建设中要扮演好以下课程角色。

1. 课程理念的倡导者

园长层面的课程管理要想在多层级的课程管理体系中发挥重要作用，很大程度上取决于园长对新课程改革的背景、理念的理解和认同。一个优秀的园长首先应该是先进教育理念的倡导者。因此，在新课程改革背景下，园长要转变观念，深入学习新理念，领会课程改革的内涵，不断提高自身的课程理论修养。在新课程改革背景下，课程管理的本质、内涵、行为都发生了变化，这就需要园长树立新的课程管理观：由封闭权威式管理转变为开放的人本式管理，由权力支配型管理转变为支持服务型管理，由代替教师做决定转变为为教师提供自主创新的空间等。

2. 课程文化和愿景的建构者

愿景是个体心里所持有的意义景象，是描绘未来的远景，象征的是一种追求的希望和理想的景象，是一种长远目标。课程愿景就是对本园课程长远发展景象的一种预设、假想。愿景是我们努力的方向和动力。在初始阶段，园长需要引领教师团队对已有课程进行思索，理清已有课程的优势和劣势，在学习与吸纳其他课程理念的基础上，对已有课程进行改革与重建。

形成课程愿景是课程建设的重要内容，有赖于幼儿园对课程现状、未来的了解，同时，形成课程愿景需要集体的智慧。课程愿景的形成就是凝聚课程发展的方向，对分散的想法、做法进行深入分析和提升，抓住它们共同的特质，汇聚成幼儿园课程的追求。让所有人员为课程愿景而努力，是园长的重要职责和使命。例如，有的幼儿园提出对幼儿进行闽南民间艺术熏陶，使幼儿具有初步的民族艺术审美感，培养一代既根植于本民族文化又具有创新精神的现代文化新人。因而，他们注重激发幼儿热爱闽南民间艺术的情感，使幼儿能初步感受、理解闽南民间艺术的美，发展幼儿的审美能力和创造潜能。这是以文化为切入点的一种愿景。因此，他们会去挖掘、收集闽南民间艺术，整理为适合于幼儿学习的闽南民间艺术教育内容，弘扬闽南民族文化，为民族文化传承和祖国统一大业服务。总之，课程愿景的形成过程就是集体智慧激发的过程，是园长和教师学习的过程、反思的过程、实践探索的过程。课程愿景反映了园长和教师的素质、智慧。

3. 课程建设的决策者和引领者

幼儿园课程管理是幼儿园进行的课程决策和课程规划管理。在这个过程中，幼儿园管理者应该不断强化课程决策者的角色意识，自觉承担课程决策者的责任，确立幼儿园课程发展方向，对幼儿园课程发展进行有效管理。在幼儿园课程管理过程中，园长还需要以引领者的身份带动全体员工进行课程建设工作。幼儿园课程建设是一项全新的、具有挑战性的工作，没有管理者的带领与推进是很难完成的。幼儿园管理者在课程建设过程中应该发挥引领作用。

4. 课程资源的提供者

课程资源是课程实施的基础，课程资源的丰富程度往往决定了课程实施的深度和广度。因此，在课程管理中，园长还应成为课程资源的提供者，为教师和幼儿提供场地、设施、空间、材料等充足的课程资源，为他们创设一种良好的学习环境。一方面，园长要整合园内外各类课程资源，为教师的课程实施提供物质的、精神的支持，使教师对资源进行有效而适当的分配，以便进行各项

---

① 王春燕，戴昊. 园长课程领导力的内涵、困境及提升路径[J]. 幼儿教育，2023（Z6）：67-71.

相关的课程发展活动。另一方面，园长要注重提高教师开发和利用课程资源的积极性及能力。

5. 课程建设与实施的组织者

幼儿园课程建设是一个组织和利用课程资源的过程。在这个过程中，课程建设的组织协调与过程控制、课程资源的开发、利用与整合以及课程实施等，都需要园长的组织和协调、服务与监督等。

园长要根据本园的实际情况，设立专门的机构和人员对课程建设与实施进行统一的管理，明确自身及其他成员在课程管理中的权责，建立或调整有关的机构，提供必要的设备和经费，健全各项管理制度。园长还要主动与上级主管部门沟通，加强与所在社区的联系，争取广泛的社会支持，以保障各项课程管理方案的有效实施。需要强调的是，课程管理人员的素质直接影响课程管理体系的运行。幼儿园应加强对课程管理人员的业务培训，着力提高其管理能力，确保课程管理系统的有效运作。

6. 课程发展的协调者

课程管理的变革会对教师和其他利益相关者造成一定的冲击和冲突，在面对课程制定、实施、评价等课程管理的各个阶段时，可能会发生许多危机，如观念冲突、各种力量的纷争、相关资源不足等。因此，园长必须在园内外各种冲突、危机出现时扮演好协调者的角色。一方面，园长要处理好与园所成员之间的关系。另一方面，园长还要重视与园外各种力量的沟通和交流。

> **课堂思考**
>
> 幼儿园园长课程领导的角色中你最感兴趣的是哪个方面？实践中有哪些问题？

（二）幼儿园教师的课程领导力

关于教师课程领导力的构成要素，当前学界并非达成共识。就目前的研究现状来看，学者大都沿着两条分析线路对教师课程领导力进行探究：一是横剖面式分析，其研究结果是对形形色色教师课程领导力结构图谱的描绘。比如，有学者认为，教师课程领导力的结构是："课程观念力、执行力、自控力三元互动的和谐型课程领导力结构。"还有学者认为，教师课程领导力是由课程理解力、课程开发力、课程文化构建力构成的立体结构，是教师在课程实践领域中必需的"价值引导力、实践示范力及文化建设力"构成的复杂构成体。二是纵切面式分析，也称为过程分析、纵向分析，其研究结果是一连串"课程领导子能力"的发现。一般认为，"课程过程"是一个面向儿童素养培育展开的连续体，包括课程设计、课程开发、课程实施、课程评价等环节。与之相应，教师课程领导力是由"教师课程设计领导力、教师课程开发领导力、教师课程实施领导力、教师课程评价领导力"等一系列课程领导子能力构成的"力系"。

幼儿园教师是幼儿园课程建设的主体，他们不仅仅是课程的实施者和设计者，更应该成为有能力、有责任担当的课程建设者，对幼儿园课程质量具有决定性作用。幼儿园教师课程领导力是促进幼儿园教师专业发展水平，建设高素质专业化幼儿园教师队伍的关键。有学者认为，幼儿园教师课程领导力是幼儿园教师在落实优化幼儿园课程目标的各流程中，积极运用自身的专业综合能力思考与实践，并在幼儿、同事、家长及其他相关工作人员之间产生的效能，主要包括课程思想力、课程设计力、课程执行力和课程评价力四个维度[①]。上海市教育委员会教学研究室通过开展

---

① 马妮萝，曹能秀. 幼儿园教师课程领导力：内涵、价值与方法［J］. 红河学院学报，2022，20（3）：153-156.

行动研究，提出了幼儿园教师课程领导力的评价指标（图6-1）①。有学者进一步提出了班本化课程建构中教师课程领导力发展的四个阶段，包括"课程意识决策力""课程设计生成力""课程实施执行力""课程反思评价力"②。

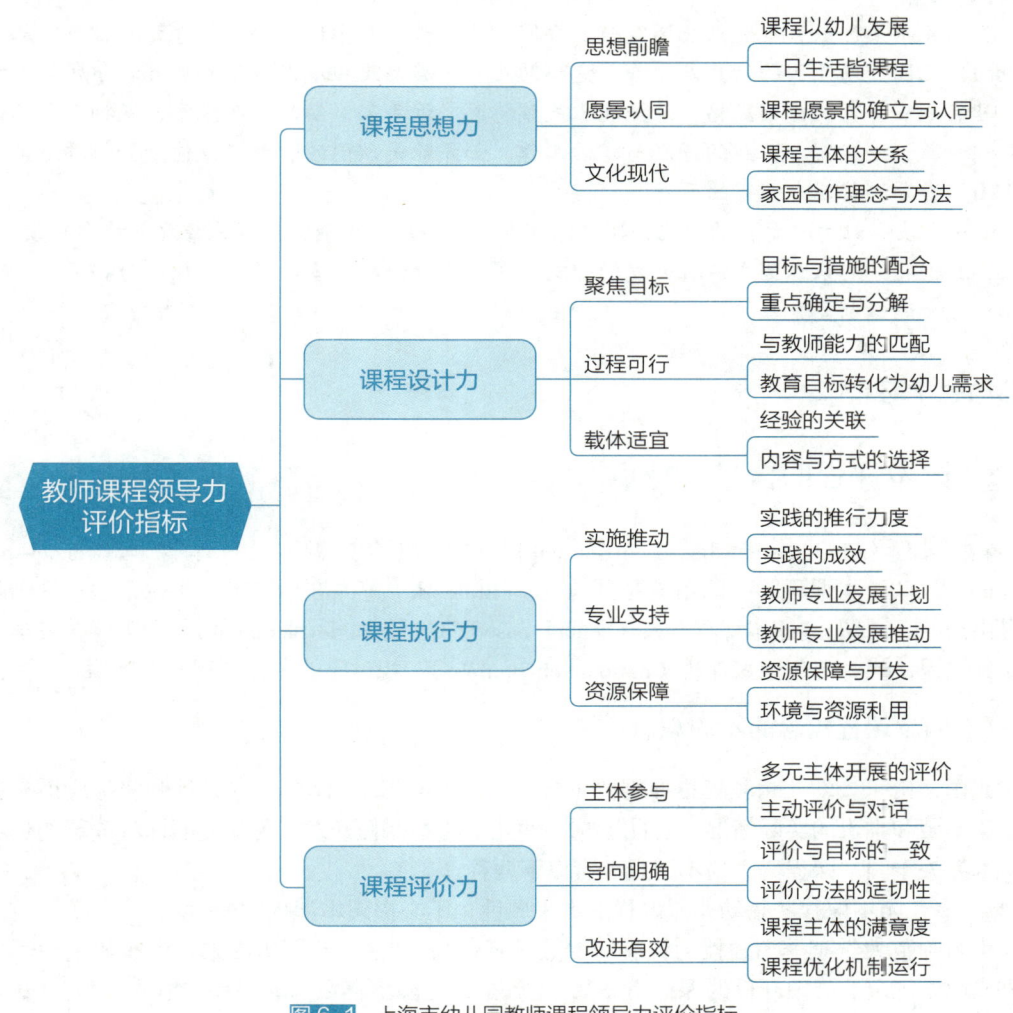

图6-1 上海市幼儿园教师课程领导力评价指标

关键术语

课程管理　课程领导　三级课程管理　幼儿园课程管理　幼儿园课程领导

复习思考

1. 简述我国的三级课程管理制度。
2. 谈谈你对幼儿园课程管理与课程领导的认识。
3. 结合实际，论述幼儿园课程领导的内容。
4. 分析幼儿园课程管理与课程领导的区别，谈谈你如何看待教师在课程中的领导者角色。

---

① 上海市教育委员会教学研究室. 幼儿园课程领导力在生长［M］. 上海：上海科技教育出版社，2019.
② 姚健. 幼儿教师课程领导力提升实践：班本化课程［M］. 上海：华东师范大学出版社，2020.

任务 2　园本课程开发

导入情境

乌鲁木齐市某区教育中心幼儿园是全区办园时间最长、教学设备设施条件最好、教师队伍素质最佳的幼儿园。幼儿园的幼儿是由哈萨克族幼儿和汉族幼儿组成，多年的教育教学实践过程中形成了具有地域特色的办园风格，并呈现出民族特色。近年来，幼儿园在探索、发掘适合本园特色的课程资源，进行园本课程的开发与建设工作。如果你是该园的管理者，你会如何考虑合理利用幼儿园的资源进行园本课程的开发？

随着课程决策权力与责任的变化，园本课程开发已经成为我国幼儿园课程改革的重要领域[1]。接下来，我们将一起认识园本课程开发的含义，明确园本课程开发的条件、原则与程序，并熟悉园本课程方案的编制要素。

参与式学习

一、园本课程的含义与特点

"园本课程（kindergarten-based curriculum）"的提出应该源自"校本课程（school-based curriculum）"。"校本课程"一词是由菲吕马克（Furumark）等人在1973年一次讨论课程的国际会议上提出来的。同期，"校本课程开发（school-based curriculum development）"在英美等发达国家开始受到重视，成为与"国家课程（national curriculum）"相对应的一种课程开发策略。

（一）园本课程概念的不同观点

在我国，由于《幼儿园教育指导纲要（试行）》中强调幼儿园课程的设计和实施应该充分考虑本地、本园和本班的实际情况。受此影响，幼儿园园本课程开发成为幼儿园课程改革的热点。目前学术界关于园本课程概念的不同观点有以下两种。

观点一："园本课程"是幼儿园课程的本来属性，不必提园本课程的概念。

以华东师范大学李季湄教授为代表的少数学者认为："在幼儿园里本来就没有如中小学那样的国家或地方规定的必须开设的课程门类"，也就是幼儿园不存在国家课程与地方课程，"幼儿园课程本来就属于'园本课程'，没必要再使用'园本课程'的概念，更不能把由幼儿园开发的特色课程更名为'××园本课程'"[1]。同时指出，我国幼儿园现行的课程管理体制是：由国家教育行政部门颁布《幼儿园教育指导纲要（试行）》，规定总的教育目标、教育内容领域和实施原则，再由各地教育行政部门制定执行《幼儿园教育指导纲要（试行）》的具体指导意见，而幼儿园则依据《幼儿园教育指导纲要（试行）》和地方教育行政部门的具体指导意见，自行决定本园的具体课程和教学方法。这就是说，我国幼儿园课程的权利主体和开发主体都是幼儿园，即以幼儿园为"本位"。也就是说，幼儿园课程本来就是"园本课程"。

观点二：园本课程与国家课程等共同组成幼儿园课程。

一般认为幼儿园课程也存在国家课程、地方课程与园本课程三级之分，如认为语言、科学、艺术、健康、社会领域等属于国家课程，而幼儿园的特色课程属于园本课程。持这种观点的学者众多，典型概念如下：

---

[1] 李季湄. 园本课程小议［J］. 幼儿教育，2002（9）：4-5.

园本课程是"以幼儿园教师为主体建构的""独特的""完整的"课程体系，园本课程要具有民主性和开放性、独特性、完整性和发展性几个特征。"开发者往往也是实施者"[①]。

园本课程实质上是一个以幼儿园为基地进行课程开发的开放、民主的决策过程，即园长、教师、课程专家、幼儿及家长和社区人士共同参与幼儿园课程计划的制定、实施和评价等活动[②]。

园本课程是指在符合国家法规要求和科学理念的前提下，构建的符合特定幼儿园并满足幼儿需要和兴趣，能充分利用幼儿园周围的课程资源而形成的课程[③]。园本课程，顾名思义就是指以幼儿园之"本"为基础的课程或是在幼儿园之"本"的基础上建立起来的课程，"是以法律法规及相关政策为指导，以幼儿园现实的环境和条件为背景，以幼儿现实的需要为出发点，以幼儿园教师为主体构建的课程"[④]。

园本课程主要是幼儿园为达成教育目标，以幼儿园为主体，由参与幼儿园教育的有关人员，如教师、行政人员、家长与幼儿等，为改善幼儿园的教育品质所开发的富有个性化的课程[⑤]。

综上，目前关于园本课程概念争论的焦点主要围绕有没有必要提园本课程的概念，幼儿园内是否存在国家课程等方面。园本课程是一个"管理概念"，它不是幼儿园"自行开发"的课程，而是"自主确定"的课程；我国现阶段幼儿园内不存在具体形态的国家课程，但宏观政策层面的国家课程仍然存在。我们倾向于认为：园本课程是以幼儿教师为主体，在具体实施国家和地方课程的前提下，通过对本园幼儿的需求进行科学的评估，充分利用当地社区和幼儿园的课程资源，根据幼儿园的办园思想而开发的课程。它强调的是幼儿园在拥有了课程决策权后，自主地进行课程开发。

（二）园本课程的特点

一是在课程特性方面，园本课程具有特色性。园本课程虽然不能等同于幼儿园特色或办园特色，但应该体现一定的特色性。

二是在课程权力方面，园本课程具有自主性。园本课程是课程权力重新分配的产物，其前提是课程权力下放给幼儿园，使个体幼儿园拥有课程开发的权力。园本课程在实施时，包含课程选择、课程改编、课程整合、课程补充、课程拓展和课程新编等活动，其中无一不体现幼儿园本身的主体性。

三是在课程民主性方面，园本课程具有民主参与性与开放性的特点。《幼儿园教育指导纲要（试行）》对幼儿园课程开发与管理并没有制定统一的标准和教材的文本要求，全国各地的幼儿园可以根据当地的实际情况，自行开发能体现本地、本园特色的课程。因此，园本课程实质上是一个以幼儿园为基地进行课程开发的开放、民主的决策过程，即园长、教师、课程专家、幼儿及家长和社区人士共同参与幼儿园课程计划的制定、实施和评价等活动。

四是在课程开发方面，园本课程具有生成性。园本课程充分考虑到了幼儿的兴趣和需要，它能够最大限度地回应幼儿的需求；园本课程结合社区资源和幼儿园环境，能充分体现"课程创设环境、环境生成课程"的理念。园本课程也不只意味着一个课程方案，它还意味着一个逐步建设、逐步完善的过程，幼儿园的基础、现状、条件会随着幼儿园课程的研究不断发生变化。

---

① 袁爱玲. 冷静思考园本课程的热潮［J］. 学前教育研究，2002（4）：5-6.
② 陈时见，严仲连. 论幼儿园的园本课程开发［J］. 学前教育研究，2001（1）：27-29.
③ 虞永平. 把促进幼儿发展作为课程改革和建设的根本目标［J］. 幼儿教育，2018（Z1）：4-8.
④ 虞永平. 试论园本课程的建设［J］. 早期教育，2001（8）：4-6.
⑤ 陈世联. 幼儿园课程与活动指导［M］. 重庆：重庆出版社，2007.

二、园本课程开发的含义与条件

(一)园本课程开发的含义

"开发"一词在《牛津英语词典》中,被解释为"一项计划、方案的具体细节的确定或小说情节的完全展开。""课程开发"一词最初是卡斯韦尔和坎贝尔(Caswell & Campbell)在1935年出版的《课程开发》一书中提出来的,是指根据办学理念,通过需求分析,确定课程目标,再根据这一目标选择某一个(或多个)学科的教学内容和相关教学活动进行计划、组织、实施、评价和修订,最终达到课程目标的整个工作过程。

关于园本课程开发概念的争论主要在它是全新的课程建构还是包含课程的园本化实施,以及园本课程开发活动中幼儿园是参与主体还是权力主体等问题上。

观点一:园本课程开发是幼儿园教师进行的全新的课程建构。

上海市教委教研室将"园本课程开发"定义为:"幼儿园组织及其成员,根据国家或地方政府关于幼儿园教育纲要的精神与幼儿园自身发展的实际需要,充分利用园内外的课程资源所进行的课程选择、课程生成、课程重组的相关研究与管理过程。[1]"

南京师范大学虞永平教授也区分了"园本课程"与"本园课程"的概念。"本园课程可能是在多种课程中选择的一种课程;也可能是以借鉴为主,且有自己开发和构建成分的课程;也可能主要是自己开发和构建的课程,即园本课程。"这一理解认为"主要是幼儿园自己开发和构建的课程"才能称之为园本课程,而且这里的"开发和建构"显然是指全新的课程创编,而不包括课程选择和课程改编[2]。

还有学者认为,园本课程开发是指一个以幼儿园为基地进行课程开发的开放、民主的过程,即园长、教师、课程专家、幼儿及家长和社区人士共同参与幼儿园课程计划的制定、实施和评价等活动[3]。这种观点强调了园本课程开发的"原创性"及幼儿教师的主体性。

观点二:园本课程开发包括课程园本化抑或相反。

学者姜勇等人从上海的幼儿园园本课程开发的实践中归纳出园本课程的两种模式,即园本化开发和园本化实施[4]。园本化开发是指有自己独特的教育哲学理念、完整的课程框架,将幼儿园一部分园本课程与审定使用的共同性课程内容有机融合,形成指向幼儿全面发展的课程架构;园本化实施是对审定使用的普适性课程方案进行园本化改编后,成为幼儿园园本化的课程实施方案。需要注意课程内容的适宜性,课程方案的操作性和资源的利用性。园本课程是希望各个幼儿园能够"因地制宜",结合当地和本园的实际发展情况自主开发课程,但是许多教师和园长在实践中过于迷信园本课程,认为和其他幼儿园不一样的就是优秀的,教育行政层面也根据幼儿园有没有园本课程来评价办园质量,园本课程建设出现一定的偏颇现象。

学者左瑞勇把"课程园本化实施"也包括在园本课程开发活动的范围内,但认为在课程园本化实施时幼儿园只能算"参与主体"而非"权力主体"。"园本课程开发"即以幼儿园为基地进行课程开发的过程。园本课程开发包括两个方面的含义:一是指幼儿园根据自己的办园理念、幼儿的兴趣与需要,结合幼儿园的具体特点和条件而进行的课程创编;二是指幼儿园根据自己的办园理念、幼儿的兴趣与需要,结合幼儿园具体特点而对其采用的国内外专家学者编制的课程进行园本化实施。在这个基础上,我们可以从两个层面去剖析"园本课程开发"的内涵:一是"园本课

---

[1] 上海市教委教研室. 幼儿园课程园本化理论与实施的研究[M]. 上海:上海教育出版社,2004:27.
[2] 虞永平. 园本课程建设之我见[J]. 幼儿教育,2004(9):4-5.
[3] 陈时见,严仲连. 论幼儿园园本课程开发[J]. 学前教育研究,2001(2):27-29.
[4] 李辉,杨伟鹏. 中国百年幼教课程改革之历史反思[J]. 幼儿教育,2017(33):11-14.

程的开发"，二是"课程的园本化"。前者指幼儿园作为课程的权力主体进行幼儿园自己的课程开发；后者指幼儿园作为课程的参与主体，根据自己的具体实际对国家或地方课程进行园本化的适应性改造。前者是"原创"性的，后者则是"改编"性的[①]。这一观点虽然看到园本课程开发范围的全面性，但认为幼儿园内存在国家课程，在对国家课程进行园本化实施时，幼儿园只是参与主体而非权力主体。

就性质而言，园本课程开发是社会进步、科技发展、教育变革的客观要求，课程体系必须对此做出相应的调整与重构，即三级课程管理是权力和责任的再分配，以三级权力主体构建。因此，园本课程开发不仅是原创性的课程开发，它包括课程选择、课程改编和课程创新等多种形式，而对优质课程的"适应性改编"应该成为园本课程开发的主流；幼儿教师是园本课程开发活动的权力主体，但权力要在《幼儿园教育指导纲要（试行）》的宏观规范下行使，地方教育行政部门要通过对园本课程规划方案进行审议以引导园本课程开发的健康发展。

一般认为，园本课程开发有广义和狭义之分。广义的幼儿园课程开发是指教师根据幼儿的兴趣与需要，结合幼儿园具体特点和条件而对现有课程的处理及决策。狭义的园本课程开发是指幼儿园根据自己的办园理念、幼儿的兴趣与需要，结合幼儿园具体特点和条件，编制具有本园特色的课程方案，对幼儿园的课程目标、课程内容选择、课程的组织实施、课程的评价等通过课程方案进行固化，并就课程的组织实施提供政策保障、组织管理、资金支持等。

（二）园本课程开发的条件

园本课程在我国长期处于探索阶段，尚未形成科学的发展格局。总结相关的课程开发的经验，园本课程的开发应具备以下几个条件。

1. 有特色的办园宗旨和教育理念

一般而言，国家对各级各类学校（包括幼儿园）的培养目标和培养规格都有统一的规定，这种规定只是最基本的原则性方面的要求，不可能照顾到各地各类各级学校的具体特殊性。而且集体划一的培养目标和培养规格也难以满足当今丰富多样的社会发展和个体发展要求。这就要求幼儿园要有自己独特的教育哲学理念和办园宗旨，即幼儿园要根据具体教育资源和幼儿园环境以及教育者的办园思想确立自己幼儿园独特的发展方向。

同样是为幼儿创造活动条件的场所，不同幼儿园的办园特色和办园品位很可能迥然不同。有的幼儿园的办园宗旨突出身体锻炼，兼顾其他；而有的幼儿园则强调文体，发展个性特长；还有的幼儿园更注重基础、兴趣的培养；等等。例如，在美国，不同幼儿园办园的指导思想是不同的，有的幼儿园声称自己主张福禄贝尔的理念，有的幼儿园则强调自己是蒙台梭利的嫡传，而有的幼儿园则打着杜威或皮亚杰的旗号。我国有些地方的幼儿园在办园的特色方面已走出了关键的一步，但还不成熟。至于说到教育理念、教育哲学思想，在20世纪90年代及之前，我国的幼儿园呈现的是千篇一律的窘境，"撒向孩子的都是爱"显得空洞，"一切为了孩子，为了一切孩子"更是空中楼阁。这直接导致了我国的幼儿园在园本课程的开发上显得漫无目的。

2. 民主、科学的幼儿园管理

园本课程开发是幼儿园自主进行的，它的实施成效不可能依赖于国家用类似于外部统一考试等评价手段来检测。因此，园本课程的开发更多地需要幼儿园自身的科学的管理机制，确切地说是自觉、自律的自我评价机制，幼儿园不断反思园本课程开发过程中出现的各种问题，自我批评、自我改进、自我激励，保证园本课程开发的顺利进行。幼儿园的科学管理还应包括对时间、场所、资金的管理，使得开发与利用课程资源时能从各种渠道得到有力的支持。

---

① 左瑞勇. 园本课程开发：流行背后的追问与反思［J］. 学前教育研究，2007（12）：17-19.

3. 高素质的教师队伍

唤醒或重建幼儿教师开发课程的意识，提高幼儿教师开发、编制课程的能力，是幼儿教育的当务之急。教师应更加密切地关注学前教育理论的发展和动向，认真参考各种文献资料和教学资料，随时随地留意幼儿的兴趣和需要，提升自己对课程的理解和把握能力，将制定课程融入平时的教学实践当中，通过反思、研讨、切磋、反复实践来不断提升自己课程开发的信心和能力，切实提高幼儿园课程方案的编制和实施质量，逐步探索构建具有园本化特色的课程体系的有效策略，促进幼儿主动、和谐地发展。由于目前大多数幼儿教师还没有足够的能力来承担这一任务。因此在园本课程开发之前，应对幼儿教师进行相关培训。

4. 有效的监督与服务

目前，有些地方在进行园本课程时，往往是由某位行政负责人（本地负责各幼儿园工作的行政人员）召集几位园长或教师编制完成，然后要求各幼儿园购买（或半强迫、半建议）。这种看似带有地方特色的幼儿园课程，其实质并不是园本课程。这种课程的完成没有课程专家的指导，没有家长和幼儿的参与，充其量只是其他课程的翻版。真正的园本课程应该有一套完备的服务和监督机构，一方面这个机构能为园本课程开发提供有效的服务，使社会各界广泛参与决策、管理；另一方面它又能起到监督作用，对于不符合课程原则的幼儿园课程或违反幼儿身心发展的课程能及时发现、及时纠正，使园本课程不至于出现"一哄而上"的局面，这也是历史的教训。当然，服务是主要的，监督是其次，只是在发生不科学的"园本课程开发行为"时，这一机构的监督作用才凸显出来。

三、园本课程开发的原则

幼儿园应以"铸造幼儿园特色、促进师生发展"为理念，在园本课程的开发、实践的过程中，考虑和解决"教什么"和"怎么教"的基本问题，确定课程目标（促进儿童发展为本）、内容（知识、技能、情感方面的基本目标）及实施的方法（重体验、重情感、重实践、重实用）、途径，找到本土文化与素质教育的契合点。在开发园本课程时，要注意以下原则。

（一）主体性原则

教师是园本课程开发的主体，在课程的开发和实施中要重视教师的主动精神，没有教师积极主动地工作，园本课程的开发与实施是十分困难的。从参与园本课程的人员来看，园长、教师、课程专家、幼儿、家长和社区人员，都有权提出自己关于课程方面的意见，因此，园本课程开发的过程也就必然体现出教育的民主性。国外幼儿园园本课程的开发充分考虑到各个方面的参与，美国在这个方面做得尤为突出。由于幼儿年龄尚小，还不能对自己的行为进行决策，家长的意见常常成为幼儿园园本课程决策的重要依据。例如，教师想要组织一次户外活动，他（她）必须事先征求家长的意见，如果家长不同意他（她）的小孩子参与，教师则不能带这个小孩子出去。我国的幼儿园在组织类似的活动时往往把家长抛在了一边，忽视家长对课程的决策权。

（二）灵活性原则

园本课程鼓励家长和社会人士参与幼儿园的课程建设，容易融入最新出现的相关课程，因而具有一定的弹性。同时，园本课程的开发使幼儿园、家庭、社区、社会紧密地连在一起，促进了幼儿课程的多样化和本土化。20世纪50年代，我国幼儿园全面推行学科中心课程。由于其注重知识的系统性、逻辑性，缺乏灵活性，严重滞后于社会变革，不能反映科技进步的成果和当地社会生活及社会发展需求的变化，时效性差，造成教育资源的浪费和教育效益的下降。

（三）多样性原则

园本课程开发没有统一固定的模式，园长、教师可以根据具体情况（师资条件、幼儿园环境等）对幼儿园的课程进行选择、改编、整合、补充、拓展和新编，即园本课程的开发是灵活多样的，不是固定不变的。

一般来说，课程选择是众多幼儿园普遍进行的园本课程决策行为。幼儿园园长、教师根据自己对传授幼儿知识的要求及自身的条件从众多的可选课程中选择合适的课程，在具体的实施过程中，教师又可以对原有课程进行一定的修改以适应具体的课堂情境。就目前而言，由于综合课程在幼儿园占有较为突出的地位，幼儿教师也常常把跨学科的课程进行重新设计、整合在一起。当然，根据课堂教学的需要，教师有时也会补充一些课程材料以增加幼儿对课程知识的感知，有时教师还会把课程进行延伸、拓展以发展幼儿的个性。对课程进行新编是一项比较复杂的活动，幼儿园新编课程通常以专题的形式进行，如园庆活动、妇女节等，形式多样，既适合幼儿的特点又联系幼儿周围生活环境，深受教师、家长、幼儿的欢迎。

（四）特色性原则

每个幼儿园的教育哲学思想和办园宗旨有可能不同，加上各个幼儿园的师资条件和幼儿园环境各异以及本来就存在的地区差异，使得开发出来的园本课程具有明显的差异。即每个幼儿园园本课程有独特性。这种独特性的表现可归于幼儿园的办园特色。

长期以来，我国各地幼儿园在条件千差万别的情况下，形成了几乎完全一样的幼儿教育模式，同时，使得很多教师习惯于模仿而不善于创新，由于这些因素直接或间接的作用，我国幼儿园园本课程在目前很难表现出独特性。

（五）量力而行原则

幼儿园在确立园本课程开发目标时，要充分考虑本幼儿园教师队伍的整体实力、科研水平，根据现有条件最大限度地挖掘、利用校内外课程资源，努力使园本课程实用、可行。

四、园本课程开发的程序

园本课程的开发是幼儿园一项具有持续性的专业活动。通过一种理性的课程决策过程，并制定相应的制度和组织，才能保证园本课程开发是一个持续性的、不断改进的过程。

（一）建立组织机构

成立园本课程开发委员会或相应的工作小组，是保证园本课程开发质量的前提条件。课程开发委员会或工作小组的成员应该具有广泛的代表性，包括园长、教师、幼儿、幼儿家长、社区代表以及课程专家。它的工作程序要具有民主、开放、科学和合作的精神，要有利于教师专业自主性的充分发展和体现。

（二）分析幼儿园现状

幼儿园现状分析主要是进行需求评估。需求分析的对象是幼儿需求、地区需求和社会需求。幼儿需求属教育的内部需求，是教育的出发点和归宿；地区需求和社会需求是外部需求，体现了教育的外部功能。对幼儿需求的分析，涉及幼儿身心发展需求。此外，园本课程开发并非"闭门造车"，应当考虑地区需求和社会需求，考察地区乃至社会在经济、文化等方面的发展对信息的需求状况及特点，以期开发出既满足幼儿需求又有利于地区和社会发展的园本课程。

（三）充分挖掘、合理利用课程资源

课程资源是幼儿园课程开发的关键，它直接关系到园本课程开发目标的实现。信息技术的普及与发展使学前教育资源开放化，国内外学前教育资源呈现在我们面前，各种课程更是让人目不暇接。面对这样的状况，什么样的资源更有利于幼儿园自身的发展，应从哪些方面去挖掘和选择课程资源，就成为幼儿园园本课程开发的关键。

1. 充分挖掘有效的课程资源

挖掘课程资源应重视以下几方面。

（1）所挖掘的课程资源应当满足幼儿的需要，符合幼儿的兴趣，能引导幼儿从中发现问题、探究问题，发展他们的个性，促使其愉快地生活和学习。

（2）重视从幼儿园自身出发，充分挖掘体现幼儿所在家庭、园所、社区文化等富有教育意义的资源，既反映幼儿园特色文化，又结合当地风土人情、自然地理，亲近家庭、服务于家庭。

（3）重视多元文化资源的挖掘和利用。我国是一个多民族的国家，挖掘体现多元文化特色的课程资源是一大亮点。将多元文化的理念展现在幼儿园园本课程开发的各个环节，以开放的姿态吸纳不同地域、不同民族的精华，帮助幼儿熟悉、了解、领悟生活中、活动中、游戏中以及班级、园所、社区的"多元文化"，让幼儿通过直接经验、间接经验来感受、体验和创造"多元文化"。

（4）重视对现有课程及课程资源的甄别与利用。要对社会流行的国内外多种幼儿园课程及学前教育资源进行分析和研究，选择适合自身发展需要的幼儿园课程及幼儿教育资源，并对之进行适宜性建设，通过有效的融合，实现优势互补，促进园本课程的开发。

2. 合理利用优势的课程资源

合理利用优势的课程资源是落实幼儿园园本课程开发的有效途径。园本课程通过对资源的挖掘，使优势资源成为园本课程开发的保障。合理利用好宝贵的课程资源应重视以下几方面。

（1）合理利用课程资源，要打破传统的教育模式。这就需要课程实施者在课程资源利用过程中打破封闭式的教学，提供多元的、动态的教学模式，采用多种教育手段，实现教育目标，让幼儿在丰富的环境中主动学习。

（2）借助班级区域化学习活动，为幼儿提供更为开放的自主学习探索空间。在教育活动中，教师要关注课程的生成性，要根据教学中幼儿的现实需要，将课程内容沿着幼儿的思路和兴趣发展，并及时反思、调整教育内容，选择合适的园本课程资源进行施教，为幼儿提供更为开放的自主学习探索空间；同时也为教师提供把握课程内容的自主空间，使教师的创造力得以发挥。

（3）坚持开放性原则，为幼儿提供丰富的课程资源。优势的课程资源是幼儿园园本课程开发的结晶，它蕴含着丰富的教育资源和特色资源。因此，在充分利用课程资源的过程中，要着眼于幼儿行为习惯的养成、学习态度与能力的培养，注重幼儿整体学习过程的体验，而不只是对知识的习得。

（四）编制园本课程方案

园本课程方案是幼儿园开发园本课程的规划和指南，具体是指幼儿园以统筹的思想为指导，按照国家和地方课程改革文件精神，以幼儿园实际的课程积累与资源条件为基础，对本园的课程目标、课程内容、课程实施、课程评价、课程管理与保障进行全面系统的整体规划与设计，逐步

形成适合本园的平衡、适宜、可操作的课程方案[①]。它既包括对审定的幼儿园课程指导用书的园本化实施，也包括基于本园资源的园本课程开发。

一个园本课程方案要在实践中实施，构成园本课程方案的基本要素不可或缺。一个完善的园本课程方案一般包括"课程背景与条件、课程理念与理论基础、课程目标、课程结构、课程内容、课程实施、课程评价、课程管理与保障"八个部分。

> **拓展阅读 6-2**
>
> **浙江大学幼儿园实验园可持续发展课程**[②]
>
> 浙江大学幼儿园实验园是浙江大学的附属幼儿园，坐落在美丽的西子湖畔的求是村。可持续发展课程是浙江大学幼儿园实验园的特色课程，该幼儿园将联合国可持续发展目标（Sustainable Development Goals，简称 SDGs）的议题和幼儿生活经验相链接，构建了一套"帮助幼儿获取为未来的可持续生活方式而需要的知识、技能、价值观和看问题的视角"的幼儿园可持续发展课程。
>
> 一、可持续发展课程的目标
>
> （一）可持续发展课程总目标
>
> 通过可持续发展课程的实施，促进幼儿"系统思维素养、预见性素养、遵守规范和标准素养、行动素养、合作素养、批判性思维素养、自我意识素养、综合解决问题素养"八大关键可持续发展素养的养成，帮助幼儿获得未来在可持续生活方式中需要的知识、技能、价值观和看问题的视角。
>
> （二）幼儿关键可持续发展素养目标
>
> （1）系统思维素养：具备制订处理事务，尤其是复杂事务各要素之间的整体性的解决方案的能力。
>
> （2）预见性素养：能根据以往经验和事物发展的内在规律，对事物发展的未来趋势和状况预先做出推测。
>
> （3）遵守规范和标准素养：个人参与社会活动中所要遵守的规则和行为准则，是社会价值观的具体体现和延伸。
>
> （4）行动素养：愿意不断地学习、思考，养成习惯，进而获得实现成功目标的行为能力。
>
> （5）合作素养：能在认同团队目标及核心价值观的基础上，主动承担分内职责，并与同伴协同合作实现目标。
>
> （6）批判性思维素养：具有审慎地判断是非和正确决策的独立思考能力，这是集知识、价值和思维方法于一体的综合能力和品格。
>
> （7）自我意识素养：具有对自己身心活动的觉察能力，即自己对自己有充分的认识，包括认识自己的生理、心理特征以及自己与他人的关系，由自我认知、自我体验和自我调节三部分构成。

---

① 黄小莲. 园本课程方案编制三问[J]. 中国教育学刊，2021（4）：75-79.
② 缴润凯，赵旭莹. 破茧成蝶：优秀园长成长路径与管理实践[M]. 长春：东北师范大学出版社，2021：71.

（8）综合解决问题素养：能运用观念、规则、一定的程序方法等对客观问题进行分析并提出解决方案的能力。

可持续发展课程的子目标包含年龄结构、心理结构和内容结构三个维度，形成了可持续发展课程目标的三维立体结构模型。

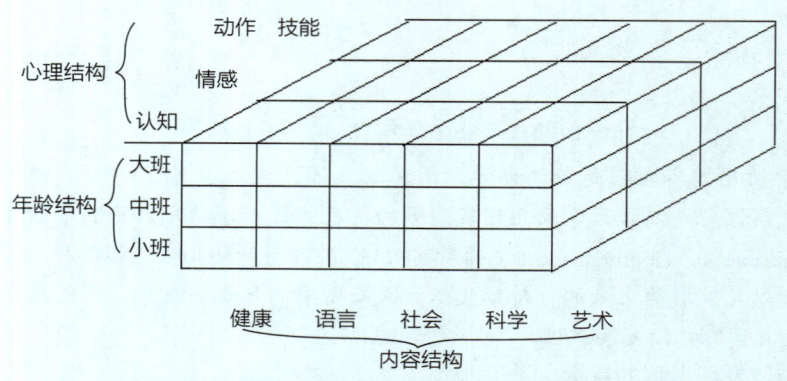

可持续发展课程目标结构三维立体结构模型

二、可持续发展课程的内容

2015年，联合国大会通过了《2030年可持续发展议程》，其中包含17项可持续发展目标，囊括消除贫困、性别平等、优质教育、创新等广泛议题，浙江大学幼儿园实验园可持续发展课程内容正是围绕这17个问题领域展开的。浙江大学幼儿园实验园从可持续发展的四个核心纬度——经济、环境、社会和文化、政治四个方面，结合幼儿年龄特点、成长需求、季节环境等要素，链接幼儿的实际生活情境，形成了可持续发展课程的内容体系。该体系下分为"自我""环境""人际""工具"四个模块，各模块之间相互关联和渗透。浙江大学幼儿园实验园可持续发展课程的内容设计遵循生活化、游戏化、层次化和整体化的原则。

《垃圾分类》选题指向：清洁饮水和卫生设施（SDGs6）

年龄/内容	自我	环境	人际	工具	资源列举
小班	我会分类扔垃圾	寻找身边的垃圾桶分类	亲子互动：挑战垃圾的垃圾桶	设计家里标记	①《会扔垃圾的小宝贝》奖励卡 ②儿歌《垃圾分类》 ③《身边的垃圾桶》照片收集 ④绘本《皮皮摔倒了》
中班	我是垃圾分类小能手	认识分类小标识垃圾桶	亲子制作：我家的垃圾桶变样了	我家垃圾分一分	①《扔垃圾小能手》评价表 ②绘本《垃圾分类》 ③《身边的垃圾桶》调查表 ④律动《垃圾分类》
大班	竞选环保小卫士	寻找身边的垃圾	叔叔阿姨辛苦了	变废为宝	①《竞选环保小卫士》评价表 ②视频《垃圾的危害》 ③《身边的垃圾》调查表 ④视频《垃圾再生》

三、可持续发展课程的教学方法

考虑到可持续发展课程的目标和内容，该幼儿园选择了三种适合可持续发展课程的教学方法——跨学科教学、对话式教学和基于儿童"工作理论"的教学。

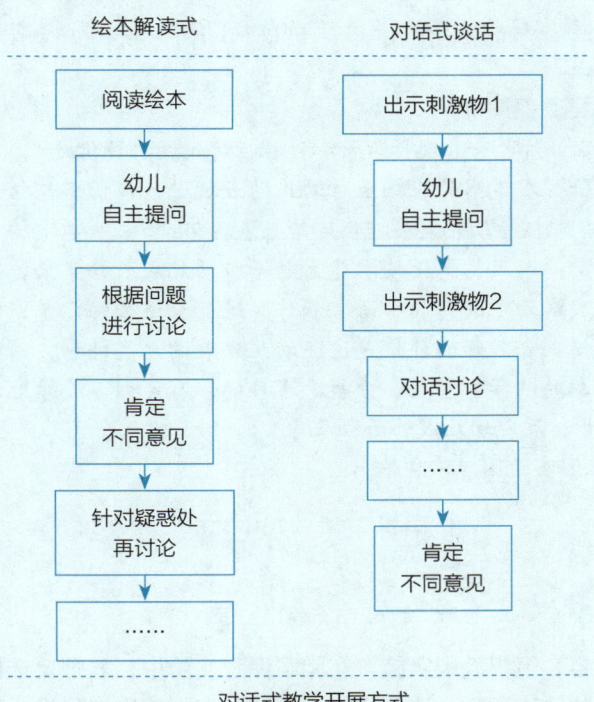

对话式教学开展方式

1. 跨学科教学

跨学科学习重视本土实践和理解，它破除了学科藩篱，将不同领域的内容融合起来，在幼儿的学习与生活之间建立了联系，为激发幼儿的创造性，拓展幼儿的学习经验，助推幼儿的问题解决提供了机会。

在跨学科课程设计中，PBL（Problem-Based Learning，项目式教学）常被用来构建可持续发展课程。PBL以解决具有现实意义的问题为目的导向，通过提出问题、制订计划、解决问题、评价反思等环节，帮助幼儿从被动接受者转向可持续发展课程的主动探索者。

2. 对话式教学

建立尊重、信任的师生关系和生生关系，把来源于幼儿的那些具有想象力和探索精神的问题，变成师幼共享的话题。通过多维度、多角度的哲学对话，进行与可持续发展相关的哲学探究，为幼儿提供丰富认知和扩展思维的机会，发展幼儿的关怀性思维、批判性思维、创造性思维和合作性思维。对话式教学主要通过"绘本解读式"和"对话式谈话"两种方式，关心并理解幼儿的精神世界，启迪幼儿智慧。

3. 基于儿童"工作理论"的教学

"在幼儿时期，孩子们正在发展更复杂和有用的关于他们自己及生活中的人、地方和事物的工作理论"（新西兰教育部，1996），这就是儿童"工作理论"。儿童"工作理论"是以儿童现有的经验和理解为出发点，引导儿童通过观察、聆听、实践、参与、讨论，在课程所提供的主题和活动中主动建构和发展自己的理论。这不仅适用于中、大班幼儿，对于年龄较小的小班幼儿同样适用，因为即使是小班幼儿也可以有意识地表达一种关心世界的愿望。教师应当基于儿童"工作理论"，关注实际生活中的可持续发展问题，预设或生成与可持续发展相关的活动内容，与儿童共同构建未来的可持续发展生活。

四、可持续发展课程评价

可持续发展课程评价包含表现性评价和过程性评价两种评价方式。

（1）表现性评价：在观察的基础上对幼儿的表现进行评价，包括幼儿参与的各种活动、创作的作品等，积极为幼儿发展提供连续性表现记录。

（2）过程性评价：运用信息化技术建立电子版幼儿成长档案袋，通过档案袋评价的方式，对幼儿在游戏活动中的行为、语言和作品进行全过程的记录，以此来关注课程实施情况和幼儿发展情况。教师的评价是追随幼儿发展的动态评价，注重过程性的质性评价，通过对各种信息的收集、整理、分析，有目的、有计划、连续地记录幼儿的兴趣、态度变化及能力进步，展现幼儿成长历程及意义。

（浙江大学幼儿园实验园　何晓琴）

（五）实施与审议课程

根据规划的课程内容，组织教师实施。在园本课程实施中，教师要选择多种教学方法，保证教学方式的灵活性。教师要边实施、边反思、边研究，在不违反课程目标的原则下，鼓励教师根据教学实际适当修改课程，不断探索适合幼儿发展的教学方法和策略。

幼儿园课程审议是幼儿园课程开发的重要环节，也是幼儿园课程问题得以解决，课程决策得以形成的过程。在实施时对课程开发各个阶段、内容及实施等进行审议。课程审议可以采取以下几种形式：论证性审议、选择性审议、展开性审议、形成性审议[①]。

📑 项目要点

1. 幼儿园课程管理和课程领导是幼儿园课程实践的具体领域。从课程管理向课程领导的转变意味着园长对课程的管理职能从传统的"行政权威"转型为"专业权威"，突出了园长对幼儿园课程建设的领导责任与专业引领。幼儿园课程领导力是园长、教师等课程主体，主动追求课程愿景和课程目标，在实践中相互协同，合力解决课程问题，推动幼儿园课程不断优化，最终促进幼儿发展的力量。
2. 园本课程是以幼儿教师为主体，在具体实施国家和地方课程的前提下，通过对本园儿童的需求进行科学的评估，充分利用当地社区和幼儿园的课程资源，根据幼儿园的办园思想而开发的课程。它强调的是幼儿园在拥有了课程决策权后，自主地进行课程开发。
3. 园本课程开发有广义和狭义之分。广义的幼儿园课程开发是指教师根据幼儿的兴趣与需要，结合幼儿园具体特点和条件而对现有课程的处理及决策。狭义的园本课程开发是指幼儿园根据自己的办园理念、幼儿的兴趣与需要，结合幼儿园具体特点和条件，编制本园特色的课程

---

① 虞永平. 论幼儿园课程审议[J]. 学前教育研究，2005（1）：11-13.

方案，对幼儿园的课程目标、课程内容选择、课程的组织实施、课程的评价等通过课程方案进行固化，并就课程的组织实施提供政策保障、组织管理、资金支持等。

4. 在开发园本课程时，要注意遵循主体性、灵活性、多样性、特色性、量力而行原则。园本课程的开发是幼儿园一项具有持续性的专业活动。通过一种理性的课程决策过程，并制定相应的制度和组织，才能保证园本课程开发是一个持续性的、不断改进的过程。在开发程序上，具体包括建立组织机构；分析幼儿园现状；充分挖掘、合理利用课程资源；编制园本课程方案；实施与审议课程。

5. 一个完善的园本课程方案一般包括"课程背景与条件、课程理念与理论基础、课程目标、课程结构、课程内容、课程实施、课程评价、课程管理与保障"八个部分。

关键术语

园本课程　园本课程开发　园本课程方案

复习思考

1. 你如何理解园本课程的内涵？
2. 园本课程开发的含义是什么？开发条件有哪些？
3. 简述园本课程开发的原则与程序。
4. 园本课程方案包括哪些内容？如何编制？

课外拓展

1. 我国最新一轮推进的课程改革提出了哪些基本的举措？如何理解这次课程改革对深化学前教育改革的意义？
2. 访谈幼儿园园长与教师，让其谈一谈自身在园本课程开发中的作用。如何理解课程建设对教师专业发展的促进作用？
3. 结合《幼儿园工作规程》及《幼儿园教育指导纲要（试行）》的学习，谈谈你对当前园本课程开发的看法。
4. 假如你是一位幼儿园园长，为引领幼儿园的特色化发展，你认为应该通过幼儿园课程的建设与创新来体现幼儿园的发展特色。为此，你召开了一次全园教师大会，向全园教师阐述了你的课程理念。你如何向全园教师阐述自己的课程理念呢？